中国职业技术教育学会职业教育与区域发展工作委员会系列丛书

高等职业教育与区域时尚产业协同发展研究

魏　明　郑卫东◎主　编
郑琼华　胡秋昱　裘晓雯◎副主编

GAODENG ZHIYE JIAOYU YU
QUYU SHISHANG CHANYE
XIETONG FAZHAN YANJIU

中国纺织出版社有限公司

内 容 提 要

本书从职业院校促进区域产业发展的机理分析入手，对我国时尚产业发展和时尚类相关高职院校的建设进行全面研究分析，从中提炼剖析高职院校在服务时尚产业发展中存在的瓶颈和不足，为地方政府和高职院校提升专业建设的区域适应性和时尚产业匹配度提供实证依据，进而在要素保障、运行条件、支持系统等方面的核心要素上为高职院校服务时尚产业发展提供科学合理的改进策略，为培育出适应能力强的高素质技术技能人才提供借鉴的路径。

本书适合政府部门政策制定者、时尚产业相关企业管理者阅读，也适合纺织服装高等职业院校的师生及时尚经济相关研究机构人员阅读。

图书在版编目（CIP）数据

高等职业教育与区域时尚产业协同发展研究 / 魏明，郑卫东主编；郑琼华，胡秋昱，裘晓雯副主编． -- 北京：中国纺织出版社有限公司，2024.10． -- ISBN 978-7-5229-2198-3

Ⅰ．F426.86

中国国家版本馆 CIP 数据核字第 2024FR3846 号

责任编辑：黎嘉琪　亢莹莹　　责任校对：高　涵
责任印制：王艳丽

中国纺织出版社有限公司出版发行
地址：北京市朝阳区百子湾东里 A407 号楼　邮政编码：100124
销售电话：010—67004422　传真：010—87155801
http://www.c-textilep.com
中国纺织出版社天猫旗舰店
官方微博 http://weibo.com/2119887771
北京华联印刷有限公司印刷　各地新华书店经销
2024 年 10 月第 1 版第 1 次印刷
开本：787×1092　1/16　印张：14.25
字数：245 千字　定价：168.00 元

编委会

　　《国家中长期教育改革和发展规划纲要（2010—2020年）》明确要求，政府切实履行发展职业教育的职责，把职业教育纳入经济社会发展和产业发展规划，促使职业教育规模、专业设置与经济社会发展需求相适应。党的二十大报告指出，高质量发展是全面建设社会主义现代化国家的首要任务，要着力推进城乡融合和区域协调发展。可见，高等职业教育与区域经济发展密不可分，已逐渐成为区域经济发展的重要"动力源"。

　　时尚产业是典型的都市产业，跨越高附加值制造业与现代服务业的产业界限，是多种产业的组合。时尚产业涵盖品牌、文化、设计、技术、传播、服务等诸多要素，是文化与经济、艺术与技术、品牌与服务的有效结合。全球的时尚产业在互联网时代，正以新的产品内容、组织架构和商业模式向前发展。工业发达国家已率先完成了从传统制造向以研发设计、品牌营销、体验服务为核心的转变，此举不但提升了传统产业的国际竞争力，还极大地提升了产业所在城市的时尚、文化、创意、服务等软实力，从而也提高了城市的国际化影响力。在深入贯彻落实党的二十大精神的背景下，新质生产力的发展和时尚产业的快速升级对职业教育提出了新的要求，职业教育需深化产教融合，及时更新教学内容，将最新的行业知识、技能要求和技术纳入教学大纲，确保教育内容与产业发展同步，促进职业教育与产业发展的紧密结合，为社会培养出更多可以适应新时代要求的高素质技术技能人才，从而推动时尚产业的发展与升级，促进现代服务业发展以及新型城市化建设，对积极推动经济高质量发展具有十分重要的现实意义和战略意义。

　　本书是继2022年出版的《新经济、新产业、新专业　全国副省级城市职业教育"专业—产业"适应性报告》之后的中国职业技术教育学会职业教育与区域发展工作委员会系列丛书之二。本书从职业院校促进区域产业发展的机理分析入手，对我国时尚产业发展和时尚类相关高职院校的建设进行全面研究分析，并运用科学研究方法，理实结合，对高职教育与区域时尚产业发展开展实证分析和案例研究，进而在要素保障、运行条件、支持系统等方面的核心要素上为高职院校服务时尚产业发展提供科学合理的改进策略，为培育出适应能力强的高素质技术技能人才提供借鉴的路径。总体而言，在经济转型升级和高质发展阶段，有效促进高职教育与区域产业协同发展作为学界的重点研究课题，并深刻地融入高职院校管理者的思想意识中，因此对于这一问题的研究也将对高职院校管理者在专业建设上有一定参考价值。

编者

2024 年 9 月

目录
CONTENTS

第一章

绪论

第一节　研究背景

2022年5月起施行的《中华人民共和国职业教育法》立足新发展阶段，全面贯彻新发展理念，明确指出"国家根据产业布局和行业发展需要，采取措施，大力发展先进制造等产业需要的新兴专业，支持高水平职业学校、专业建设"。职业教育的重要使命是培养服务区域经济社会发展的技术技能人才，助推区域产业转型升级。职业教育与区域产业的协同发展是在新经济发展格局的背景下，对职业教育这一类型的教育与产业发展之间关系的更高要求，即职业教育自身专业建设与产业发展之间形成更加适宜、更加紧密的相互促进与支持的关系。表1-1简要梳理了近年来国家制定的一系列政策，可以从中看出，职业教育高质量发展与区域经济"同频共振"，对推动区域经济协调发展具有重要意义。

表1-1　近年来主要职业教育相关政策整理

时间	政策	相关内容
2018年	职业学院校企合作促进办法	对校企合作设置的适应劳动力市场需求的新专业，应当予以支持；应当鼓励和支持职业学校与企业合作开设专业，制定专业标准、培养方案等
2019年	国家职业教育改革实施方案	按照专业设置与产业需求对接、课程内容与职业标准对接、教学过程与生产过程对接的要求，完善中等、高等职业学院设置标准，规范职业院校设置
2019年	关于实施中国特色高水平高职学校和专业建设计划的意见	面向区域或行业重点产业，依托优势特色专业，健全对接产业、动态调整、自我完善的专业群建设发展机制
2020年	职业教育提质培优行动计划（2020—2023年）	推动依据国家战略和区域产业发展需求、专业建设水平、就业质量等合理规划引导专业设置，建立退出机制
2021年	职业教育专业目录（2021年）	科学分析产业、职业、岗位、专业关系基础，对接现代产业体系，服务产业基础高级化、产业链现代化
2022年	关于深化现代职业教育体系建设改革的意见	把推动现代职业教育高质量发展摆在更加突出的位置，推动形成同市场需求相适应、同产业结构相匹配的现代职业教育结构和区域布局

《中华人民共和国职业教育法》正式施行后，职业教育被国家提升至与普通高等教育同等地位，高职教育成为高等教育的重要组成部分，在社会经济发展中起着人才培养、科学研究、服务经济社会发展、文化传承与创新、国际交流合作等重要作用。截至2024年6月20日，教育部最新的高等学校统计数据显示（未包含港澳台

地区高等学校），我国目前的高校总数为3117所，普通高等学校2868所，其中本科院校有1308所，高职（专科）院校有1560所，高职院校已经成为培养高素质技能人才、提供技术支持和服务、促进地方经济发展的重要力量。

当前，从传统产业到新兴产业、未来产业，从科技创新到工程建设，都离不开大国工匠，职业教育作为高技能人才培养的重要力量，承载了更加重要的使命。高职院校的建立多由地方政府支持，开设专业、培养人才以地方产业发展需求为导向。职业教育"十四五"期间的重要发展方向是提升职业院校社会服务能力，因此高职教育发展应主动适应区域经济转型升级，结合经济社会高质量发展需求，以产引教、以产定教、以产改教、以产促教，不断增强职业教育适应性，促进区域产业高质量发展。事实上，在区域经济快速发展中，高等院校担负着服务其发展的重要使命，高校必须与区域经济社会形成相对良性的发展体系，并且能够以服务区域经济快速发展为核心，才能更好地使其发挥作用和影响力。地方院校是服务区域发展的重要力量，已经成为区域发展重要组成部分。

第二节　研究目的

在数字经济与信息技术飞速发展的时代浪潮下，高职院校与产业协同发展的研究是与市场需求相关性很高的话题。通过开展高职院校与区域产业协同发展研究，完善高职院校专业设置和定位，深化产教融合，优化专业人才培养目标，改善专业课程结构，强化师资队伍等，可以有力地促进人才培养工作与社会需求和产业高质量发展的紧密联系。在这一过程中，引导高职院校特别是产业特色型高职院校根据区域产业的特点和发展需求，结合自身实际，科学准确定位，高职院校可以逐步塑造出服务区域产业发展的特色路径，更具针对性地培养高质量的复合型技术技能人才，为地方经济发展提供有力的人才支持和技术服务，也对我国的人才强国建设产生重要影响。

目前，学界研究者已经从理论层面和实践层面对职业教育与区域产业协同发展展开了研究探讨，虽取得了一些成效，但仍有许多问题亟待进一步研究，特别是对职业教育与时尚产业的协同发展研究相对较少。本书将从职业院校与区域产业协同发展的机理分析入手，对我国时尚产业发展和时尚类相关高职院校的建设进行全面研究分析，对国内外时尚产业先发地区进行比较分析，并运用科学研究方法，理实结合，对高职教育与区域时尚产业协同发展开展实证分析，从中提炼剖析高职院校在服务时尚产业发展中存在的瓶颈和不足，为地方政府和高职院校提升专业建设的区域适应性和时尚产业匹配度提供实证依据，进而在要素保障、运行条件、支持系统等方面的核心要素上为高职院校与时尚产业协同发展提供科学合理的改进策略，同时也重点剖析了时尚产业典型区域和院校的探索实践，为培育出适应能力强的高素质技术技能人才提供可供借鉴的路径。

第三节　研究内容

本书从职业教育与区域产业协同发展的理论入手，界定时尚产业、高职教育等核心概念，全面梳理国内外职业教育与产业发展的研究基础，通过实地考察和实证分析，紧扣职业院校与时尚产业协同发展这一研究主体，基于时尚产业发展和纺织服装类相关高职院校建设现状，对典型高职院校发展与区域时尚产业发展的匹配和适应关系进行剖析，并找出存在的瓶颈与原因，最后结合典型区域和院校的实践探索，提出高职院校与时尚产业协同发展的对策建议。本书的主要研究内容有以下五个方面。

第一，我国时尚产业和样本区域时尚产业发展现状。从科学界定时尚产业内涵入手，整体展示我国时尚产业发展现状，主要从时尚产业发展规模、发展水平、发展策略、发展趋势等方面对时尚产业做出较为全面的认知。同时，通过比较分析梳理样本区域时尚产业发展现状，为职业教育与时尚产业的协同和服务提供产业基础依据。

第二，我国时尚相关高等职业教育发展现状及与产业适应性分析。依据时尚产业的分析，将时尚类相关高职院校界定为以纺织服装这一时尚产业的核心产业为特色的高职院校，并结合区域位置、院校地位、特色优势等从总体概况、典型案例院校等方面进行梳理分析，以便清晰地了解纺织服装类高职院校建设与发展的总体特征。同时选取东部、西部、中部、东北部等典型区域为样本，开展高职教育与区域时尚产业适应性分析，为后期量化研究提供探索分析的依据。

第三，高职教育与区域时尚产业协同发展的实证研究。基于对目前纺织服装类高职院校的建设和区域时尚产业发展现状的掌握以及对现有文献资源的深度分析，构建高职教育与区域时尚产业协同发展指标体系和分析模型，采用熵权分析等方法对样本数据开展实证分析，实现对样本省市高职教育和区域时尚产业发展水平的定量评价，从而为有效路径和对策建议的提出提供实证基础。

第四，先发经验借鉴和典型范例分析。一方面，系统地梳理国外职业教育与时尚产业协同发展的先发经验，分析伦敦、巴黎、米兰、纽约、东京五大国际时尚之都的产业特点和发展趋势等，归纳出时尚产业的发展模式，并从职业教育与产业发展协同的视角，分析德国、美国、日本的高职教育办学模式和与产业发展的协同特征，为研究职业教育与时尚产业协同发展提供有益借鉴和参考。另一方面，选择宁波作为职业教育与时尚产业协同发展的典型范例进行深入剖析，旨在以点带面展示应对时尚产业的变迁中，高职教育服务与区域时尚产业发展的实践路径和可选策略。

第五，提出职业教育促进区域时尚产业发展的可行路径和对策建议。在深入分析并厘清时尚类高职院校与区域时尚产业发展在区域适应性现状和问题的基础上，借鉴先进经验和范例启示，从要素保障、运行条件、支持系统等方面提出有效路径，从院校层面和地方政府层面等视角探析职业教育服务时尚产业发展的优化建议，以期供产业部门和教育管理工作者借鉴与参考。

第四节 研究思路

本书围绕职业教育与时尚产业协同发展这一研究重点，采用理论研究、实证调研、比较分析、对策研究等方法，探讨高职教育服务时尚产业发展的可行路径和优化建议。在掌握现实情况和实证调研的基础上，遵循"构建理论框架——发展现状分析——实证模型和典型案例剖析——提出对策建议"逐层推进的研究思路，具体如下：

第一，通过了解国内时尚类高职院校建设的有关政策文件和实地考察区域内典型高职院校建设发展的现实诉求，明确研究方向。

第二，研读国内外相关时尚类高职院校建设与区域时尚产业发展的文献资料，梳理并分析职业教育与区域产业协同发展的核心要素，并开展研究。

第三，深入典型样本院校和时尚产业、企业进行实地调查走访，通过从官网、统计局、人社局、当地政府以及访谈中获得的各种材料，收集、掌握并量化分析区域时尚产业发展以及时尚类高职院校与区域时尚产业发展现状，并采用量化模型对两者的协同性进行实证分析。

第四，梳理先发地区和范例区域的经验和启示，对研究提供借鉴参考，同时通过个案剖析展示探索实践和可行路径。

第五，在理论指导、现状调查、实证分析、案例解析的基础上，指出职业教育与时尚产业协同发展的可行路径和优化建议。

具体思路如图1-1所示。

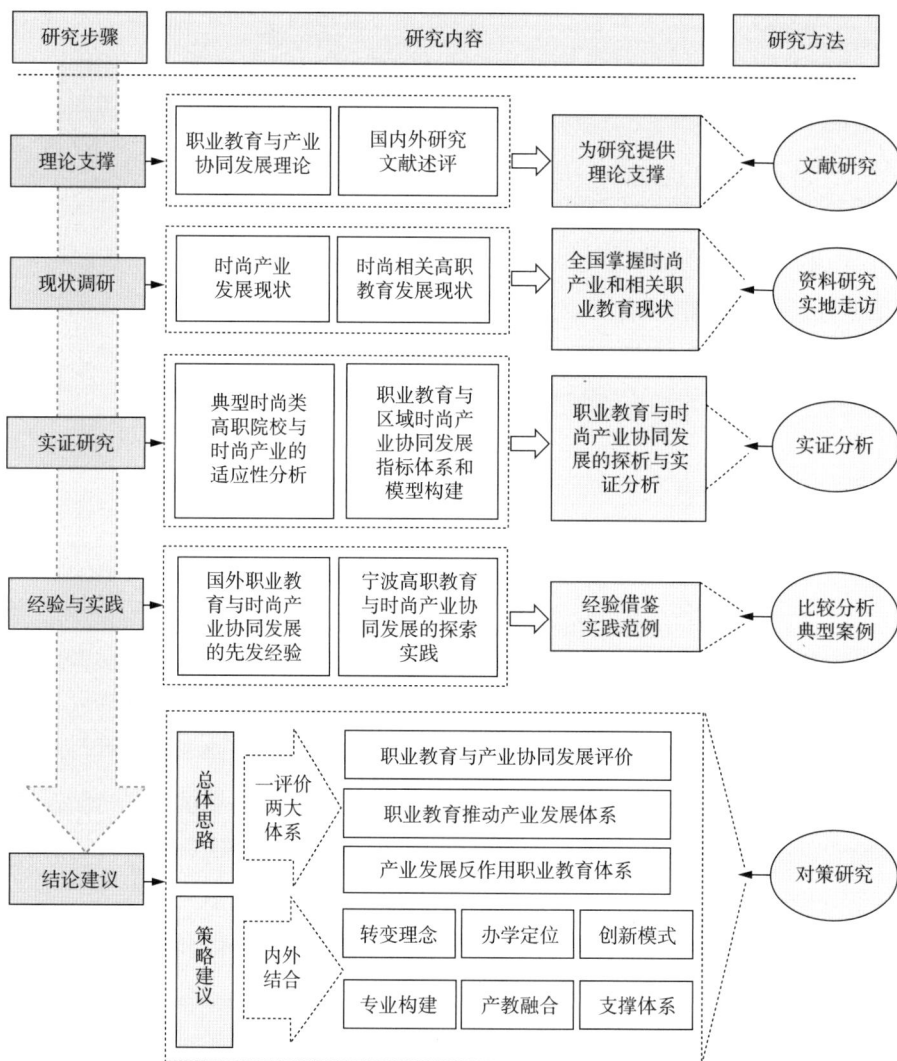

图1-1 研究思路框架

第二章

职业教育与区域产业协同
发展的理论基础

第一节 职业教育与区域产业协同发展的影响机理

新征程上，要在中国式现代化建设中认识和把握职业教育的新使命，在培育新质生产力、促进经济高质量发展中彰显职业教育的新担当。职业教育在事关高质量发展和创新驱动发展的关键命题上，包括高质量人才培养和科技创新等方面发挥着关键和不可或缺的作用。党的二十大报告也首次把教育、科技、人才进行"三位一体"统筹安排、一体部署，并摆放在"高质量发展"之后的突出位置，极具战略意义和深远影响。一方面，高质量教育体系本身是经济高质量发展的重要组成部分，另一方面，教育为经济高质量发展提供了坚实的知识、技术、全球价值链升级和人才支撑，成为夯实高质量发展的动力机制和基石，二者间存在着更为紧密的促进关系和协同作用。

一、职业教育促进区域产业协同发展的机理

教育是培养人的社会活动，是构建和改变经济发展模式的重要参与力量，经济高质量发展离不开职业教育发展的支撑作用，职业教育为社会提供了高技能人才。通过梳理职业教育与经济产业发展之间关系的文献可以发现，职业教育对区域产业发展的促进作用存在多种机制，在高质量发展阶段，职业教育从直接效应、间接效应和互补效应等多渠道促进了经济和产业的发展。图2-1、表2-1分别揭示了职业教育与区域产业协同发展机理和效应机制。

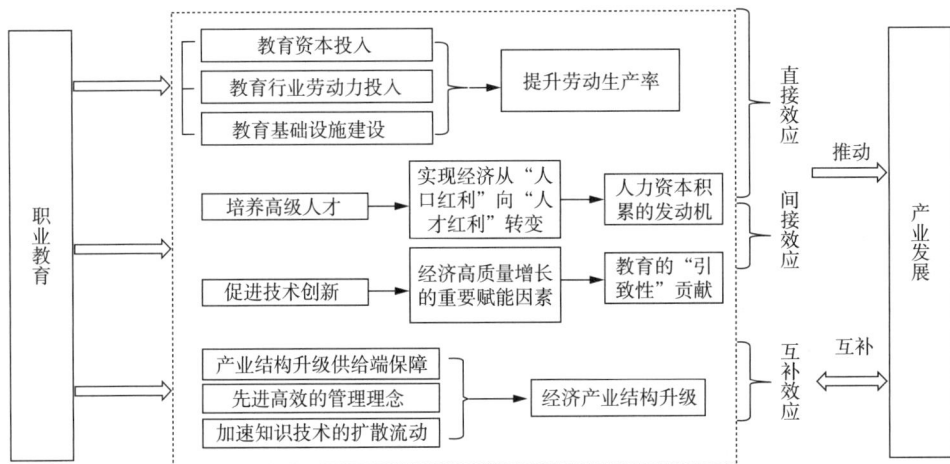

图2-1 职业教育与区域产业协同发展机理图

表2-1　职业教育促进区域产业协同发展的效应机制

效应名称	作用机制	作用内涵	典型理论
直接效应	高职教育促进产业高质量发展	消费、投资是经济增长的直接动力，高职教育通过集聚教育资本投入、教育行业的劳动力投入、教育行业的基础设施建设，从而拉动与教育相关的消费，直接带动经济产业的增长	西奥多·W.舒尔茨（Theodore W. Schultz）（1963）将"索罗剩余"解释为劳动生产率的增长，而高等教育是提升劳动生产率的重要途径，建立了教育与经济增长关系的桥梁，宇泽弘文（Hirofumi Uzawa）（1965）将教育作为单独的投入因素引入经济增长模型中，并且假定技术进步来源于教育
间接效应	高职教育通过培养高级人才和促进技术创新带动经济产业发展	在经济发展现实背景下，高职教育除了本身作为服务产业对国民经济增长产生拉动作用外，还通过人力资本积累和技术进步对经济的高质量发展产生影响。一方面，高等教育是实现经济从"人口红利"向"人才红利"转变的基本途径，是人力资本积累的发动机。另一方面，技术创新是经济高质量增长的重要赋能因素，技术进步对产业发展的影响是高等教育的"引致性"贡献	格里高利·曼昆（Gregory Mankiw）、大卫·罗默（David Romer）和大卫·威尔（David Weil）（1992）扩展了新古典增长模型，将人力资本积累的过程加入公式中，奠定了人力资本决定经济增长的重要地位
互补效应	高职教育与产业结构的互补推动产业发展	高等教育是形成人力资本的重要途径，与人力资本相适应的产业结构有助于强化人力资本在经济增长中的作用。一方面，高职教育为产业结构升级提供供给端保障。接受高等教育的群体拥有更高的资源整合能力，带来先进高效的管理理念，进而推动产业升级；同时，高质量人力资本能够加速知识、技术在区域内的扩散与流动，使要素从生产率低的部门向生产率高的部门转移，淘汰一些落后的夕阳产业，发展新兴及高端产业，带动产业升级。另一方面，产业结构升级对高职教育产生需求，两者互相促进、互为补充	西奥多·W.舒尔茨（Theodore W. Schultz）的人力资本理论指出经济增长的"剩余"应归因于人力资本的贡献。"配定-克拉克定理"认为劳动力首先由第一产业向第二产业流动，当经济进一步发展时，劳动力向第三产业转移。伴随着产业结构不断升级，新业态、新模式不断涌现，高等教育促使新兴产业雇佣高质量人才，实现产业与人才相适应，从而促进经济增长

二、区域产业协同发展对职业教育的影响机理

（一）产业协同发展水平影响职业教育发展规模

从历史发展的视角看，职业教育发展速度必然与国家经济及产业发展水平密切相关，产业发展水平一定程度上影响职业教育的发展规模。通常而言，国内生产总值（GDP）是衡量一个国家或地区经济发展状况及其发展水平的重要指标。GDP指标不仅反映出国家产业发展的总体水平，而且三次产业占GDP的比重也代表着各产业的发展水平以及产业结构均衡水平。职业教育发展规模一般用职业学校在校生数量作为衡量指标。通过考察职业教育规模增长与GDP增长之间的关系，可以从

一个侧面揭示出职业教育发展与国家经济发展之间的内在联系。例如李薪茹、韩永强（2017）考察了2001～2015年全国各级各类职业院校在校生规模与国家GDP指标之间的关系后发现，随着国家经济的发展，职业教育发展规模也呈现相应的增长趋势，特别是在"十五"和"十一五"期间，职业教育发展规模与GDP总量之间基本呈现线性关系，"十二五"以来，职业教育发展规模呈现一定程度的下降，这与经济发展放缓也存在一定的内在关系。

（二）产业发展速度影响着职业教育的发展速度

国家经济及产业的蓬勃发展为职业教育发展提供了坚实的经济基础。例如，李薪茹、韩永强分析2001～2015年职业教育规模增长速度和GDP增长率的多项式趋势线显示，GDP增长率与职业教育规模增速在"十五"期间均呈现同步上升趋势，"十一五"之后，随着GDP增速逐步放缓，职业教育规模增长速度也呈现快速下降趋势。由此不难看出，国家经济及产业的发展速度深刻影响着职业教育的发展速度。

（三）区域产业布局影响着职业教育资源分布状况

区域产业发展的总体水平深刻影响着职业教育资源的集中度。总体而言，从我国区域生产总值占全国总量的比重的排序来看，从高到低分别是东部地区、中部地区、西部地区、东北地区，因而高职院校学生分布的排序也与之相对应。同时，区域产业特色也很大程度上决定了区域职业教育自身的特色。例如，在资源型经济为主的地区，形成了以服务煤、电、钢、石油等资源产业为特色的职业教育模式；在以加工产业为主的地区，形成了以制造、轻纺、食品等人才培养为特色的职业教育模式；在服务业发达的地区，则形成以财经、商贸、旅游、文艺、教育、服务等人才培养为特色的职业教育模式。

（四）产业结构影响着职业教育人才培养结构

职业教育是为经济社会发展服务的，其人才培养结构与国家产业结构有着内在的必然联系。随着中国工业化进程的推进，加快经济发展方式转变和促进产业结构调整的成效逐渐显现，适应国家产业结构调整的要求，职业院校人才培养结构也呈现相应的变化趋势。李薪茹、韩永强分析2010～2015年的相关数据，职业院校人才培养结构调整方向与全国产业结构变化趋势呈现高度一致性。从职业院校在校生数量变化来看，第一产业、第二产业所涉专业的在校生占比均呈现下降趋势，第三产业所涉专业的在校生占比则呈现上升趋势。可以说，根据各产业人力资源需求调整人才培养方向，是职业教育服务区域经济与产业发展需要、促进人才培养与产业需求更好衔接的根本要求。

三、职业教育与区域产业的协同发展

（一）职业教育为区域产业协同发展提供技术人才支撑

职业教育通过培养符合市场需求的技术技能型人才，直接促进了区域产业的聚集发展和转型升级，为国家经济社会发展作出了不可或缺的贡献。多年来，职业教育为各产业领域培养和输送了大量的产业人才。高等职业教育人才供给能力不断增强，毕业生数量从2000年的17.9万人增长到2022年的494.77万人，增长了27倍。截至2024年4月，全国职业院校共开设2281个专业和66870个专业点，涵盖了国民经济各产业，满足了不同层次、不同领域的人才需求。可见，职业教育在区域产业发展中的角色变得日益重要，它为技术进步、产业升级以及经济增长提供了技术人才的支撑。

（二）职业教育助推区域产业的快速发展

职业教育在当前社会经济发展的背景下，扮演着极为重要的角色。它不仅能够为特定行业培养出符合要求的专业人才，还能够对区域产业的发展起到推动作用。近年来，国家对于职业教育的重视程度不断加深，多项政策陆续出台，如《职业教育产教融合赋能提升行动实施方案（2023—2025年）》等，旨在通过政策引导，加强职业教育与产业的紧密结合。同时，通过遴选国家产教融合试点城市和企业，政府鼓励地方进行改革探索，并给予具体的支持政策，使职业教育真正成为产业发展的"助推器"。总的来说，可以看到从国家政策的引导到地方职业教育的具体实施，职业教育正逐步成为产业发展中不可或缺的一部分，在促进区域产业快速发展中发挥着关键作用。

（三）职业教育为产业转型升级提供技术支持

职业教育在产业转型升级中发挥着不可替代的作用，它通过专业的设置调整、产教融合策略的实施、终身教育体系的构建、技术技能人才的培养、数字化转型的适应、国际视野的拓展以及政策环境的优化等多方面的努力，为产业转型升级提供了强有力的技术支持。而职业教育与经济、产业紧密结合的天然特性及其对产业人才需求的快速反应能力，使其能够精准培养产业一线亟需的技术技能型人才，在较短时期内实现产业人才需求与供给间的平衡。职业教育所培养的大量高素质的技术技能人才，不仅提升了人力资本的质量，也提高了劳动配置的质量和水平，大大加强了区域产业的技术创新能力，并使产业技术的应用与更新的速度大大加快，进一步使产业潜能得以释放，为产业升级和区域经济获得持续竞争优势创造了人才条件。

综上所述，区域新兴产业的发展和传统产业的转型升级，需要产业结构与教育结构相匹配，随着经济结构转型升级，教育发展中对人才培养的结构也会发生转型升级。产业转型升级后的产品技术含量与知识含量显著增加，产业间表现出从劳动密集型向知识密集型的转变。这种转变引起了人力资本的结构变化，引起了就业市场需求结构的转变，最终会促使教育的层次结构调整与升级。区域经济的高质量发展带动职业教育资源的优化配置，促使教育资源向优势产业、战略性新兴产业和现代服务业等领域倾斜，推动职业教育与产业深度融合，形成校企合作、产学研一体化的人才培养模式。

第二节　职业教育与区域产业协同发展的研究现状

通过对国内外现有研究文献的梳理，发现国内学者对高职院校专业建设与产业发展关系开展了较深入探索，其研究成果主要基于实践中发现的问题，如高职院校区域适应性和产业适应性存在的问题研究、提升对策研究等。相对而言，国外学者的研究则侧重于理论模式研究，不同国家针对自身实际构建职业教育专业建设模式，并从中探究专业建设与市场需求的适应程度。因此，本书分别从国内研究与国外研究进行梳理。

一、国内相关研究

（一）有关职业教育与区域经济发展的研究

高等职业教育与区域经济是两个独立的社会子系统，学界研究二者关系时多集中在二者的双向作用。杜峰（2010）研究了职业教育与区域产业的特性，并在研究中表明职业教育与区域产业之间存在相互制约、相互促进的辩证关系。赵辉

（2016）在研究中表明，职业教育是我国产业发展、社会转型的重要组成部分，职业教育显著影响我国经济发展，且职业教育的发展是随着产业结构的变化及产业结构调整而产生相应的改变，职业教育是推动产业发展的内在动力。雷楠南、赵丽娟（2011）在研究中证实了区域产业结构与职业教育之间的相互作用，且研究表明，产业优势是职业教育的有力支撑。余霞、石贵舟（2020）认为在校企合作背景下高职院校的教育可以与企业生产相对接，以便培养适销对路的技能型人才，与此同时，区域产业结构和企业人才需求直接影响高职院校的专业设置和教学改革方向。张佳（2014）通过实证分析证明，2001—2012年东部地区省份高职教育对经济的贡献率高于中部和西部地区，说明高职教育和区域经济发展之间的良性作用。

（二）有关职业教育与区域产业发展的研究

学者对职业教育与区域产业发展的研究较为丰富，主要集中在以下三个方面。

（1）研究两者的协同发展关系。李新茹（2017）认为职业教育发展应充分考虑区域产业发展的现实需要，区域产业发展也应充分考虑职业教育在技术技能人才支撑方面的作用，应从完善顶层设计、优化资源布局、增强服务能力、鼓励区域协作、瞄准核心领域等多个方面促进两者的协同发展。袁晓玲（2019）引用产教整合理论，指出应避免单向思维对职业教育与产业结构的影响，从协同发展的角度出发，解决职业教育产业间的相互影响。施运华（2014）认为，我国职业教育与产业之间呈现出非协同发展，有必要建立完备的职教与产业发展匹配机制和高职教育生态系统。郭志立（2017）从哲学、区域经济理论、人力资本理论等角度出发，通过多元视角分析，并结合多元联动逻辑，探索现代职业教育与区域经济创新发展的相互联系与相互作用。

（2）以专业建设为重点开展研究。王忠昌（2017）指出，现代职业教育应加强理念创新、完善结构对接、共创平台搭建、塑造良好的品牌效应、彰显职业教育特色，结合区域产业发展的需求，有目的、有计划地设计与之对应的相关专业。唐智彬、石伟平（2015）认为职业教育与区域产业实现协调发展对两者均相当重要，而外部保障条件和内在需求动力对于两者实现协调发展形成了合力，且职业院校专业的动态调整是与区域产业实现匹配发展的必要条件。刘晓、钱鉴楠（2020）基于钱纳里的发展型式理论对专业建设与产业发展匹配的逻辑进行梳理，得出"产业结构—专业布局""市场需求—专业规模""产业技术—技能培养"的三维框架。刘旭平（2014）认为高职专业建设对区域产业转型升级有支持作用，二者共生、共建、共进。总体而言，现有研究表明，专业建设在结构、规模、质量等方面直接影响区域产业发展水平和质量，同时，区域经济的产业规模、布局以及经济效益对职业教育专业建设的方向、定位以及人才培养方案等方面有决定性作用。

（3）研究职业教育对产业转型升级的作用。徐晓静、王丹、张敬文（2019）着重研究职业教育与社会经济功能属性之间的关系，在其研究中人才结构、技术供给、经济结构等因素与区域产业发展及区域产业结构转型之间存在显著的影响。刘晓（2014）通过对职业教育的教育方式、教育目的、教学内容等方面的研究，确定了职业教育在产业转型及产业升级中的相关性。翟志华（2019）指出区域产业发展离不开教育，区域产业需求带动区域经济增长，产教融合与职业教育是发展区域经济的关键所在。孟源北（2017）以中国产业升级的根本特点为切入点，研究了产业升级现状及职业教育目前面临的困境，得出职业教育与产业升级之间的协同作用。苏丽锋（2017）指出职业教育与产业结构相互配合的重要性，提出职业教育的现代化及职业教育的智能化是现代产业发展的主流。

（三）有关职业教育结构与就业结构的相关研究

相关研究中，学者多聚焦于探究教育层次结构与就业结构之间的关系。石丽、陈万明（2011）提出就业结构对于研究生和专科生层次的影响小于本科生。刘六生、姚辉（2015）通过实证研究，以高等教育层次结构与从业结构的适应性递减原则，将全国划分为8类地区。成刚、卢嘉琪（2020）通过适应性关系分析发现，我国高等教育层次结构以本科生为主，但就业人员的受教育程度仍然以专科为主，高等教育层次结构与就业结构不相适应。岳昌君（2018）基于对毕业生就业数据的实证研究后提出，毕业生就业存在专业不匹配现象，且高校对学生的能力培养与经济发展需求不适应，存在过度教育现象。还有学者分析了学科结构与就业结构之间的关系，杜瑛（2015）通过对高等教育文理科类结构影响因素的理论分析，指出我国高等教育理工类学生占比下降趋势与同期产业结构和就业结构的发展趋势不匹配。

（四）有关职业教育与区域产业发展存在问题的研究

通过文献梳理发现，职业教育在适应区域产业发展上存在以下主要问题。一是专业结构与产业结构之间存在差距。罗明誉（2012）认为高职教育面临布局不当、专业结构不适配、服务功能单一等，这阻碍了经济结构的优化和产业的升级。周鸣阳（2012）通过分析产业与专业匹配度发现，高职院校专业建设缺乏对应的专业市场需求调研和专业预警机制，专业结构与区域产业结构存在错位现象。二是专业设置同质化严重，缺乏特色。如王泽（2013）发现高职院校对市场需求的分析不够精细，人才培养的目标定位笼统，品牌和特色优势不明显。易善安、屈大磊（2012）分析了高职院校专业设置的趋同性现象越来越明显的原因，如专业论证不佳、办学优势不突出、热门专业开办成本被忽视等。三是专业建设缺乏前瞻性。张海峰（2014）指出高职院校缺乏对区域经济人才市场需求的必要分析，不能及时完善专业人才培养方案或调整专业结构。陈婧（2014）研究发现学生专业技能欠缺，难以适应产业结构调整需要。黄庆（2020）通过定量分析得出与当地新兴产业对应的高职院校专业设置少，欠缺真正落实新兴技术的专业。

（五）有关职业教育与区域产业发展的对策研究

学者们都对职业教育现存的问题从宏观和微观层面提出了相应解决策略。从宏观层面，葛道凯（2021）指出为适应产业升级带来的人才结构性调整需求，可建立中等、专科、本科、研究生一体化的现代职业教育体系。徐莉亚（2016）提出要准确把握区域产业结构，以区域内支柱与潜力产业为依托，整合优势资源培育重点专业和特色专业，形成具有竞争力的专业群。徐兰等（2021）基于增强职业教育适应性的维度，认为可以从专业动态调整、适应产业技术革新与业态升级等方面进行突破。从微观层面，尤明珍等（2021）提出多元主体协同共治，从课程资源、人才培养规格、信息开放平台等多方协同增效。

二、国外相关研究

职业教育赋能区域产业发展在国外相关研究起步较早，可追溯到20世纪初，最早的研究是将职业教育与经济挂钩，探索二者之间的关系。随着职业教育不断发展，德国、澳大利亚、美国等发达国家的职业教育建设模式已经形成一套较为成熟的体系。通过查阅和整理国外相关文献，简要梳理如下。

（一）有关职业教育与区域经济发展的研究

国外学者在较早时期就强调教育在经济增长中的重要作用。现代经济学之父亚当·斯密（Adam Smith）指出人的经验、知识和能力是增长国民财富的重要内容和发展生产的重要因素。早在20世纪60年代，西奥多·W.舒尔茨（Thodore W.

Schultz）通过定量研究发现，1929～1956年，美国教育投资带来的经济收益占国民收入增长的33%。爱德华·丹尼森（Edward F. Denison）在《美国经济增长因素和我们面临的选择》论著中将教育当作美国经济增长的基础，1929～1982年有23%的全民收入增长率源于教育年限的增加。埃里克·哈努谢克（Eric Hanushek）和卢德格尔·沃斯曼因（Ludger Woessmann）在《国家的知识资本》中主张教育的发展水平和质量越高，对经济的增长作用越凸显。Tabbron G. 和 Yang J.（1997）对比分析了发达国家间职业教育成效，通过实证研究证实了职业教育对经济发展的正向作用。Zhanguzhinova M.Y. 等（2016）分析了哈萨克斯坦在创新和工业化进程中如何提升职业教育水平。Lin（2017）分析了高职教育与区域产业之间的互动和影响，旨在探讨高职教育与区域产业在协同发展过程中如何促使经济实现技术突变与创新。

（二）有关职业教育与区域产业发展的研究

Shegelman I. 等（2015）以俄罗斯一所高校和两所企业为例研究了高等院校和机械制造企业协同发展的重要性。Tšiame C.M.（2006）通过对莱索托首都职业教育开展方式、职业教育教学课程及专业特点的深入剖析，对比分析了职业教育与当地产业之间的相互联系，深入剖析了职业教育与经济发展的关系。Garlick S. 等（2007）从国内职业教育政策及职业教育的自身属性出发，分析了教育政策、教育目的、教育方向及教育内容对当地产业发展及经济发展的影响。Ilyas I. P. 和 Semiawan T.（2012）、Mariana T.H. 和 Rizali H.（2016）分别分析了印度尼西亚的职业教育对制造业、棕榈油产业的影响。Triki N. 等（2009）以制造业为研究对象，通过对利比亚地区的制造业进行实证研究与分析，研究了职业教育在制造业转型中所起的重要作用。Wodi S.W. 和 Dokubo A.（2012）比较研究了尼日利亚制造业发展过程中创新职业教育教育方式、深入发展职业教育对尼日利亚制造业发展的影响。

（三）有关职业教育专业建设发展模式的研究

在国外很多国家都已经具备了成熟的职业教育发展模式，比如德国的"双元制"教学模式以及"订单式"人才培养模式、美国的社区学院、澳大利亚TAFE学院（技术与继续教育学院）的课程包、学历资格框架体系以及日本的短期大学和企业内部的职业培训等都为其培养了面向生产第一线所需的技术、管理、服务人才。此方面的研究简要梳理如表2-2所示。

表2-2 国外职业教育专业建设典型发展模式研究梳理

典型模式	内涵评价	代表性研究
"双元制"——德国职业教育发展的重要模式	一种旨在系统地结合企业培训和职业学校教育优势的特定培训制度。核心目标是帮助学生获得并发展行动能力,以便他们能够应对当前及未来的职业挑战。德国对"双元制"在理念、程序、内容、法律上都给予了充足的保障	(1) T.Deissinger (1997) 认为德国的"双元制"并不是一种简单的培训安排,其具备以下重要特征:学习场所的二元性、职业培训的法律和公共责任、自治原则、私人对培训的承诺及职业原则,这些特征可以促进德国的职业教育与经济的发展,但可能不能被其他国家效仿 (2) T.Lewis (2007) 认为德国的"双元制"模式之所以不适用于其他发达国家正是因为文化差异而施加了限制 (3) 2017年德国联邦教育与研究部 (BMBF) 通过调查研究发现"双元制"在未来几年将面临诸多挑战,其中供需不匹配成为制约经济发展主要问题
技术与继续教育学院(简称TAFE)——澳大利亚主要的职业教育体系	澳大利亚TAFE在支持学生、行业和社区方面发挥着关键作用,同时在支持当地经济发展规划以及发展创新所需的知识和技能方面也发挥着积极作用。特点是由行业主导,采用产学结合的教育模式,其专业设置与行业联系紧密,课程内容以行业对技能培训的需求为依据,由专门成立的行业咨询团队编写给予学生能力的职业教育课程培训包,包括对课程设置、时间安排、选区教材、场地费用、考核评估等内容进行确认,再由TAFE执行	(1) Pennington (2020) 指出澳大利亚研究所启动了一项关于TAFE的经济和社会效益的研究,表明澳大利亚对TAFE的所有投资已经产生925亿美元的年度经济效益 (2) E.Smith (2002) 指出TAFE的学生利用培训包学习并获得职业资格,但这并不意味着他们能够胜任工作,大多数学生并没有在他们所学习的领域就业
社区学院——美国高等职业教育的主要承担者	特色是为当地企业提供培训职业服务,深度体现了产学融合的特征。21世纪以来,随着社会经济改革,美国政府通过量化宽松的经济手段将社区学院教育改革与经济调整紧密结合,并颁布一系列改革政策,无不是在强调教育均衡发展和保证教育公平,来确保美国公民的职业教育素质和经济发展水平的提升	(1) C.R.Belfield和T.Bailey (2011) 的研究表明,就读社区学院除了带来的私人收益外,还可能获得额外的经济利益,如健康、社会总经济福祉,以及降低对社会福利的依赖和较低的犯罪率 (2) T.Bailey (2009) 认为社区学院未来的改革应重新思考评估,重点了解学生需要什么,而不是简单地专注于课程安排,此外还应该向学生开放大学水平课程,为有需要的学生提供学术支持

三、现有研究述评

通过对国内外相关研究文献的梳理和分析,可归纳出以下几点结论。

(1) 国内外大量研究表明高等职业教育与区域经济发展的关系十分紧密,且高等职业教育不论是对个体长远发展还是对区域经济增长都有促进作用。同时,区域经济的发展水平也会反作用于高等职业教育,二者之间相互影响。

(2) 国内关于职业教育特别是专业建设与区域经济发展关系的研究主要是通过

实证研究来进行。大部分学者都是基于特定地区的产业结构来进行分析，且主要集中在广东、浙江、湖北、湖南、山东等东部和中部地区，同时多以制造业相关专业与产业的协同关系分析为主，相对而言，在理论领域、全国范围、其他类型专业与产业的协同等方面的研究较少。

（3）国内对高职院校适应区域产业发展的研究主要是以问题为导向，大多数研究者认为专业设置与区域产业需求不匹配是当前最突出的矛盾，鉴于此国内研究主要围绕专业设置与产业结构的匹配度来探讨高职院校专业建设的规模、课程设置、人才培养目标等。而国外关于职业教育专业建设的研究集中在职业教育模式研究，大多数研究致力于改进现有的职业教育专业课程教学模式、专业资格体系认证模式等，以使得职业教育适应区域经济发展的需要。

（4）随着全球劳动力短缺、劳动力老龄化、失业和贫困等问题的加剧，通过职业教育获得技能是实现整体经济发展的人力资源开发的重要来源之一。国外学者关于职业教育发展模式的研究成果颇丰，其中以德国、澳大利亚、美国等发达国家为主的职业教育发展模式可以为我国高职院校专业建设和教育教学改革提供参考。

综上所述，当前相关研究对象越加清晰，研究内容紧贴实际，说明高职教育与区域产业发展适应性这一问题在学界具有一定的研究热度，同时也还有很多值得研究者进一步探索的空间。

第三节　职业教育与区域产业协同发展的核心理论

一、产业演进理论

产业演进是产业在发展过程中结构和内容的不断变化过程，是产业不断自我更新的过程，其核心在于理解和揭示产业结构随着经济发展而不断变动的规律。

英国著名经济学家科林·克拉克（Colin Clark）于1940年在其著作《经济进步的条件》中提出"配第—克拉克定理"（Petty-Clark'slaw），是学术领域认可度最高的产业结构理论之一。该理论认为，经济发展水平不断提高的进程中，在不同产业中就业人口数量也将不断发生变化。具体变化的趋势是第一次产业就业人口比例逐渐降低，而第二次产业和第三次产业中就业人口的比例将逐渐提高。

20世纪中叶由美国经济学家西蒙·史密斯·库兹涅茨（Simon Smith Kuznets）在

克拉克等人相关理论基础上形成库兹涅茨理论,该理论认为,产值结构和劳动力结构是产业结构发生变化的外在表现,也就是说当产业结构发生变化情况下,不同产业的产值所占比重和不同产业劳动力所占的比重都将随之发生变化。随着人均国内生产总值的增加,第一产业的产值份额和就业份额会逐渐下降,第二产业会先增加后减少,而第三产业则持续增加。这个趋势揭示了现代经济发展中产业结构由以农业为主向以服务业为主的演进模式。

本书针对职业教育与产业匹配问题的研究,在确定区域产业分析指标中借鉴了上述理论相关观点,如产业划分为三种类型、产值结构和劳动力结构等维度。

二、人力资本理论

人力资本理论最早起源于经济学研究,著名经济学家亚当·斯密(Adam Smith)在其1776年出版的论著《国富论》中首次提出人力资本的概念,随后,许多经济学家都对人力资本理论的形成与发展作出了重大贡献。亚当·斯密在《国富论》中指出,人力资本不仅能够为个人积累财富,而且也是社会积累财富的主要力量,是一种能够直接投资直接收获效益的资本。阿尔弗雷德·马歇尔(Alfred Marshall)作为剑桥学派创始人,并未直接提出"人力资本"这一概念,但他认为投资人力就是一种创造财富的手段,也指出有效的教育能够创造价值,即便是对普通工人进行教育,也会间接地创造价值,这对经济学的发展产生了深远影响,为后来人力资本理论的产生奠定了基础。

人力资本理论是在20世纪60年代初开始形成的,代表人物包括舒尔茨、贝克尔等,简要观点梳理如表2-3所示。他们认为,传统的经济学中的资本概念仅指物质生产要素,如厂房、机器设备、原材料和燃料等,这样的资本概念是不完整的。他们强调,完整的资本概念应包括人力资本,即从事生产活动的人的数量和质量,这是体现在人身上的一种资本,可以提供未来的收入。人力资本既不能被买卖,也不能被当作财产,但它和物质资本一样,能够对经济起生产性的作用,促使国民收入增长。教育、保健、在职训练和迁徙费用是人力资本的主要组成部分。

表2-3 人力资本理论代表观点梳理

代表人物	时间、代表作	主要观点
西奥多·W.舒尔茨(Theodore W. Schultz)	1960年在美国经济学会年会上发表《人力资本投资》(Human Capital Investment and Urban Competitiveness)	在现代经济发展中,人是影响经济发展的最为关键的因素,劳动者的知识水平、技术水平、工作能力和健康状况等方面统称为劳动者身上的人力资本。其观点包括以下几方面内容: (1)人力资本的形成需要一定投资才能获得。主要包括学校教育、岗位培训、卫生健康、职业选择期间生活等方面,其中,教育费用是核心部分,也是对人力资本影响最大的投资

代表人物	时间、代表作	主要观点
西奥多·W.舒尔茨（Theodore W. Schultz）	1960年在美国经济学会年会上发表《人力资本投资》（*Human Capital Investment and Urban Competitiveness*）	（2）人力资本个体表现出的技术、能力和身体机能总和，即人力资本投资产生的收益，衡量的方式主要有职称评级、劳动时间等 （3）人力资本投资中的教育投资更重视劳动的质量，其产出质量对经济产生的影响是实质性的。人力资本个体形成劳动技能、产生技术创新积极性、不断提高劳动生产率等，均有赖于教育投资 （4）教育投资与经济学领域其他投资存在显著区别。现代经济社会更加注重人力资本的重要性，因为单纯依赖自然资源将会随着自然资源的紧缺甚至枯竭而使经济发展严重受阻，能够决定经济发展未来以及人类未来的，就是人本身的综合素质 （5）人力投资与经济学领域其他资本的投资目的相同，都是为了收到更大的效益。教育投资的收益时间周期更长，往往是一种未来收益
加里·贝克尔（Gary.S.Becker）	1964年《人力资本》（*Human Capital*）	从微观决策上建立人力资本理论，对非正式教育进行了分析，主要关注对人力资本的投资与未来收入效应的关系 （1）劳动培训对人力资本质量的影响更大、更直接，而人力资本的劳动技能和非专业技能培训费用均应该由雇主承担，但是雇员必须自己承担人力资本专业技能培训费用 （2）从在职培训、学校教育、信息投资以及健康投资四个方面来说明人力资本对收入、就业或其他经济变量的影响 （3）对人力资本投资的收益率分析，建构收益率与投资量的理论关系，以此来估计投资成本方面的问题 （4）既是对舒尔茨观点的补充，又是一种创新观点

上述分析可知，人力资本理论在经济持续增长发展中发挥着重要作用，其自身也在不断发展。概括地讲，人力资本是指凝聚在劳动者身上的知识、技能及其所表现出来的能力。相关研究对于人力资本理论对职业教育的经济价值作出了肯定，劳动者所表现出来的能力和创造的经济收益都是教育投资的结果，而职业教育更是如此。职业教育对于区域经济发展具有正向促进作用，区域产业转型与升级离不开技术技能人才的支撑，与劳动者的人力资本的积累密切相关。如果高职院校培养的专业人力资本无法满足区域经济发展的需要，那么就可能无法释放区域经济的发展潜力，继而影响区域产业结构的调整与推进。

三、三螺旋理论

三螺旋理论是一个用于分析高校、政府和企业三者间关系的理论模型，由美国纽约州立大学社会学系的亨利·埃兹科维茨（Henry Etzkowitz）教授和荷兰阿姆斯特丹科技发展学院的罗伊特·劳德斯多夫（Loet Leydesdorff）教授提出。该理论利用生物学中三螺旋的原理解释了在知识经济发展中高校、政府和企业之间相互依存的互动关系。三螺旋理论认为，高校、政府和企业的交互是创新系统的核心单元，其三方合作是推动知识传播与应用的重要因素，其模型如图2-2所示。

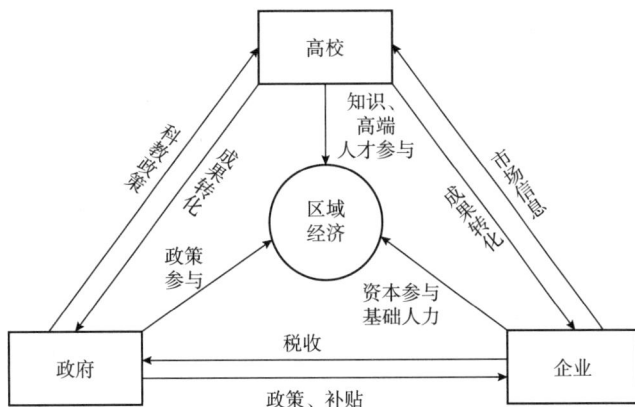

图2-2　三螺旋模型——职业院校驱动区域经济的直接路径

　　三螺旋模型将高校直接带入区域经济的场域中，将其视为知识经济时代与政府、企业并立的直接驱动增长的力量。这一模型本质上是一种创新结构论，认为高校、政府与企业构成了工业化时代中后期通过创新实现经济增长的基本结构，三方主体各有优势且保持相对独立。作为高端人才聚集地与高端知识生产地的高校具有人力与技术优势，作为掌握公共资源配给决定权的政府具有政策优势，作为市场经济最活跃主体的企业具有信息和资本优势。三者借助各自优势围绕区域增长这一主体保持联动，政府为区域内的各种增长行为的开展提供最为合适的政策环境，政府或企业捕捉到需求信息将其传递给大学，并为高校提供资金支持，高校接收到信息后进行科学研究，生产出知识产品供政府转化为政策，企业转化为生产力。三螺旋模型改变了区域发展仅靠政府与企业的二元主体论，无论是应用型还是研究型的大学都纳入区域经济中，尤其因为侧重对于不同层级政府在产学研合作中的角色辨析，可以为分析校地合作尤其是我国高职教育产教融合提供很好的理论工具。

四、教育内外部关系规律理论

　　教育的内外部关系规律由潘懋元教授于1980年提出，在他的《高等教育学讲座》一书中较为具体地展开了论述。这一理论的核心在于揭示教育系统内部各要素之间的关系，以及教育系统与社会系统及其子系统之间的关系，强调教育发展应综合社会和人的发展要求，以保证教育的可持续和健康发展。教育的内部关系是教育系统内部各个构成要素之间的相互作用与联系，这些要素包括教师、学生、教育内容、教学方法、教育环境等，它们之间的有效互动是提高教育质量的关键。教育的内部规律涉及教育过程中的一些基本规律，如教学相长、因材施教等，这些规律体现了教育过程中对个体差异的尊重和对教学互动的重视。教育的外部关系是教育系统与社会系统及社会子系统之间的关系，它需要与社会的其他子系统，如经济、政治、文化等相互影响和适应，教育的发展需要适应经济社会的发展要求，这意味着教育目标、内容和方法等都要随着社会的变化而调整，以满足社会的需求。教育的内外部规律是相互联系、相互作用的，内部规律的有效实践可以促进教育更好地服务于社会，而外部规律的要求又反作用于教育内部，引导教育的调整和改革。

　　高等职业教育因其自身的"职业"特性，与社会经济发展关系十分密切。提升高职院校的区域适应性首先要求专业内部建设要素能够协调一致，相互影响，相互作用。在此基础上，不断调整和优化，使之与外部区域经济环境进行物质、信息交换，从而使高职院校能够主动适应区域经济发展和产业调整带来的变化，以此充分发挥高等职业教育对社会经济的促进作用。因此，基于教育内外部关系规律理论，本书在分析高职教育与区域时尚产业协同发展时，除了需要考虑高职教育内部要素与要素之间的协调关系外，还应重视教育与产业的动态调整机制，主动适应区域产业发展的需要，实现产业链与教育链的有效对接。

第三章

我国时尚产业发展与样本区域时尚产业发展比较分析

通过上述职业教育与区域经济和产业发展的理论分析可知，职业教育投入与区域经济增长之间存在显著的正向关系，职业教育的发展有助于优化区域经济结构，促进产业升级和转型，对区域经济和产业发展起到了积极的推动作用。本书将主要聚焦典型的都市产业——时尚产业，以时尚产业相关高职院校为研究样本，主要探讨高职教育与区域时尚产业协同发展的现状及困境，并提出可供推广的有效路径。鉴于此，本章从时尚产业发展入手，分析时尚产业发展规模、水平、特征、趋势，并对样本区域进行界定和比较分析，为研究提供产业基础和现实依据。

第一节　时尚产业边界与内涵

一、时尚

"时尚"最初诞生于欧洲，在英文中使用"vogue""fashion""mode"等词汇表示。欧洲中世纪常常将时尚同贵族关联在一起，贵族是时尚流行趋势的主导者，平民将模仿当时宫廷女装与造型当作时尚。"时尚"一般与某一阶段的社会环境间维持统一，通常某一阶段内的潮流以具体实物方式展示出来。从狭义角度来解释，时尚是以服饰作为核心，而在广义上，时尚不仅包含服饰等有形产品，还涉及艺术等某一阶段内广为流行的服务性消费或是生活方式，可见时尚的外延较广。

二、时尚产业

虽然时尚产业在我国经济领域中的地位逐渐提高，但研究界对时尚产业的概念、内涵界定尚无一致的结论，还没有达成统一的行业界定与分类依据。《中国时尚产业蓝皮书2008》从行业属性的角度对时尚产业的范围进行了界定：时尚产业是指通过工业和商业化方式所进行的时尚产品和时尚服务的设计、采购、制造、推广、销售、使用、消费、收藏等一系列经营性活动的总称，属于一种不断发展的产业形态，其具体范围如表3-1所示。

表3-1　时尚产业范围

行业属性	具体内容
时尚商品制造业	时尚休闲服装鞋帽、皮草皮具、饰品、名表、珠宝、香水、护发护肤化妆品、美食、消费类电子产品等
时尚服务业	美容美发、健身旅游、流行音乐、影视摄影、动画漫画、时尚书籍杂志、餐馆酒吧等休闲娱乐产业

赵磊以行业部门与人的实际联系的紧密程度和主要功能特长为尺度，将时尚产业大致分为三个层面：核心层、扩展层、延伸层，如图3-1所示。

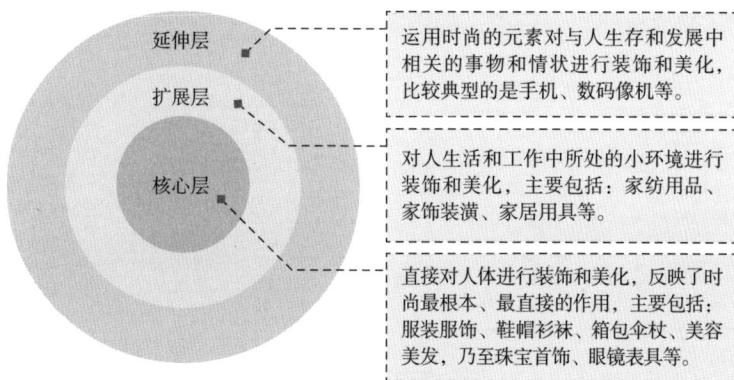

图3-1　时尚产业分层

上述时尚产业的行业分层，也可以看作是对时尚产业概念狭义和广义的划分。纺织服装产业是时尚产业价值链中的"龙头"，是最狭义的时尚产业内容；广义的时尚产业则延展至电子产品。这种划分对反映时尚产业的内部结构关系、厘清时尚产业的产业链，从而突出时尚产业发展的重点具有重要的意义。

结合学界定义与相关文献，本书将时尚产业的内涵总结如下：首先，时尚产业涵盖设计、品牌、技术、文化、传播、消费、服务等诸多要素，是经济与文化、技术与艺术、商品与服务、消费与品牌的高度结合，产业跨界融合的趋势明显；其次，时尚产业是一个动态的产业，随着时尚的变化而不断创新、丰富和发展，个性、多元的消费需求和服务体验带来新兴市场的开拓；再次，时尚产业的核心竞争力在于概念设计与市场营销，附加值较高；最后，时尚产业表现出关联性、动态性、高附加值的特征。纺织服装产业作为狭义的时尚产业，是时尚产业的支柱和核心产业，在下文研究职业教育与时尚产业发展的关系中，职业教育的院校和专业主要以纺织服装产业为主，时尚产业采用狭义的内涵界定。

三、时尚产业链

时尚产业链涵盖了从设计、原材料供应、生产、销售到消费者反馈的整个过程，融合时尚消费品制造以及商业、媒介、媒体、设计等一系列业态。我们可以从不同角度审视时尚产业链。

（一）上下游产业链

从产业链上下游来看，时尚产业链是围绕时尚消费品的研发设计、加工制造、市场营销、终端消费的整个链条，如图3-2所示。

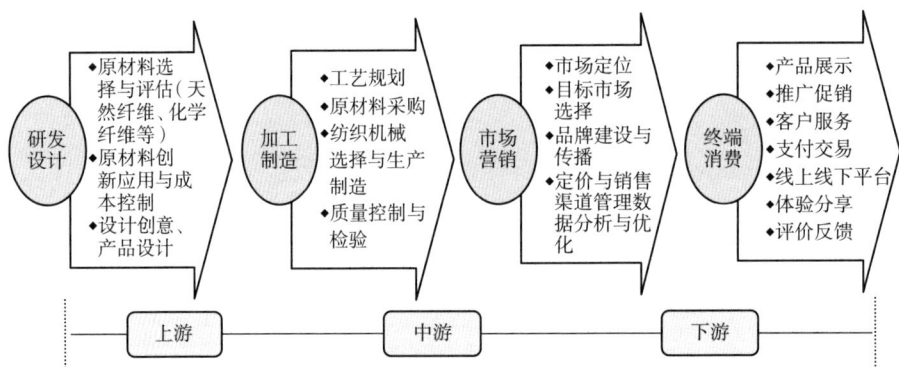

图3-2　时尚产业链图谱

1. 时尚研发设计

时尚研发设计属于时尚产业的产业链中具有较大附加值的部分，它包含了服装款式以及服装设计构思和计划，是系统研究服装设计的相关因素。服装设计这一工序对时尚服装产业具有巨大的价值。在时尚产业的产业链中，研发设计是产业链中关键的环节，贯穿整个产业链，对产业链中各个环节具有很大影响。时尚设计的发展影响着整个时尚产业的发展，例如许多世界顶尖服装设计人才工作于纽约、巴黎、米兰等世界时装重点地区，使得这些地区服装设计水平较高，进而推动这些地区时尚产业的快速发展。

2. 时尚加工制造

纺织服装的加工制造属于时尚产业的产业链主要价值产生和展现部分，主要包含成衣加工制造以及时装加工制造这两个方面。成衣指的是统一、大规模加工生产的服装，时装不仅包含服装设计师对高级时装的创新设计部分，还包含大众化的高级时装的仿制品。纺织服装加工制造程序所在的企业是服装品牌创造的动力源泉，企业生产的成衣和服装加工、销售的比率，对企业的时尚产业性质有着极其重要的作用。

3. 时尚销售服务

纺织服装的销售和服务是时尚产业的产业链终端环节，包含从服装制作企业将时尚服装制成品转移到批发商以及终端消费者的消费环节。时尚销售和服务的繁荣发展为时尚产业的发展提供了重要保障，销售能力对产业的盈利有关键作用，推动产业链中其他方面以及整个产业链的发展进程，故销售和服务环节成为时尚产业链发展重点关注环节。一般情况下，服装零售商不参与服装加工，但是零售商对于消费者需求的判定水平对时尚产业的发展有着直接的作用，这一环节同样对时尚产业具有巨大的价值。在产品丰富多彩的时代，消费者对企业的需求不只是生产出的产品本身，而是更加重视企业服务方面，时尚产业服务大部分处于时尚服装销售环节，所以若时尚销售服务水平得到提升，服装产品就能有更高的价值体现。

（二）微笑曲线

从时尚产业链微笑曲线来看，可提炼时尚产业所涉的六大关键环节，即设计创新、技术研发、生产制造、品牌运营、组织管理、服务营销，如图3-3所示。

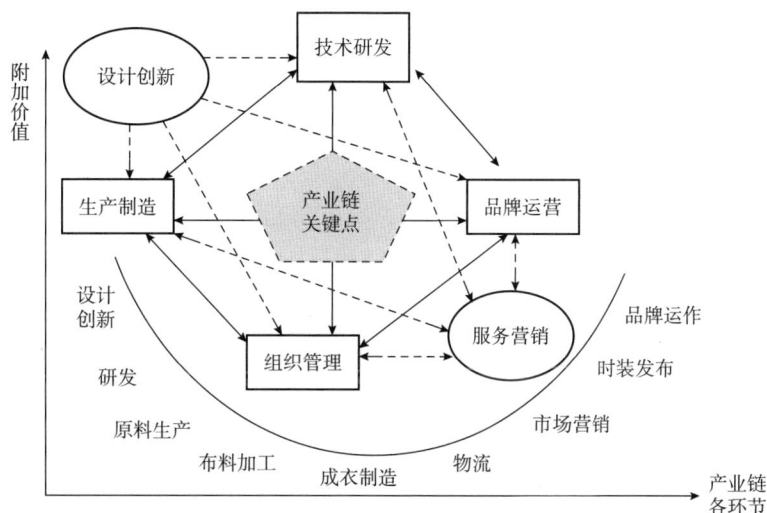

图3-3 时尚产业微笑曲线

从图3-3中可以看出，时尚产业链从设计环节开始，设计是时尚产业链的起点，它决定了产品的款式、风格和市场定位，设计师需通过创意思维将流行趋势和个人理念结合，研究开发出独特的产品。接着进入原材料供应环节，原材料是制作时尚产品的基础，包括各种纺织原料如棉、丝和各类合成纤维。供应链管理在此环节中至关重要，确保原料质量和及时供应对整个生产流程影响深远。进入生产制造环节后，即将设计转化为实际可穿戴的产品，这一过程需要精湛的工艺技术与高效的生

27

产管理，以确保产品质量和交货期的准确性。此后进入销售及市场推广环节，包括物流、市场营销、时装发布等，通过品牌推广、广告宣传和各种销售渠道将产品介绍给消费者，电子商务在此环节中扮演越来越重要的角色，改变了传统的销售模式并拓宽了市场范围。事实上，在整个产业链过程中，时尚企业需关注品牌运作环节，根据消费者的购买和使用反馈对产品设计的改进和市场策略的调整至关重要，时尚品牌需通过社交媒体、客户服务质量等渠道收集消费者意见，以此来驱动产品创新和提升用户满意度。运用时尚产业微笑曲线梳理产业链的关键点，有助于从关键环节强化，从而提升时尚产业总体水平。

此外，值得注意的是，以人工智能、大数据、物联网、5G、区块链等为代表的新一代信息技术贯穿于纺织服装产业的设计、生产、管理、服务等制造活动的各个环节，推动纺织产业链、供应链提质增效。数字资源为纺织服装产业带来了新一轮的业态更新与进一步的价值延伸。

第二节　我国时尚产业发展概况

一、时尚产业发展规模

（一）整体情况

时尚产业是随着社会历史进步和生产力水平的不断提高，在新的历史条件下与生产要素相互融合所产生的一种全新的产业概念和形态。承上文所述，时尚产业是典型的都市产业，跨越高附加值制造业与现代服务业的产业界限，是多种产业的组合。从产业形式看，时尚产业是通过融合高科技、文化创意、媒体因素，对传统产业资源要素进行整合、提升、组合后形成的一种较为独特的产品、服务、商品运作模式。从产业结构看，时尚产业并不是一个独立的产业门类，而是以轻工制造业和现代服务业为主体的多产业集群组合成的独特产业链。从产品表现看，时尚产业的主体对象为轻工业品，可分为三个层次：核心层是对人体进行装饰和美化，包括服装服饰、箱包伞杖、美容美发、珠宝首饰；扩展层是对个体在生活和工作中所处的小环境进行装饰和美化，包括家纺用品、家饰装潢、家居用具等；延伸层是对群体生存和发展中相关事物和情境进行装饰和美化，包括城市规划、工业设计、娱乐传媒、文化展演等。对本书而言，时尚产业以纺织服装产业为先导和核心，以此界定研究边界。

　　我国以纺织服装产业为核心的时尚产业发展，是全球关注的焦点之一。2018年以来，尽管我国纺织服装行业持续处于减速运行、深度转型周期，但行业总体运行稳中有进、进中提质，产业链现代化水平不断增强。中国纺织服装行业在全球价值链中的地位稳步提升，在全球占有举足轻重的地位，纤维加工总量占全球的55%左右，化纤产量占全球化纤产量2/3以上。2023年中国纺织品服装出口总额达到2936.4亿美元，其中纺织纱线、织物及制成品出口金额为1345.0亿美元，服装出口金额为1591.4亿美元，纺织服装产品在全球市场具有强大的竞争力，特别是对"一带一路"国家出口持续增长，表现亮眼。

（二）主要数据

　　从营收和利润来看，纺织服装产业是国民经济的重要支柱产业，行业企业在经受巨大压力考验的同时，仍以规模优势、体系优势和创新优势推进着行业质效的总体提升，2022年规模以上纺织服装企业营业收入达到46405.9亿元，利润总额1870.4亿元，如图3-4所示。近年来，纺织服装产业虽然面临海外市场需求疲弱、国际贸易摩擦加剧等外部复杂形势，但受益于行业自身体系完备、高效协同的产业优势及全球领先的制造优势，在市场需求、技术创新和政策支持的驱动下，纺织服装产业整体保持了稳定发展，显示出强劲的增长潜力。

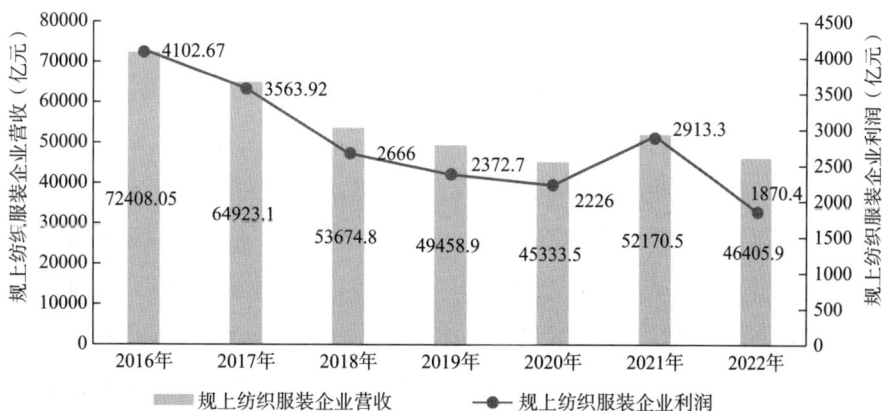

图 3-4　2016~2022 年纺织服装产业规上企业营业收入及利润总额
注：图中纺织服装产业数据包括纺织业、纺织服装、服饰业和化学纤维制造业。

　　从销售方面看，根据国家统计局数据，2021年全国限额以上服装鞋帽、针纺织品类零售总额达13842亿元，同比增长12.7%。2022年全国限额以上服装、鞋帽、针纺织品类商品零售额同比减少6.5%。2023年全国限额以上单位服装、鞋帽、针纺织品类商品零售额同比增长12.9%，增速较2022年回升19.4个百分点，如图3-5所示。

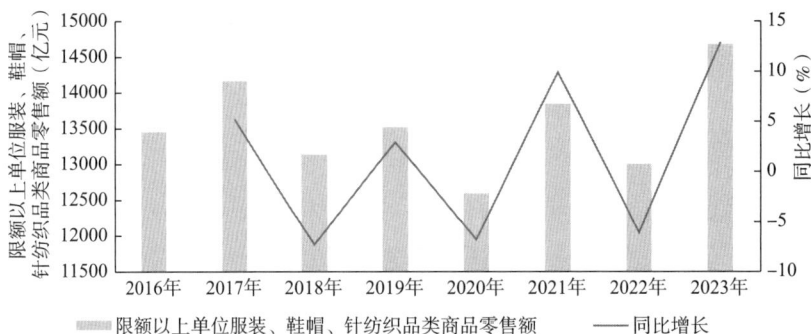

图3-5　2016～2023年我国限额以上服装、鞋帽、针纺织品类商品零售总额

　　从产业集聚情况看，纺织服装产业集群江苏和浙江产业集群数量领先。事实上，产业集群不仅在行业经济发展中至关重要，在地方经济发展中的作用也举足轻重。据统计，截至2022年12月，与中国纺织工业联合会建立试点共建关系的全国纺织服装产业集群地区共计202个。产业集群试点地区在区域分布上呈现东密西疏的特点，东部地区149个、中部地区33个、西部地区12个、东北地区8个。从省份分布看，纺织服装产业集群主要分布在全国的20个省区，排在前五位的省份是：江苏省40个、浙江省39个、广东省26个、山东省22个、福建省15个，在产业集群试点地区数量上，五省占全行业的70%。下文将重点选取东部、中部、西部、东北等四个地区，探讨职业教育与区域时尚产业的匹配与适应关系，解析职业院校的设置与区域时尚产业发展的关联性。

　　从主要产品情况看，棉纺织工业主要集中在黄河中下游和长江中下游地区，这两个地区是中国的第一和第二棉产区。麻纺织工业主要分布在东北的哈尔滨和钱塘江口的杭州，这是亚麻和黄麻的最大产区。毛纺织工业主要分布在北京、呼和浩特、西安、兰州、西宁、乌鲁木齐等地，这里主要是畜牧业区和接近畜牧业区的羊毛产地。丝纺织工业主要分布在杭州、苏州、无锡、太湖流域及四川盆地，这里是蚕丝产地或柞蚕丝产地。化纤纺织工业主要分布在浙江、江苏以及福建。印染工业主要分布在江苏、浙江、广东等地，这些地区纺织业较为发达。成衣制造主要集中在广东、江苏、浙江等地，这些地区的制造产业较为发达，产业链配套也较为完善。表3-2列示了纺织产业主要产品分布区域情况。

表3-2　中国纺织工业主要产品分布情况

产业	分布区域	主要原料	主要省市
棉纺织工业	黄河中下游、长江中下游地区	棉花	北京、石家庄、郑州、太原、济南、天津、青岛、上海、无锡、武汉、新疆维吾尔自治区
麻纺织工业	东北地区、钱塘江口	亚麻、黄麻	哈尔滨、杭州

续表

产业	分布区域	主要原料	主要省市
毛纺织工业	北京、西北地区	羊毛	北京、呼和浩特、西安、兰州、西宁、乌鲁木齐
丝纺织工业	浙江、江苏、四川盆地城市	蚕丝、柞蚕丝	杭州、苏州、无锡、成都
化纤纺织工业	浙江、江苏、福建	化纤纺丝	浙江、江苏、福建
印染工业	深圳、上海、江苏、浙江	棉花、化纤、毛纺、麻纺	深圳、上海、南通、无锡、苏州、杭州
成衣制造	广东、浙江、江苏	棉纺、化纤、麻纺、毛纺	广州、东莞、杭州、南通、苏州、常州

从产业链企业分布情况看，江苏、山东、江西等省份集中了一大批服装纺织制造企业和成衣制造企业，广东省集结了一批服装贸易企业，新疆聚集更多的是原材料和棉花供应企业。从我国纺织服装产业链代表企业区域分布图来看，产业链企业集中分布在我国东部和南部沿海地区以及新疆等原材料生产地区。相比较而言，浙江省、江苏省的企业在产业链中覆盖范围更广，基本能够涵盖纺织服装产业链的上中下游，其他省份如福建省、山东省、广东省的产业链代表企业则主要为布料和服装经贸企业。

从政策设计情况看，各区域对集群的发展有相应的政策规划方向，例如截至2024年5月24，全国各省市公布的纺织政策数量超万条，部分省（直辖市、自治区）把纺织服装产业作为经济发展的战略支柱产业，其中浙江和江苏政策数量最多。从政策规划目标来看，到2025年，浙江省纺织产业规模以上企业拟实现营业收入超过1.2万亿元，江苏省则以高端化、智能化、绿色化、品牌化、国际化为纺织工业发展方向，图3-6展示了部分省份纺织服装产业政策规划方向。

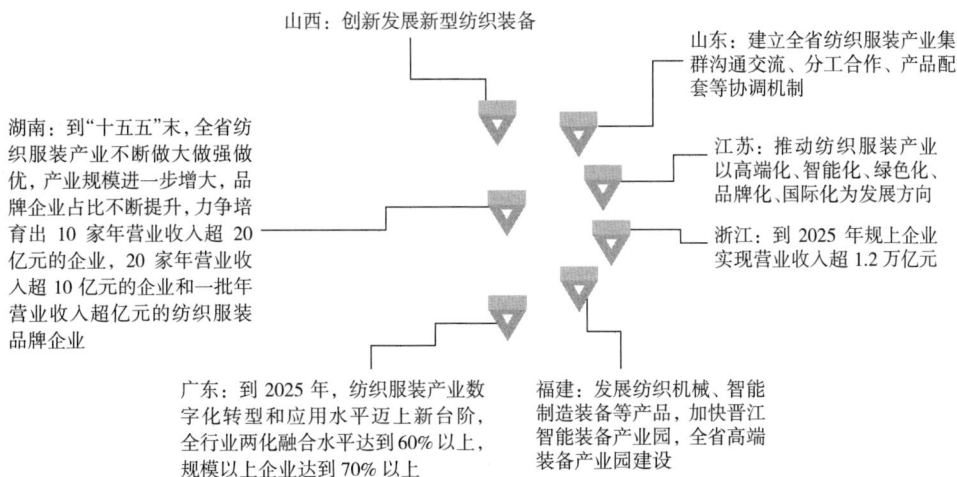

图3-6　部分省份纺织服装产业政策规划方向

此外，根据前瞻研究院数据，截至2024年5月20日我国纺织服装产业园区共有218个，主要分布于江苏省，纺织服装产业园区数量高达48个，其次为河南和浙江，两省纺织服装产业园区数量均在20个以上，具体分布如图3-7所示。

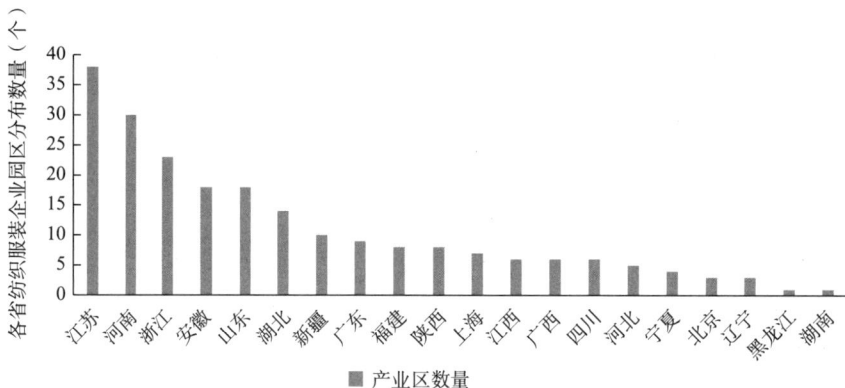

图3-7　全国纺织服装产业园区分布情况
资源来源：前瞻研究院。

综上所述，作为全球纺织产业规模最大的国家，中国以纺织服装产业为核心的时尚产业正经历快速发展与变革。随着"一带一路""中国制造2025"倡议的实施，以纺织服装产业为核心的时尚产业作为树立文化自信和推进人类命运共同体建设的重要产业平台，虽然面临诸多挑战，但通过持续的技术创新、绿色转型以及市场多元化策略，未来时尚产业将向纵深方向发展，行业增长方式将逐渐由规模数量型增长向质量效益型增长进化，逐步实现由"纺织大国"迈向"纺织强国"的目标。《纺织行业"十四五"发展纲要》的2035年远景目标提出，2035年我国要成为全球时尚的重要引领者。与现代经济体系和人民更高品质的生活相匹配，纺织服装产业需有效满足居民消费升级和产业转型升级的现实要求，形成一批对全球时尚发展具有引领力、创造力和贡献力的知名品牌，共同构筑全球时尚产业高地和时尚文化高地。建设纺织服装强国，创新驱动实质是人才驱动，创新发展关键是人才发展，要不断提升时尚类高职院校和专业群整体实力，成为服务"纺织强国"建设的重要支撑。

二、时尚产业发展水平

时尚产业发展的先进地区需要具有雄厚的时尚产业链基础、较大的发展潜力、国际品牌在高端市场占据主导地位、具有外部推动性的因素等特征。从国际来看，米兰、纽约、伦敦、巴黎、东京等国际时尚之都基本上是各国的政治、经济和文化中心,其发展轨迹具有时尚产业发达、国际影响力强、有经济实力支撑、城市特色鲜明等共性。从国内来看,北京、上海、广州在经济发展水平、产业政策支持等方面具有先发势,具有发展时尚经济发展的先进地区的特征,是时尚经济发展的先进地区,此外深圳、成都、武汉、青岛、杭州等城市也提出了跻身全球时尚之都的宏伟设想。根据浙江纺织服装职业技术学院编制的《2023中国城市时尚指数研究报告》,图3-8梳理了2021年国内20个城市时尚产业产值和占比情况。

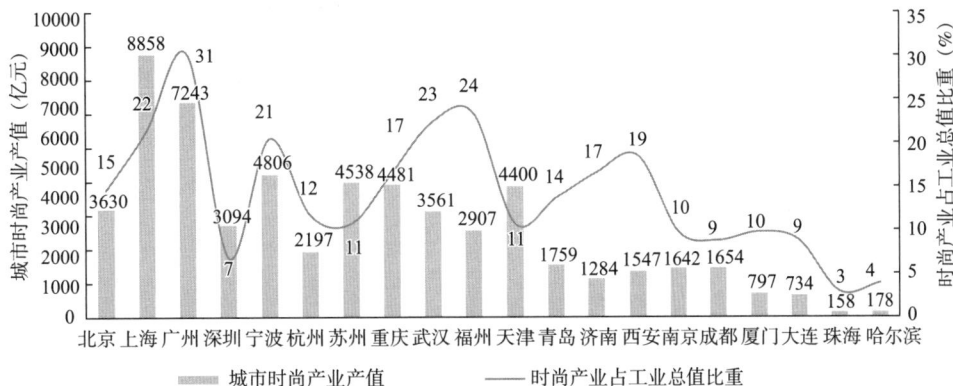

图3-8 2021年国内20个城市时尚产业产值和占比情况

注:根据规上工业行业细分,图中时尚产业产值统计范围为纺织业、纺织服装、服饰业,皮革、毛皮、羽毛及其制品和制鞋业,家具制造业,文体用品制造业,汽车制造业。

从图3-8可以看出,上海和广州2个城市的时尚产业产值明显高于其他城市,其次是宁波、苏州、重庆、天津和北京。从时尚产业占规模以上产业的比重来看,广州占比高达31%,其次是福州、武汉、上海和宁波,比重在20%~25%之间,这5个城市的时尚产业对城市的工业产值影响较大。特别是宁波,具有非常优质的时尚产业基础,产业规模较大,有包括申洲国际集团控股有限公司、宁波太平鸟时尚服饰股份有限公司、雅戈尔集团(宁波)股份有限公司、宁波博洋控股集团有限公司等在内的多个纺织服装龙头企业,形成了较为完备的时尚产业梯队,为该城市时尚化发展注入强劲的活力。

此外,根据2024年7月中国服装协会发布的"2023年中国服装行业百强企业"名单,全国共有100家企业上榜,其中江苏24家,浙江25家,山东10家,广东10家,北京7家,福建9家,上海5家,河北3家,四川和湖南各2家,辽宁、山西和河南1家。2023年中国服装行业百强企业效益保持增长,入围门槛创历史新高。具体来看,"营业收入"百强企业合计实现营业收入8893亿元,比上年增长8.4%,榜首企业营业收入和入围门槛同比分别增长11.7%和20.2%;其中,营业收入超过100亿元企业12家,超10亿元的企业73家,表3-3列出了"营业收入"百强企业名单。

"利润总额"百强企业合计实现利润总额502.1亿元，比上年增长3.1%，榜首企业利润总额和入围门槛同比分别增长27.5%和42.5%；其中，利润总额超10亿元企业12家，超亿元的企业48家。"营业收入利润率"百强企业平均利润率为10.8%，比上年提高1个百分点，榜首企业营业收入利润率和入围门槛比上年分别提高0.3和1.4个百分点。

表3-3　2023年中国服装行业"营业收入"百强企业名单

所在地区	企业名称	排名	所在地区	企业名称	排名
浙江 （25家）	雅戈尔集团（宁波）有限公司	1	浙江 （25家）	浙江乔顿服饰股份有限公司	82
	太平鸟集团有限公司	5		浙江达成凯悦纺织服装有限公司	95
	浙江森马服饰股份有限公司	10	广东 （10家）	广州纺织工贸企业集团有限公司	15
	罗蒙集团股份有限公司	13		快尚时装（广州）有限公司	27
	狮丹努集团股份有限公司	16		深圳歌力思服饰股份有限公司	37
	报喜鸟控股股份有限公司	21		深圳市娜尔思时装有限公司	42
	江南布衣有限公司	23		深圳市珂莱蒂尔服饰有限公司	43
	汇孚集团有限公司	26		深圳玛丝菲尔时装股份有限公司	47
	宁波博洋服饰集团有限公司	28		广州市汇美时尚集团股份有限公司	71
	浙江伟星实业发展股份有限公司	30		深圳华丝企业股份有限公司	78
	浙江巴贝领带有限公司	31		富绅集团有限公司	87
	雅莹集团股份有限公司	34		广州迪柯尼服饰股份有限公司	92
	法派服饰股份有限公司	35	山东 （10家）	山东如意时尚投资控股有限公司	7
	宁波中哲慕尚控股有限公司	41		迪尚集团有限公司	9
	安正时尚集团股份有限公司	45		即发集团有限公司	11
	宁波长隆国泰集团有限公司	49		山东岱银纺织集团股份有限公司	24
	宁波培罗成集团有限公司	51		山东希努尔男装有限公司	29
	洛兹服饰科技有限公司	52		威海市联桥国际合作集团有限公司	38
	蓝天智慧科技集团有限公司	61		山东耶莉娅服装集团有限公司	46
	浙江乔治白服饰股份有限公司	63		山东仙霞服装有限公司	56
	达利（中国）有限公司	66		山东南山智尚科技股份有限公司	59
	浙江华城实业投资集团有限公司	68		青岛雪达集团有限公司	70
	浙江爱伊美服装有限公司	72	上海（5家）	杉杉控股有限公司	4

续表

所在地区	企业名称	排名	所在地区	企业名称	排名
上海 （5家）	地素时尚股份有限公司	39	江苏(24家)	日禾戎美股份有限公司	100
	上海服装（集团）有限公司	58	福建 （9家）	三六一度（中国）有限公司	17
	上海三枪（集团）有限公司	80		福建七匹狼实业股份有限公司	32
	上海嘉麟杰纺织科技有限公司	96		九牧王股份有限公司	36
江苏 （24家）	海澜集团有限公司	2		石狮市大帝集团有限公司	50
	红豆集团有限公司	3		欣贺股份有限公司	53
	波司登股份有限公司	6		福建柒牌时装科技股份有限公司	64
	江苏汇鸿国际集团中天控股有限公司	8		利郎（中国）有限公司	74
	江苏东渡纺织集团有限公司	12		卡宾服饰（中国）有限公司	89
	江苏虎豹集团有限公司	14		才子服饰股份有限公司	90
	江苏苏美达轻纺国际贸易有限公司	18	北京 （7家）	朗姿股份有限公司	22
	鑫缘茧丝绸集团股份有限公司	19		爱慕股份有限公司	33
	江苏华瑞时尚集团有限公司	20		探路者控股集团股份有限公司	67
	锦泓时装集团股份有限公司	25		北京嘉曼服饰股份有限公司	75
	江苏鹿港科技有限公司	48		北京格雷时尚科技有限公司	77
	江苏卡思迪莱服饰有限公司	54		北京大华时尚科技发展有限公司	91
	无锡市金茂对外贸易有限公司	55		北京铁血科技股份公司	93
	江苏三润服装集团股份有限公司	60	河北 （3家）	际华三五零二职业装有限公司	57
	常州东奥服装有限公司	65		际华三五三四制衣有限公司	85
	雅鹿控股股份有限公司	76		际华三五三六实业有限公司	86
	苏州天源服装有限公司	81	四川 （2家）	四川琪达实业集团有限公司	44
	贝德服装集团股份有限公司	83		四川圣山白玉兰实业有限公司	69
	宜禾股份有限公司	84	湖南 （2家）	湖南东方时装有限公司	62
	江苏泰慕士针纺科技股份有限公司	88		湖南省忘不了服饰有限公司	73
	江苏刘潭集团有限公司	94	辽宁(1家)	大杨集团有限责任公司	40
	江苏舜天信兴工贸有限公司	97	山西(1家)	山西兵娟制衣有限公司	79
	江苏华佳控股集团有限公司	99	河南(1家)	郑州市娅丽达服饰有限公司	98

可以说，百强企业是发展新质生产力、构建现代化产业体系的重要引领者，是推动服装制造强国向时尚强国跃迁的骨干力量，对中国纺织服装行业高质量发展具有较强的带动作用。2023年，面对国内外风险挑战和多重因素交织叠加带来的下行压力，百强企业积极顺应市场变化趋势，优化经营策略，坚持创新驱动协同发展，不断提升品牌与产品的价值创造能力，整体运营表现明显好于全行业整体水平。

三、时尚产业发展策略

根据《中国城市时尚指数》，综合考虑提出时尚之都建设目标、时尚制造产业重点布局、区域类型相近等因素，确定北京、上海、广州、深圳、杭州、温州、青岛、东莞、西安、成都、武汉、重庆12个时尚城市为研究对象，从时尚产业重点发展领域、目标定位、主要政策、主要做法等方面，梳理各地时尚产业发展策略，具体详见表3-4，通过这些区域的比较分析，以期对我国时尚产业发展策略有较清晰的整体认知。

表3-4 我国典型地区时尚产业发展对比表

城市	北京	上海	广州	深圳
重点产业	纺织服装业、家居日用品业	时尚制造业（服装服饰、日用化学品、工艺饰品、家居用品、时尚数码业）、时尚服务业（时尚设计咨询、时尚销售及贸易、时尚广告及会展、时尚传媒）	服装服饰业、箱包皮具业、珠宝首饰业	服装、黄金珠宝、内衣、皮革、眼镜、化妆品以及工艺美术等优势传统产业
目标定位	"国际消费中心城市""全球数字经济标杆城市"	"国际时尚之都"：到2025年，上海要实现时尚消费品产业规模超5200亿元，年均增速5%；建设10个时尚消费品产业智慧工厂、100个时尚消费品产业特色数字化应用场景、1000个时尚消费品与购物、服务、文化融合场景，确立上海引领时尚、定义潮流的"时尚之都"地位，使上海成为时尚出品地、潮流集聚地、创新策源地、消费引领地	具有国际影响力的时尚流行策源地、时尚文化交汇点、时尚品牌集聚区、时尚商品集散地和时尚活动荟萃地，建成具有国际影响力的时尚之都。（广东"两都一镇"工程：广州和深圳成为中国时尚之都，东莞为时尚名镇）	到2024年，深圳形成2～3个千亿级和若干个百亿级结构优化、国际化程度高的产业集群，深圳初步奠定深圳国际化区域性时尚产品制造与消费聚集地位，初步建成亚洲领先、全球知名的新锐时尚产业之都。到2025年，培育形成增加值超6000亿元的时尚产业集群，时尚要素与资源的集聚能力大幅提升，产业支撑体系完善，创意设计能力、品牌营销能力、创新智造能力显著增强，成为全球重要的新兴时尚产业高地
主要政策	《北京培育建设国际消费中心城市实施方案（2021—2025年）》《北京时尚产业发展蓝皮书2021》	《上海市时尚消费品产业高质量发展行动计划（2022—2025年）》	《广州市打造时尚之都三年行动方案（2020-2022年）》《广州市时尚产业集群高质量发展行动计划（2021—2023年）》《关于印发精准扶持时尚产业重点企业高质量发展工作方案的通知》	《深圳市时尚产业高质量发展行动计划（2020～2024年）》《深圳市时尚产业发展规划（2021-2025年）》

城市	北京	上海	广州	深圳
主要做法	（1）促进时尚与科技深度融合，提升时尚创意设计水平，增强时尚传播力和加快国际化步伐，有效引领当前多元化、个性化、定制化的时尚消费变革 （2）建立时尚设计园区北京时尚设计广场 （3）重点推进服装设计、品牌、渠道领域建设 （4）开展如中国服装服饰博览会、中国国际时装周等活动、北京时装之都十大时装品牌评选、成立"新时代中国美研究院"等 （5）"国潮"概念成为北京时尚产业发展的特色标签，"国货"品牌也是北京打造时尚之都的核心资源 （6）推动直播电商产业集聚升级，提升数字内容服务供给能力，营造数字消费发展氛围，持续激发数字经济创新，助力培育建设国际消费中心城市	（1）市政府将"时尚产业"列入《上海产业发展重点支持目录》，时尚消费品产业首次纳入上海"十四五"制造业重点产业范畴 （2）聚焦"八品三专项十行动"，八品即服饰品、化妆美品、运动优品等，三专项指时尚消费品围绕数字创新升级推进、载体场景优化 （3）依托大学、旧城区改造和新城区创建等建立一批特色时尚创意产业园区 （4）建立上海国际服装服饰中心、上海品牌推进中心，由高校为主的时尚人才专业服务网络，成立上海时尚联合会 （5）开展上海国际服装文化节、上海国际时尚周、服装设计大赛等活动	（1）出台《广东省纺织工业调整和振兴规划》提出打造和培育时尚产业，全力打造"时尚花城"城市品牌 （2）打造时尚产业集群，推动时尚块状经济向时尚产业集群转型升级 （3）优化时尚产业供应链服务体系，打造国际时尚产业的贸易订单处理和营运中心，编制发布广州时尚产业地图 （4）着力提升广州时尚产业创新设计能力，打响"广州原创""广州设计""广州定制""广州智造"的品牌 （5）加快提升广州时尚产业生产制造能力 （6）大力提升广州时尚产业贸易展销能力，打造全球时尚产品集散中心和名品中心 （7）积极提升广州时尚产业品牌孵化培育能力，推动时尚产业区域品牌向全国性品牌发展，扩大品牌知名度和影响力	（1）支持企业建立以研发机构为核心载体的技术创新体系，坚定走"专精特新"道路 （2）开展时尚产业关键技术核心零部件攻关，对企业在新材料、新工艺、精密制造、环保染印以及传统工艺继承与创新等领域实施的攻关项目 （3）对企业设立企业技术中心、工程技术中心等创新载体，按现行政策标准给予财政资金支持 （4）支持相关企业以高新技术改造时尚产业，加速与大数据、云计算、人工智能等新一代信息技术的融合 （5）对企业为实现智能制造等的技改类项目、与新一代信息技术的融合类项目、提升竞争力实施的应用创新项目等给政策和资金支持，加大时尚产业重大项目支持力度 （6）树立精品思维，打造精品文化，实施品牌创新工程，制定时尚产业分行业自主品牌培育计划，发展深圳时尚自主品牌，提升品牌国际影响力
城市	杭州	温州	青岛	东莞
重点产业	时尚服装服饰业（重点支持杭州丝绸与女装产业）、时尚皮革制品业、时尚家居和休闲用品业、珠宝首饰与化妆品业、时尚消费电子产品及新兴制造业	服装服饰业、鞋革制造业、眼镜制造业	时尚服饰配饰、日化用品、黄金珠宝首饰、家具家居、智能穿戴、时尚数码消费品	纺织服装鞋帽制造业（虎门）

城市	杭州	温州	青岛	东莞
目标定位	"国际时尚之都""国际消费中心城市"	全省"一核两带"时尚产业布局中的"浙西南时尚产业带核心城市",打造"以国际时尚智造为特色的中国民营经济之都",争创"中国时尚服饰中心城市""世界鞋都""世界眼镜智造基地",打造"国际化的时尚产业创新先行区"	"国际时尚城建设",将青岛打造为创意活跃、消费时尚、文化多元、体育发达、展会高端、令人向往的国际时尚城。"一会三都三城"(万国建筑博览会、帆船之都、电影之都、品牌之都、海洋之城、足球之城、啤酒之城)	"广东省制造业供给侧结构性改革创新实验区""世界级时尚产业集群先行区"
主要政策	2017《杭州市时尚产业发展"十三五"规划》 2020《杭州市发展数字时尚产业行动方案(2020—2022年)》 2019《关于实施"新制造业计划"推进高质量发展的若干意见》	2014《关于发展时尚产业建设时尚之都的决定》 2017建设"国际时尚智城"战略部署 2018《温州市千亿级时尚产业集群培育方案》 2019—2020提出谋划打造温州G104时尚走廊 2021《温州市制造业高质量发展"十四五"规划》	《青岛国际时尚城建设攻势作战方案(2019—2022年)》	《东莞市现代产业体系中长期发展规划纲要(2020—2035年)》 《东莞市制造业高质量发展"十四五"规划》
主要做法	(1)将以纺织服装产业为主的时尚产业,作为杭州传统优势产业、数智消费的核心要素之一,坚定"高端化、智能化、绿色化、服务化"发展目标,形成数字经济与制造业"双引擎",推进了杭州时尚产业的高质量发展 (2)保护传承丝绸、茶叶、工艺美术、中药等特色产业,推进时尚产业发展,打造一批历久弥新的历史经典产业,建立老字号品牌保护、传承、发展机制 (3)统筹推进数字时尚产业发展,加快推进时尚产业数字化发展,扎实推动时尚产业全面改造提升	(1)打造"两核引领、两带扩展、多点延伸"共同构筑"两核两带多点"的G104时尚走廊。重点培育和发展五大时尚产业领域,形成"2+3"的产业集群体系构架 (2)依托现有的服装服饰行业基础,提升精品服装和数字智造生产能力,全力助推温州建设"中国服装时尚定制示范基地"和"中国时尚服饰中心城市"和"中国纺织服装品牌中心城市" (3)打造区域性时尚消费中心,举办时尚会展,建设产地直播基地、C2M"超级工厂"、全球温商新零售服务中心等	(1)统筹推进项目招引、平台搭建、活动开展三大任务向纵深发展,建设推进时尚产业项目,影视、音乐、体育、会展、创意等产业链条基本成势 (2)搭建各类园区平台、行业协会平台、会展平台、平台企业平台等,集聚互动耦合时尚资源要素 (3)时尚活动积极开拓线上领域,举办"时尚青岛"云上艺术季、青岛国际啤酒节、凤凰音乐节等高端时尚活动	(1)建立国家级"虎门服装协同创新中心""大湾区国际时尚谷"等 (2)"4+5"产业集群培育,其中纺织服装鞋帽产业以龙头企业为核心,围绕研发设计、生产加工、原料辅料供应、机械设备、物流贸易、人才培训、生产服务、信息咨询的全产业链环节,重点推进纺织服装鞋帽制造业数字化转型与智能化重塑,整合优质资源,打造特色品牌 (3)设立东莞市推动制造业高质量发展集群培育专项资金,制定出台扶持振兴纺织服装鞋帽产业的政策

续表

城市	杭州	温州	青岛	东莞
主要做法	（4）制定产业大脑能力开放中心组件建设工作指南，为纺织服装产业应用场景提供支撑的服务 （5）推进"一园一主业"特色产业园区建设，聚焦特色产业发展的专业园区 （6）鼓励搭建工业互联网平台，推动时尚产业跨界融合	（4）创建时尚智造综合体，搭建时尚数字服务平台，推动数字化时尚创新基地建设，突出数字时尚产业新零售、新服妆、新媒体"三新"联动 （5）时尚企业可享受新动能政策、工业新政、"惠企28条""稳经济32条""金融12条"等系列优惠政策。设立时尚产业发展基金	（4）优化整合时尚产业链条，打造文化创意、影视制作、精品旅游、海洋旅游、轻奢时尚、时尚会展、时尚体育、时尚商贸八大产业集群。其中，在轻奢时尚产业集群的打造中，坚持以智慧制造撬动传统时尚产业转型升级，紧抓上合组织示范园区、自贸区建设等机遇，全力快速融入全球时尚网络	（4）依托虎门"中国女装名镇""中国童装名镇"，以及大朗"中国羊毛衫名镇"等产业基础和区域品牌，加快推动东莞纺织服装鞋帽制造业向时尚产业、文化产业和智造产业升级 （5）对相关企业参加服装服饰展览会、时装流行趋势发布会等给予政策奖励

城市	西安	成都	武汉	重庆
重点产业	文化旅游业、电子信息制造业、汽车、高端装备制造业	时尚高科技电子产品制造业、服装服饰制造业、时尚家具制造业、时尚女鞋制造业、时尚工艺艺术品（竹器、木器、漆器、陶器等）制造业、时尚特色食品制造业	服装服饰业，黄金珠宝首饰	纺织服装、家具、皮革制品
目标定位	"世界旅游时尚之都"	"中国休闲时尚之都""三城三都"建设：三城：世界文创名城、世界旅游名城、世界赛事名城。三都：国际美食之都、国际音乐之都、国际会展之都	"东方时尚之都"	"西部时尚之都"
主要政策	2018《关中平原城市群发展规划》2018年《西安高新区时尚之城建设三年行动方案》 2020年《西安市现代产业布局规划》	《成都市文化创意和设计服务与相关产业融合发展行动计划（2014—2020年）》 《成都"创业天府"行动计划（2015—2025年）》 《成都市建设"三城三都"三年行动计划（2018—2020年）》	2013年《武汉市工业重点产业链构建工程规划》，首次将时尚产业作为促进武汉经济发展的支柱产业	《重庆市制造业高质量发展"十四五"规划（2021—2025年）》

城市	西安	成都	武汉	重庆
主要做法	（1）聚焦"一带一路"沿线国家时尚元素、时尚文化和时尚产业，举办"一带一路"国际时尚周，借助国际时尚周的优势平台，吸引更多国际品牌活动落户西安，深化与"一带一路"沿线城市时尚、文化、科技、贸易、教育、体育、艺术等多元交融交流 （2）抓好"五个时尚"：强化规划引领，优化时尚功能；坚持创新驱动，做强时尚经济；提升城市品质，打造时尚环境；积极改善民生，营造时尚生活；坚持开放包容，塑造时尚文化 （3）扎实推进时尚"7460"行动，以7大维度，40项指标，60个重点项目，全面提升城市"时尚力" （4）发挥教育资源优势，共同培育更多国际顶级设计师，创造一流的时尚环境和氛围，打造国际设计师培育中心 （5）推动文旅深度融合，挖潜根脉文化、历史文化、丝路文化、红色文化、山水文化、民俗文化优秀IP，打造"千年古都·常来长安"等文旅品牌	（1）成都是四川省规划的全省服装产业发展中心，拥有"中国休闲服装名城""中国家纺名城""中国女鞋之都"称号，被工信部批准为"国家纺织服装创意设计试点园区(平台)""消费品工业'三品'战略示范城市"，从高位切入发展服装产业，走"设计、品牌、制造、营销"并举的创新发展之路，积极试点服务型制造 （2）成都经济繁荣、消费市场优势明显、人文艺术和创意设计氛围浓厚，时尚产业发展平台正加快形成，推动成都服装产业向时尚产业转变，成都制造向成都品牌升级，塑造"成都服装"新形象 （3）在消费场景方面，成都打造"文商旅体会"融合消费新场景，推出数字文创、特色民宿、绿道健身、美食首店、时尚演艺、云端展会等消费新业态。全市非国有博物馆数量及质量均居全国第一，实体书店和阅读空间居全国第一 （4）建立服装行业大数据中心和服装行业金融顾问服务机制，推动企业进行智能化改造升级，建云工厂聚产能，建立以"成都服装云"为基础的生态消费体系	（1）举办武汉时装周，其已成为中国时尚产业版图中集发布、展示、商贸、研讨、竞赛等多功能于一体的时尚综合服务平台，被誉为中部最有影响力的时装周 （2）借力联合国认定的"设计之都"，以汉派服装为切入点，发挥武汉纺织大学、湖北美术学院等专业院校发展时尚产业的学科优势、人才优势，发展时尚产业 （3）发展以汉正街为圆心的"飞地经济"模式。50公里左右的城市周边有黄陂、汉阳等城区，以及汉川、黄石、仙桃、红安等30余个工业园约50万产业工人为汉正街进行服装生产、仓储和物流配套，通过分工协作、资源互补，初步形成了"汉正街+武汉城市圈跨区域经济"合作格局 （4）打造武汉东湖国家珠宝文化旅游产业基地（简称中国宝谷），覆盖珠宝产业的各个层面，从工业设计、新材料研发、先进装备研发、珠宝销售、特色旅游等，形成完整的产业链。到2030年，成为具有国际地位的中国珠宝产业中枢、中国珠宝行业研发、孵化中心和珠宝设计与创意中心，将打造成3000亿元产业园和特色旅游地	（1）举办重庆国际时尚周，已成为中国西部具有相当规模、影响和特色的城市时尚文化传播、服装服饰创意设计和时尚消费潮流引领的集聚展示平台和宣传推广窗口 （2）发挥人文环境、院校资源、城市旅游资源等优势，利用西部和长江上游地区具有影响力的传统商贸中心和两江四岸中心城区的商圈对于消费者的吸引和辐射力，重点发展纺织服装、家具、皮革制品领域 （3）分三个阶段推进时尚产业，一是时尚元素积累阶段：通过制造升级、品牌建设、人才集聚，培育积累和时尚相关的基础性元素。二是时尚产业体系完善阶段：通过大师、大事、大平台融合的路径，升级时尚的消费衍生服务业。三是时尚都市打造阶段：通过时尚重庆城市的整体规划设计和推广，助力建成具有鲜明特色的国际消费中心城市 （4）围绕时尚产业区域格局优化、重庆国际时尚周平台升级、渝派女装风格时尚提升等内容展开一揽子培育行动 （5）深入推进智能制造，促进生产方式、产品和组织形态智能化

从各地时尚产业发展来看，其推动时尚产业发展有以下四个方面的主要特点：

（1）具有明确的战略定位。如上海提出打造"国际时尚之都"；广东提出打造"国际时尚产业基地"，力促广州和深圳成为"中国时尚之都"，东莞虎门镇成为中国"时尚名镇"。

（2）结合产业基础确定重点发展领域。如上海提出了服装服饰业、美容化妆产业、工艺美术产业、家居用品业、电子数码产业等五大时尚产业重点发展领域；深圳把女装、钟表、珠宝三大领域作为时尚产业发展的重点。

（3）积极构筑时尚产业发展的平台。如上海在松江规划建设占地2000亩的"中国纺织服装品牌创业园"，打造以设计研发、产品展示和文化创意为特点的"时尚硅谷"；深圳在龙华新区规划建设4.6平方公里的"大浪时尚创意城"，推进深圳从服装加工基地向时尚产业基地转变。

（4）支持大型时尚活动。如上海、深圳等地每年举办国际时尚周，设计师大赛、品牌发布等时尚活动，营造时尚产业发展的良好氛围。

归纳各地时尚产业发展有以下三种发展模式：

（1）消费时尚发展模式。以时尚消费需求为导向，将销售与生产、市场与设计对接，逐步围绕时尚核心产业服务，延伸拓展关联产业，例如北京、上海。这一发展模式重点在于了解消费者对时尚产品的需求，并有针对性地提供服务和产品以满足这些时尚消费需求。

（2）制造时尚发展模式。依托领先的设计、强大工艺基础、技术优势或知名品牌，不断推出新时尚，引领时尚消费的走向，并逐步跨界带动相关产业的多元化和集群化发展，形成完善的高附加值的产业结构，例如广州、深圳。其特点在于时尚的制造者通过不断地推出独创的、有特色的时尚产品，培育和引导时尚消费，从而拉动时尚产业的发展。

（3）政府主导发展模式。以国家政府积极介入时尚产业的发展，在强调市场配置资源的基础性作用上，突出政府功能的发挥，例如西安、武汉。政府主导的时尚产业发展模式的特点在于政府对时尚产业发展进行科学规划，多头并举，在组织管理、人才培养、资金支持、政策法规等方面具有较大的支持力度，对产品研发、制造、出口等环节进行系统的培育与扶植。

从与产业发展配套的人才培养角度看，随着时尚产业的不断发展，产业存在的问题就逐渐凸显出来，其中较为明显的问题是传统中小企业数字化改造动能不足，产业链各环节联动协同的合力不足，品牌影响力、创新力和竞争力不足，时尚产业领军人才、实用型人才不足，时尚文化与本土传统文化的融合不足等问题。据统计年鉴数据，时尚产业核心三大行业（纺织业、服装业、化学纤维制造业）产值占比约分别为61%、28%、11%。除化学纤维生产技术和服装骨干企业的缝纫设备、生产工艺接近国际先进水平以外，纺纱、织造、染整等传统工艺与世界先进水平有较大差距。另外，高素质高技能人才的缺乏也制约了产业的高端化发展，行业缺乏品牌运作、资本运筹、国际交往的人才，缺乏国际化经营经验和适应国际竞争的复合型人才。

第三节　区域时尚产业发展分析

本书根据时尚产业分布及时尚类相关高职院校分布情况，按东部地区、西部地区、中部地区、东北地区等进行归纳和遴选样本区域，其中东部地区以山东、江苏、浙江、广东的相关高职院校为代表，可以对应长三角纺织服装产业集群和珠三角产业集群，同时包括北京、天津、上海三个直辖市。中部地区以河南、湖北、湖南、江西的相关高职院校为代表，对应中部纺织服装产业集群，特别是湖北、河南这两个纺织服装产业大省。西部地区既有新疆这样的具有最强原材料优势的纺织服装生产大省，也有四川这样的具有强烈特色和全产业链的省份，也有承接沿海城市纺织服装产业转型的宁夏、甘肃、广西等省（自治区）。东北地区以代表性院校辽宁轻工职业学院所在的辽宁省为样本。本节中时尚产业指狭义内涵，包括纺织业、纺织服装、服饰业和化学纤维制造业，上述四大样本区域时尚产业发展情况梳理分析如下。

一、各样本区域时尚产业企业分布

根据国家统计局2023年统计年鉴数据显示，我国时尚产业规模以上企业共36255家，样本区域时尚产业规模以上企业33025家，由图3-9所示浙江、江苏、广东、福建、山东分别位列前五位。由图3-10所示以浙江、江苏、山东、广东、河北、福建等为代表的东部区域企业总数最多，东部样本区域规上企业总数占全国比例高达73%，以河南、湖北、江西等为代表的中部样本区域规上企业总数占全国比例为13%，位居第二，相较之下西部与东北样本区域规上企业总数占全国比例较小，分别为4%与1%。

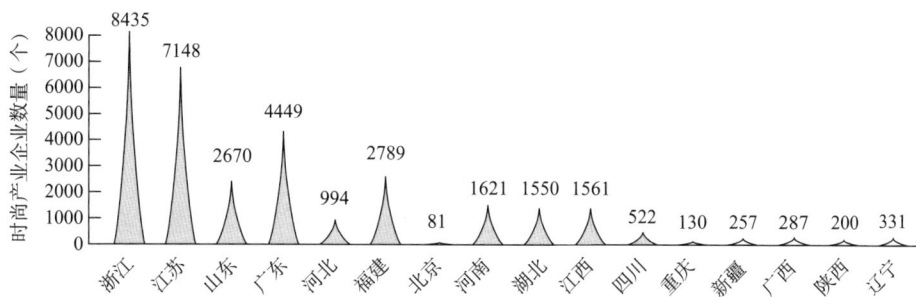

图3-9　2022年我国典型样本区域时尚产业规上企业数量总体分布

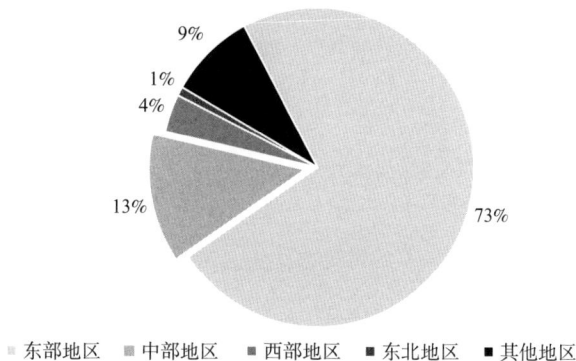

图3-10　2022年全国典型样本区域时尚产业规上企业分布

二、各样本区域时尚产业营收情况

根据国家统计局数据，2018—2022年我国时尚产业规模以上企业营业收入呈波动趋势。2022年，时尚产业规模以上企业营业收入为46405.9亿元，同比下降11.05%，如图3-11所示呈现下滑趋势。

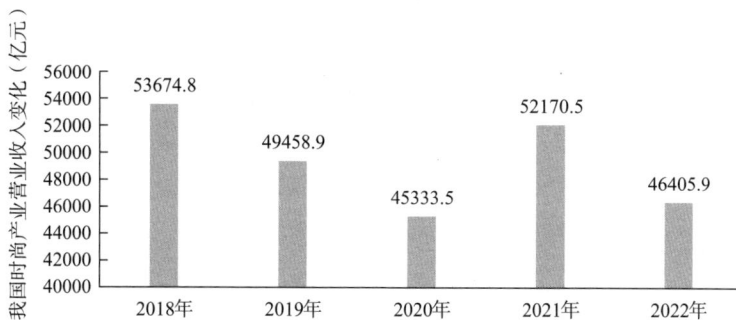

图3-11　2018—2022年我国时尚产业营业收入变化趋势

由图3-12、图3-13所示，2022年浙江省时尚产业规上企业营业收入为11053.07亿元位居首位，以浙江、江苏、山东、广东、河北、福建等为代表的东部样本区域位居第一梯队，东部样本地区时尚产业规上企业实现营业收入37387.23亿元，占全国的比重为80.57%。中部、西部样本地区时尚产业规上企业实现营业收入分别为5032.62亿元、2386.99亿元占全国的比重分别为10.84%、5.14%。东北部样本地区时尚产业规上企业实现营业收入220.7亿元，占全国比重比较小为0.48%。

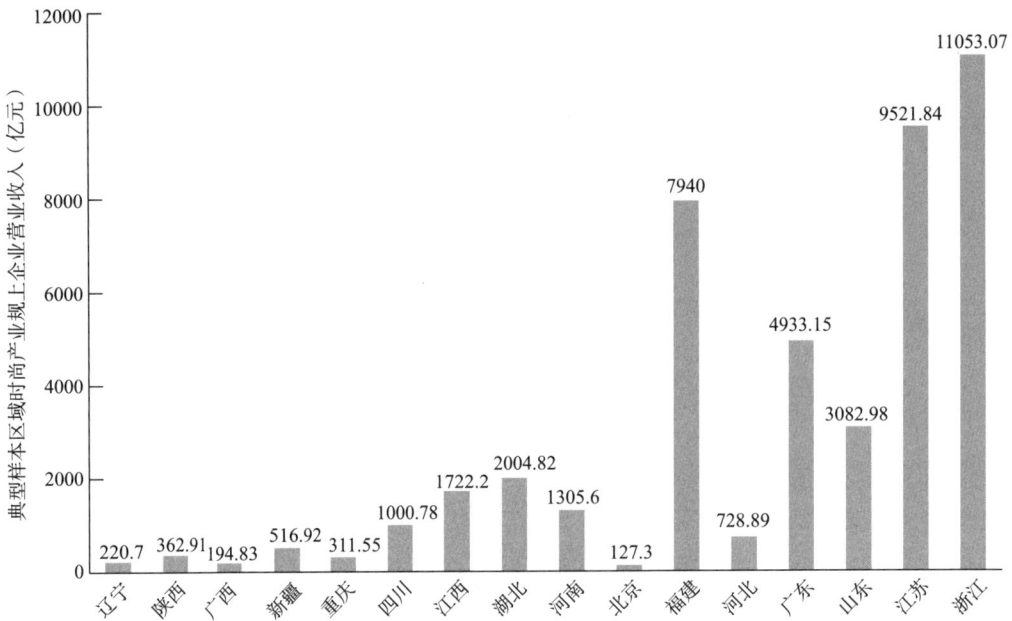

图3-12　2022年我国典型样本区域时尚产业规上企业营业收入

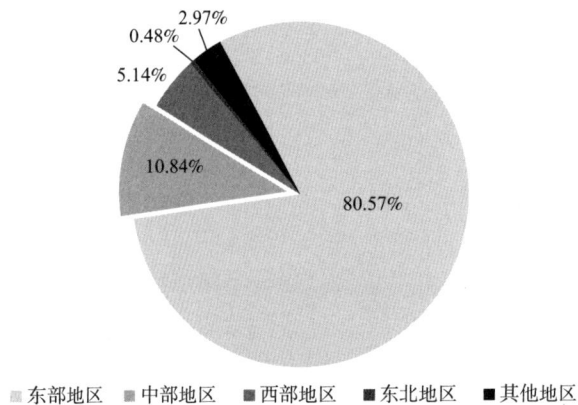

图3-13　我国典型样本区域时尚产业规上企业营业收入分布情况

三、各样本区域时尚产业贡献情况

根据各省统计局数据，我国典型样本区域时尚产业规上企业数量占工业企业总数量占比情况如图3-14所示，浙江、福建、江苏、江西和湖北时尚产业规上企业数量较多位居前五，浙江、福建、江苏三大省份的时尚产业规上企业数量占工业企业总数量占比大于10%，山东、新疆、河南、广东、河北五大省份的时尚产业规上企业数量占工业企业总数量占比大于5%，辽宁、广西、四川等省份的时尚产业规上企业数量占工业企业总数量占比较小均小于4%。

如图3-14所示，福建省时尚产业规模以上企业营收占规模以上工业企业总营收占比为12.6%，比重最高，与浙江、江苏、新疆、湖北四大省居前五，占比大于4%。江西、山东、河南、广东四省为第二梯队，时尚产业规模以上企业营收占规模以上工业企业总营收占比大于2%。四川、河北、重庆、陕西四省为第三梯队，时尚产业规模以上企业营收占规模以上工业企业总营收占比大于1%。广西、辽宁、北京的时尚产业规模以上企业营收占规模以上工业企业总营收占比均小于1。

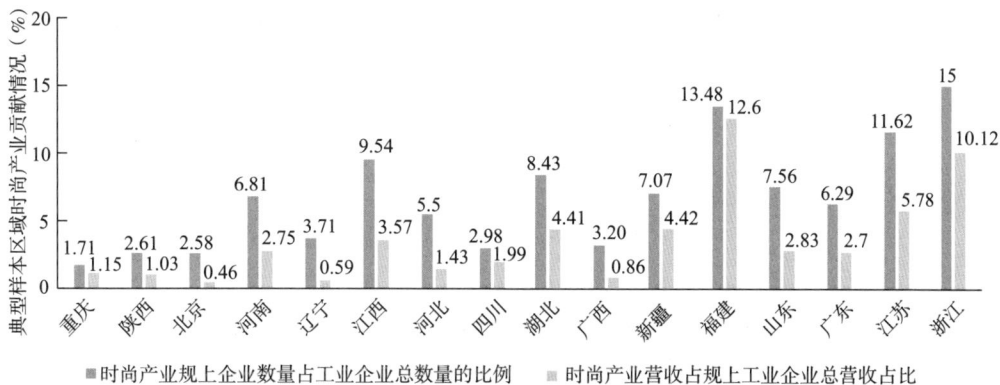

图3-14 2022年我国典型样本区域时尚产业贡献情况

从宏观上来看，时尚产业规上企业数量占工业企业数量占比与营收占工业企业总营收占比较高，时尚产业在我国经济中占据重要地位。从竞争性格局来看，福建、浙江、江苏、湖北、新疆等省（自治区）在产业配套基础、智能化水平、对外贸易等方面具有明显竞争优势，这些省份的时尚产业对区域经济发展有着显著的贡献。

四、各样本区域时尚产业发展潜力

固定资产投资是经济发展的重要引擎，2022年我国时尚产业规上企业固定资产投资增长率为25.3%，说明我国时尚产业平稳快速增长。图3-15表明，各省的时尚产业规上企业固定资产投资增长率严重分化，河北省高达193.4，固定资产投资较上年有非常高的增量，河南、广西两省的固定资产投资增长率分别为61.7%、48.8%，处于第二梯队。湖北、陕西、北京等省份的固定资产投资增长率都大于7%，这些省份时尚产业规上企业整体较去年而言都有快速增加，说明我国中西部样本区域具有较大发展潜力。相较之下，浙江、江苏、辽宁三省时尚产业规上企业固定资产投资整体相比去年没有增加。

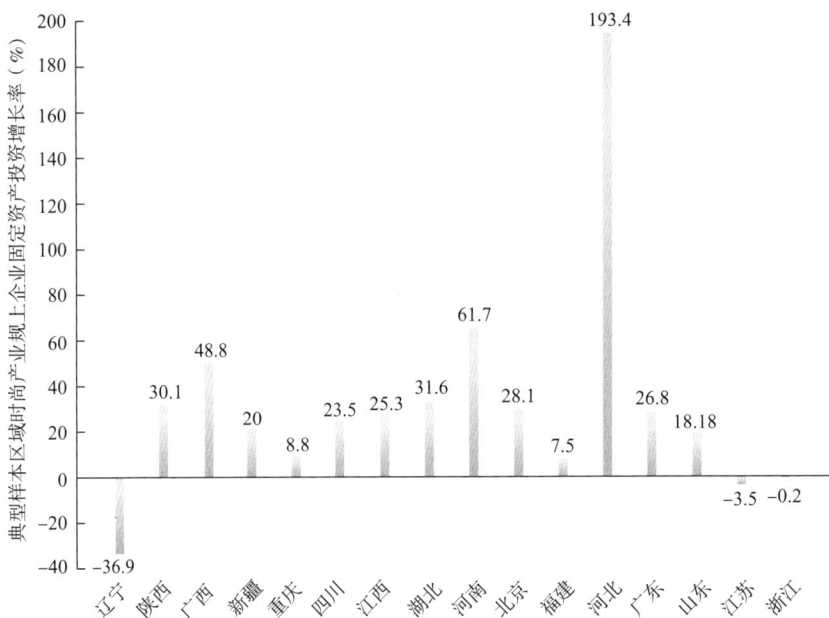

图3-15　2022年我国典型样本区域时尚产业规上企业固定资产投资增长率
注：本图时尚产业数据选自统计年鉴纺织服装、服饰业行业数据。

我国时尚产业经过多年发展，已逐渐成为支撑世界时尚产业体系平稳运行的核心力量。由上述分析可知，我国领土广阔，时尚产业区域间差异明显，东部样本区域的发展优势显著，西部与东北样本区域的发展水平相对滞后，但是具有较大发展潜力。

第四节　时尚产业发展趋势研判

纺织服装业是古代兴起的时间最早，持续时间最久的行业之一。在现代，纺织服装产业在我们的生活中也扮演着举足轻重的角色。近年来，随着经济的发展，人们对纺织品的需求越来越高，纺织服装业的产值也在不断增长，纺织服装业的技术水平也在不断提高，更多的技术被用于纺织品的设计和生产，使纺织品的质量和外观都有了很大的提升。此外，纺织服装业的产业链也在不断完善，从原料生产到成品销售，纺织业的产业链越来越完整，为行业发展提供了坚实的基础，成为推进新型工业化建设的有生力量。未来，纺织服装业需要不断创新和发展，融入时代大势，立足中国实际，把握历史主动，行业正围绕科技、时尚、绿色新定位全面加快要素升级、结构优化、范式变革，推进具有完整性、先进性、安全性的纺织服装现代化产业体系建设。总体而言，时尚产业发展呈现以下四方面趋势。

一、产业范畴持续变广，"泛时尚"逐步兴起

随着经济发展，时尚产业的范畴不断变广。早期时尚产业以服装、服饰为主，随后扩展至服装、服饰、珠宝首饰、彩妆、护肤品等多个核心时尚产品。不仅如此，时尚产业融合高端制造业与第三产业中的商业、媒体、设计等业态，创造了一大批具有创意性的新兴产业，其价值在于满足消费者的个性化需求以及独特的体验需求。其实质是一种以创新思想和先进技术以及其他智力密集型要素为核心的，通过设计、创意、消费、传播增加附加值，能为社会创造财富和提供广泛就业机会的产业集合。表3-5展现了改革开放以来我国时尚消费市场的发展阶段及主要核心要素。

表3-5　时尚消费市场发展阶段及核心要素概述

发展阶段	厂商主导期	制造商品牌化发展期	电商品牌发展期	新媒体品牌发展期
时间段	1970~1990	1991~2005	2006~2015	2016~2025
服装饰品时尚品牌				
化妆品类时尚品牌				
时尚人群	以"50后""60后"为主	以"X世代"为主	以"Y世代"为主	以"Z世代"为主
人群特征	受教育程度较低，家庭收入普遍偏低，文化较为趋同	受教育程度约40%，收入大幅攀升步入小康	高等教育人群攀升，中产崛起	普遍接受高等教育，家庭富裕
营销方式	广播、电视	电视、代言人、广告牌	代言人、线上广告、电商流量	电商流量、KOL带货推广

发展阶段	厂商主导期	制造商品牌化发展期	电商品牌发展期	新媒体品牌发展期
渠道方式	街边门店	街边门店、百货商场	线下门店、官网、电商平台	线下、电商、新媒体渠道
品类状况	物质匮乏、以刚需品为主	次必需品普及，补偿性消费爆发	可选时尚消费品全面普及	细分圈层化、泛时尚化、品类全方位升级与加速
品牌特点	工厂主导的厂商品牌	制造商的自主品牌之路	线上品牌爆发	新媒体种草品牌崛起

资料来源：国研经济研究院、博洋研究院《"泛时尚"产业发展报告》。

注："X世代"为1965～1979年出生的一代人，"Y世代"为1980～1994年出生的一代人，"Z世代"为1995～2009年出生的一代人。

随着经济高速发展，社会消费品零售总额在十年间（2011～2021年）翻番，我国人均消费支出增速基本维持8%左右（除2020年），其中通货膨胀因素仅占约2%。随着消费能力、消费水平的提升，时尚理念也开始扩散至更多人群中，时尚消费开始渗透进普通家庭及日常生活。从产业发展角度来看，时尚产业正在发生着巨变，随着经济高速发展，居民生活水平日益提升，消费升级、时尚下沉，"泛时尚"现象兴起，带动着整个产业的变革，新的机会也就应时而生，时尚成为一种生活态度，渗透到其他产业中。

时尚产业在过去的十年间（2011～2021年），不断产生着"质"的改变。从"人"的改变看，以"Z世代"为主导的消费人群，对时尚消费的理念、需求、习惯等，与以前有着本质的不同；从"场"的改变看，随着"互联网""大数据"不断优化、升级，直接导致整个消费市场的环境、营销、渠道发生翻天覆地的变化；从"货"的改变看，时尚品牌为顺应"人""场"而发生的改变，在产品设计、营销模式、渠道方式等都有显著的调整。

二、科技赋能转型升级，产业智能化、高端化趋势显著

党的二十大提出，坚持把发展经济的着力点放在实体经济上，推进新型工业化，加快建设制造强国。智能制造是建设制造强国的主攻方向，是先进制造业发展的重要形态，是综合国力的重要体现。纺织服装业是我国重要支柱产业和优势产业，规模居世界第一位。"十三五"时期，我国纺织服装行业在党中央坚强领导下，创新驱动发展战略在纺织服装行业深入实施，加快从规模发展向质量发展转变，以

智能制造为代表的科技发展取得显著成效。"十四五"规划中提出了"科技、时尚、绿色"的发展新要求，明确纺织智能制造是实现纺织工业高质量发展的重要途径和重大战略任务。新质生产中科技生产力正在支撑品牌加速引领品质新生活。从衣被天下到上天入地，中国纺织服装品牌始终走在科技创新的前沿，依托网络化协同、平台化设计、智能化制造，推动制造创新、材料创新、产品创新系统性发展，颠覆性创意、智慧型营销、沉浸式体验不断延展，新领域、新业态、新场景加速创造，为美好品质生活注入澎湃活力。

以数字化转型为基础，新一代信息通信技术与先进制造技术的深度融合将颠覆传统制造业的研发设计、生产管理、运营服务等制造环节模式，智能制造将成为主流制造模式的新兴代表。智能制造是一种以智能生产系统生产智能产品并提供智能服务的新型制造方式。通过融合人工智能、物联网、自动化技术、现代传感技术等先进信息与制造技术，智能制造具有良好的信息深度自感知、智慧优化决策及精准控制自执行等功能，能够大幅破解产业链各环节创新瓶颈，促进企业核心研发能力、智能装备技术、制造链质量及供应链效率的提升，进而破除产业价值链"低端锁定"陷阱。在高质量的产品生产、高效率的供应链管理及高附加值的智能制造模式下，制造业产业链价值升级也成为必然。数字经济对制造业转型升级的驱动过程正是新一代数字信息技术在制造产业链渗透融入、融合赋能及创新改造的过程，图3-16展示了智能制造推动时尚产业转型升级的作用路径。

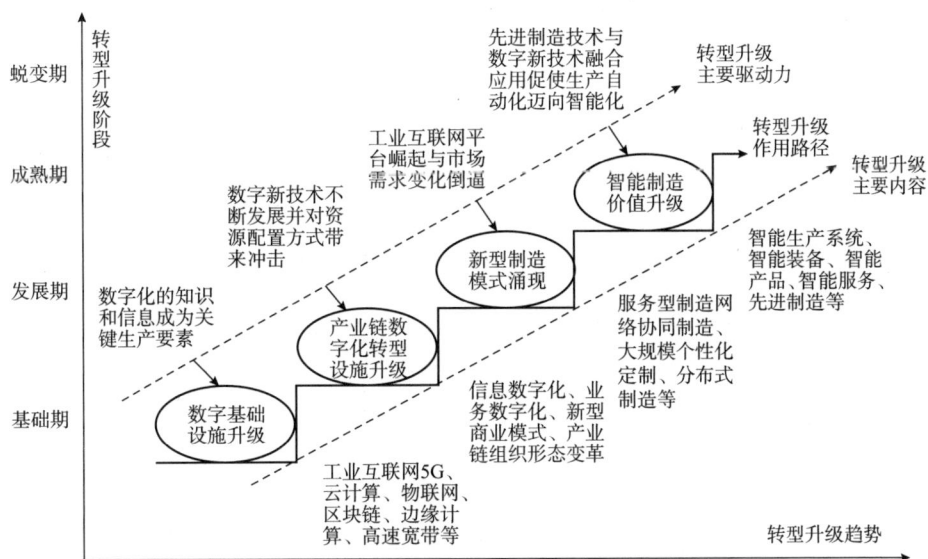

图3-16　智能制造推动产业转型升级的作用路径

纺织服装智能制造是以人工智能和制造业深度融合为主线、智能制造为主攻方向、场景应用为牵引，统筹布局通用大模型和垂直领域专用模型，从供需两端发力，营造创新生态，高水平赋能新型工业化。以阿里巴巴集团控股有限公司迅犀服装为代表的未来工厂已在研发设计、生产制造等领域崭露头角，成为新型工业化的重要推动力。康赛妮集团有限公司在高端羊绒纱线制备工厂建立数据采集分析系统、制造执行系统、企业资源计划系统、产品全生命周期管理系统、个性化定制、柔性化生产等协同集成的"黑灯工厂"。雅戈尔集团（宁波）有限公司建设了以制造工艺仿真化、制造过程智能化控制、生产状态信息实时监测和自适应控制为重点的服装智能化成套装置，以及一批以提升精准制造、敏捷制造能力和生产制造自动化水平为重点的"机器换人"工序。当前，新一轮科技革命和产业变革正在萌发，大数据的形成、计算能力的提升及网络设施的演进驱动人工智能发展进入新阶段，智能化、网络化成为技术和产业升级发展的重要方向。与此同时，纺织服装行业智能制造逐步进入数字化、网络化升级改造阶段，进一步实现互联网、云技术、物联网、智能机器人等人工智能技术在生产营销各个关键环节的应用，缝制设备自动化智能化水平会明显提升；大数据+AI算法的应用，预测消费需求，辅助创意、设计和产品开发；智能化橱窗和自动售货机用科技化加深与消费者的互动，让消费者获得更加立体的购物体验；服务机器人将开启智能购物新体验，虚拟试衣系统优化了线上购物体验。鉴于以纺织服装产业为核心的时尚产业自身的特点，从对纺织服装智能制造的实施范围和领域、推进的路径和重点来看，智能制造从6大关键点对纺织服装产业链进行了重构，如图3-17所示。

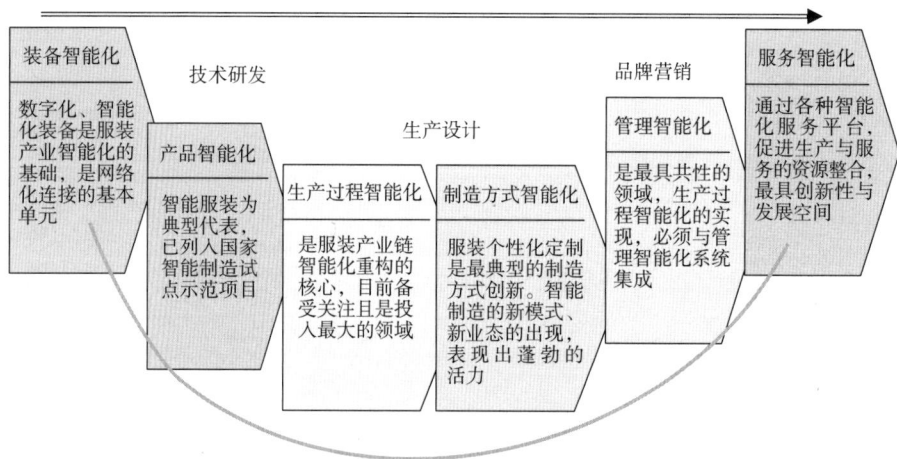

图3-17 智能制造视角下的纺织服装产业链重构模式

从智能制造视角看，纺织服装产业发展模式有以下几种选择。

（一）C2M"个性化定制"模式

"中国制造2025"以及德国的"工业4.0"的提出旨在将信息化与工业化进行深度融合，以信息化作为主线，将互联网、大数据、云计算、数字化+智能化作为服装传统制造业重构的核心技术，推进企业成本优势的重建、商业模式的创新和产业链的重构。C2M（即客户对工厂，C代表消费者，M代表工厂）"个性化定制"模式是在工业互联网背景下产生的，它具备信息化、智能化、科技化等时代特征。C2M"个性化定制"将生产者和消费者直接对接，通过采用延迟策略迎合消费者的个性诉求，把产品分解成多个功能模块，再按照顾客的需求把这些模块组合，最终形成满足顾客的个性化需求的定制产品，个性化定制是真正意义上的以销定产。

目前，国内服装产业以红领集团为代表的C2M"个性化定制"模式，打造出独特的服装定制经营平台，将传统服装制造产业与互联网相结合，逐步向工业4.0模式前进。红领集团个性化定制服务得以实现有赖于以下三方面技术创新：

（1）智能化建模打版系统。3D打印模式可以使得消费者自由输入自己的体型数据和个性化需求，支持全球客户DIY自主设计；款式、工艺、价格、交期、服务方式个性化自主决定，客户自己设计图纸，可满足99.9%消费者个性化需求，七个工作日交付成品西服。

（2）个性化融入信息化。红领集团将服装生产工艺流程细分到最小环节，根据客户对产品的要求，重组生产工序，并输入电子编码，实现流水线上不同数据、不同规格、不同元素的灵活搭配，用工业流水线生产出了个性化产品，配合智能化的生产设备，只要将客户的身体尺寸数据和细节要求输入系统平台，CAD就会自动生成最适合的版型，并进行拆解和个性化裁剪，裁剪后的布料挂上电子标签进入吊挂，便开始在整条流水线上加工的旅程。

（3）用数据经营客户。支撑起红领个性化定制工业化生产模式的背后是10多年来海量数据的积累。红领集团开发了服装CAD系统，可以输入量体数据，结合顾客的个性化要求，在整合了220多万名顾客个性化定制的版型数据后，自动生成最适合的版型，实现了个性化定制模式与智能化服装模板相有效结合。红领集团的"C2M个性化定制"目前是国内较先进的服装生产制造模式之一，为服装行业开拓了新的想象空间，为实现了服装产业进入工业4.0时代起到很好的引领作用。

（二）智能化服装模板制造模式

智能化服装模板制造模式是指服装设计数字化、生产智能化、管理信息化，让互联网技术与传统制造业充分地结合，利用互联网模拟技术对每个作业单元进行科学精细的研究、动作分析，计算出流水线的节拍，优化缝制工艺，提高流水线运行效率。

（1）设计数字化。智能化服装工艺模板开发是以工序分析为基础，首先确定要应用服装工艺模板的工序任务范围，以流水线的节拍为切入点，采用IE方法配合服装CAPP（计算机辅助工艺过程设计）优化、简化工艺，最终使该组工序作业标准化。依据作业标准书设计模板，应用服装模板CAD绘制模板结构图，通过自动化裁割设备裁割，黏合后生成该组工序的智能化服装工艺模板。

（2）生产自动化。普通服装工艺模板，设计开发时用手工制图、手工制作完成，应用时手推前进。而智能化服装工艺模板，设计时应用模板CAD制图并生成缝纫路径文件，用智能化模板切割设备完成制作，采用全自动运模机进行缝制，实现了服装工艺模板设计、生产、运行的自动化和智能化。

（3）运行智能化。服装工艺模板开发完成后，开发人员把操作步骤录像、使用说明及注意事项放到网络上，并制作该服装工艺模板的专用二维码，贴到该服装工艺模板上。生产线员工拿到该服装工艺模板后，扫描二维码就可以看该服装工艺模板的用法和要求。实际运行时，通过传感器、无线传感网等物联网设备与车间监控服务器连接，动态采集车间各类信息，必要时分析有关数据并向管理层提出改善建议。管理人员可通过MES系统与各工位进行信息交互，对车间进行及时管控，实现生产过程智能化识别、定位、跟踪、监控和管理。

（三）"轻定制"的终端运行模式

轻定制终端运作模式分为两类：一是以设计师为主导的品牌概念终端模式。以设计为主导，设计师为主体综合运行经营人、配备展示区、人体3D扫描仪、客户资料记录仪、设计工具来完成定制，转化产生订单业务，完成销售的一个营销过程。在整个设计和销售过程中，设计师与消费者在设计过程中是全面合作关系，以设计师品牌概念为主导，针对顾客不同的需求和建议进行设计并制作出顾客满意的服装。二是以消费者为主导的自助体验互动终端模式。是以客户为中心，建立计算机自助体验终端体系，打开界面进入以后，强大的信息库支持客户对面料、辅料、花型、款式、板型、工艺等进行查阅和自助组合协同设计，配备人体3D扫描仪、客户资料记录仪、客户自助设计工具来完成定制，转化产生订单业务，完成销售的一个营销过程。期间可以安排服务人员或设计师进行引导辅助服务，达成数据转化订单生成。

事实上，近年来纺织服装产业在高端化、智能化方面不断探索实践。2022年纺织行业规上企业R&D经费在535.1亿元左右，增长3.82%，在29个制造业中居第13位。关键技术与前沿技术不断取得新突破，加速发展高性能产品与高价值产业。以石墨烯、超导材料、生物可降解材料、新一代3D打印材料、新型编织摩擦电纤维材料等为代表的纤维材料加快发展，碳纤维等先进工艺技术快速突破，产品性能对标国际先进企业。智能制造、增材制造等制造创新不断突破。苏州博理新材料科技有限公司的智能云工厂生产了超过全国70%以上的超高速3D打印鞋。智能化、功能性纺织品不断满足人民美好生活需要。具有防水透湿、单向导湿、辐射降温以及环境自适应等功能的"体域微气候管理纺织品"有效提升极端气候环境下的人体舒适度。同时，数字孪生、数字原生、虚实相生等数字创新正在构筑新的产业形态。根据中国纺织工业联合会数据，截至2023年6月，行业在关键业务环节全面数字化的企业比例达到56.8%，高于全国制造业平均水平。在生产环节，工业机器人助力经纬智能打造无人操作的锭子自动装配线，大杨集团有限责任公司的大规模定制最快4天完成服装交付。在研发设计领域，中国纺织信息中心的DPI SPACE基于人工智能实现创意数字化、设计智慧化，凌迪Style 3D将元宇宙深度融入服装设计与制造。在平台方面，柯桥"织造印染产业大脑"使得企业设备利用率平均提高11.2%。在营销领域，跨境电商、内容电商快速崛起，虚拟现实和元宇宙重塑着商业场景和消费体验。2022年希音（SHEIN）营收实现227亿美元，同比增长54%。

展望未来，智能制造是我国服装产业提质增效的必然选择，当前纺织服装产业发展面临从中国制造向中国创造、从资源配置型向创新驱动型的深度转型。因此，推进信息化与工业化深度融合，加快推广智能制造已成为纺织服装产业应对新一轮科技变革的必然要求，需要产业界、政府及相关方通力合作、携手推进。我们需深入贯彻创新驱动、"中国制造2025""互联网+"等国家战略，抢抓全球新科技和产业革命机遇，坚持市场主导，改革创新，发挥企业主体作用，把握行业特点，以加快新一代信息技术与纺织业融合为发展主线，并结合科技创新，推动纺织服装产业向绿色低碳、数字化、智能化和柔性化等方向发展，实现我国纺织服装产业发展由"大"向"大而强"、从中国制造向中国创造、从资源配置型向创新驱动型的深度转型，谋求在部分领域实现突破并引领世界，加快推广智能制造成为纺织服装行业重要的创新驱动力。

三、新质生产力加快发展，呈现多领域突破与创新

中国纺织服装行业始终与时代同频共振，品牌培育和推广体系持续完善，消费品牌、制造品牌和区域品牌协同发展，新兴品牌与成熟品牌交相辉映。纺织服装产业不断表现出融合化、品牌化发展特色，技术的集成、场景的延展等不断加快推进新领域、新赛道拓展，万物可织的趋势更加明显。在大健康领域，微米级材料编织人造血管，废旧蚕丝制备抗菌型手术缝合线。在新能源领域，中复神鹰和吉林化纤的碳纤维复合材料应用在风电、储氢等场景。在海洋工程领域，山东鲁普耐特的超高相对分子质量聚乙烯纤维缆绳，强力为钢缆的1.5倍，质量仅为钢缆的1/7。在生物制造领域，基因编辑、合成生物等应用，丰富材料来源，改变生产方式。同时，文化自信加快转变为产品自信与产业自信。优秀传统文化深入挖掘与应用。2015~2022年，汉服市场规模由1.9亿元增至125.4亿元，抖音电商"3·8大促"期间，马面裙销量同比增长1872.00%。圈层文化、环保理念和社会责任正在融入品牌发展基因，国际国内融通布局。比如安踏集团收购斐乐（FILA）、迪桑特（DESCENTE）、可隆（KOLON SPORT）、始祖鸟（ARCTERYX）、萨洛蒙（SALOMON）等，波司登推动中国原创设计与国际接轨，产品已在8个欧洲国家400多家品牌集合店销售。

同时，中国纺织服装产业正在加快发展新质生产力，以前所未有的速度和深度，在多个领域实现突破与创新。创新成了纺织服装产业发展的重要趋势，能够带动整个行业发展。在2024中国品牌发展大会上，中国纺织工业联合会会长孙瑞哲指出，时尚产业发展新质生产力，将从三个方面实现突破与创新。

（1）深挖价值，强化"专业"，让新创造探向需求更深处。加强产业链关键环节、关键领域、关键产品的标准制定，强化技术应用、协同创新和产业协作，提升"中国制造"品牌的话语权。构筑支撑品牌价值持续成长的底层基石，强化品质创新、质量管理和经营效率，全方位提升智能化、精细化、差异化商品和服务供给能力，向世界输出中国现代化产业发展经验。

（2）创新叙事，强化"独特"，让新内容探向精神更深处。依托"国潮"文化的崛起与文化自信的提升，主动探索中国式风格化表达，联动当下潮流与优秀传统文化，营造多元化穿衣风格和生活图景，构建更柔性、更强大、更长远的品牌力量。从全球文化资产出发，积极探索时代情绪和文化势能，以更加鲜活有趣的打开

方式，向世界展示中华民族宏大包容的文化内涵与精神气质。伴随文化自信下的"血脉觉醒"与"国潮新生"，以新中式美学为代表的中国文化消费景观正在形成，越来越多的中国纺织服装品牌在加速东方美学的创新表达与文化应用中，不断带动国潮品牌焕发时代光彩。

（3）精准布局，强化"联结"，让新体验探向生活更深处。依托产业优势及发展土壤，在多元的审美样态和体验需求中，深度挖掘细分领域内在消费潜力，全面构建从国内市场到全球市场的商业闭环。借助消费节、创意市集、时装周、商贸展等多种业态，呈现独具特色的品牌美学与市场韧性，在更具全球化和长期意义的品牌突围中，推动"中国时尚"成为新的"世界时尚"。

四、绿色低碳循环可持续发展，成为未来产业重要方向

纺织服装产业是重要的民生产业，也是环境敏感型产业，推动纺织服装产业绿色低碳循环可持续发展，对于培育新质生产力，落实"双碳"目标，实现人与自然和谐共生具有重大意义，目前产业的绿色发展已成气候。

大量纺织服装品生产带来经济增长的同时也带来了环境污染问题，纺织服装行业已成为仅次于石油行业的全球第二大污染行业。纺织服装生产过程需要大量工业用水，每吨染色的织物最少需要200吨的淡水，生产1条牛仔裤耗水7500升。更严重的是生产过程中产生了污染成分复杂、浓度高、难以生化工艺处理的印染废水。印染废水含有各种有毒物质，如染料、助料、硝酸盐以及铜、砷、铅、镉、汞、镍等有毒重金属，排入水体将消耗溶解氧，破坏水生态平衡，危及鱼类和其他水生物的生存，使水环境恶化。有数据显示，目前全世界染料年产量在60万吨以上，其中50%以上用于纺织品染色，而在纺织品印染加工中，有10%～20%的染料作为废物排出。

同时，纺织服装生产加速了温室气体排放。中国纺织服装产业温室气体排放自2000年起随着行业快速发展逐步上升，而后进入平稳期。根据行业能源消费数据计算，2020年，全行业温室气体排放总量约为2.09亿吨。从排放来源看，中国纺织服装产业温室气体排放主要来自上游的材料制造加工端，包括纺织业和化学纤维制造业，纺织服装、服饰业占比低于10%。数据显示，目前中国纺织服装产业温室气体年排放量约2.3亿吨。行业碳排放量约占全国碳排放量的2%，占全国工业碳排放量的2.8%。联合国环境署数据显示，纺织服装业的碳排放量超过所有国际航班和海运碳排放量总和，占全球碳排放总量一成。同时在生产合成纤维时会释放出一种比二氧化碳破坏性还要强300倍的一氧化二氮，加剧了温室效应的危害。

此外，由于"快时尚"等消费观念影响，每年有大量服装生产的同时还有大量服装被丢弃，造成了资源浪费与环境污染。根据相关数据，我国居民每人每年平均购买10件新衣服，淘汰7~8件旧衣服，中国资源综合利用协会的数据显示，我国每年大约有2600万吨旧衣服被废弃。根据中国工程院2019年报告，我国废旧纺织品回收利用率不足10%，大多数仍被当作垃圾进行填埋或焚烧等简单处理，其中难降解的化学纤维严重污染了土壤。

为减轻传统纺织服装对环境的污染破坏，目前我国也出台了一系列相关政策来推动纺织服装产业的绿色发展，表3-6列出了近年来我国出台的推动纺织服装产业绿色发展相关政策。同时，纺织服装企业也积极响应绿色低碳号召，主动开展碳中和行动，"十三五"以来，中国纺织服装产业在节能节水、污染防治、绿色制造体系建设等方面取得明显成效。2018年，中国纺织工业联合会就正式签署了联合国气候变化框架条约（UNFCCC）《时尚产业气候行动宪章》，积极引导全球纺织服装行业的气候治理讨论，2019年发起"气候创新2030"行动，2021年启动"中国时尚品牌气候创新碳中和加速计划"，一大批领军企业、优势集群推进落实减碳工作，共同为实现零碳产业的宏大愿景而努力。截至2023年9月，已有21家品牌企业、42家制造业企业和三大重点产业集群加入"30·60中国纺织服装碳中和加速行动"，137家企业参与了"中国纺织服装行业全生命周期评价工作组"的工作，测算了61种产品的碳足迹，填补了行业内产品环境影响的数据空白，中国纺织服装企业社会责任管理体系（CSC9000T）的维度和内涵不断拓展。可以说，在双碳目标的指引下，行业"降碳、减污、扩绿、增长"一体发展，着手从纺织纤维原料、分销消费过程、生产加工过程和废弃纺织品处理等方面，构建高端化、智能化、绿色化的现代纺织产业体系，技术创新、产品创新、管理创新、模式创新卓有成效。

表3-6 推动纺织服装产业绿色发展相关政策

时间	政策	主要内容
2017年6月	中国化纤工业绿色发展行动计划（2017—2020）	加快关键技术研发与产业化，积极构建绿色制造体系，加快推进化纤工业绿色发展，推进化纤工业节能降耗，实现降本增效，增加绿色产品、绿色服务等有效供给，推进绿色纤维标识与认证体系建设，提升绿色纤维产品的市场认知度
2021年6月	纺织行业"十四五"绿色发展指导意见	深入贯彻落实纺织强国可持续发展战略，坚持履行环境责任导向，以绿色化改造为重点，以标准制度建设为保障，优化产业结构，加快构建绿色低碳循环发展体系，建立健全绿色发展长效机制，推动产业链高效、清洁、协同发展，为国内外消费市场提供更多优质绿色纺织产品，不断提升国际竞争力和影响力，引导绿色消费，推进纺织行业绿色低碳循环发展迈上新台阶

续表

时间	政策	主要内容
2021年10月	中国服装行业"十四五"发展指导意见和2035年远景目标	坚持可持续发展战略,推动绿色技术创新,健全完善绿色标准体系,强化企业能效提升、节水治污、循环利用等专项技术提升,推动企业向生产清洁化、能源高效低碳化、水资源高效化、工艺绿色化方向加速演进,推动行业可循环经济持续发展
2022年1月	促进绿色消费实施方案	鼓励推行绿色衣着消费。推广应用绿色纤维制备、高效节能印染、废旧纤维循环利用等装备和技术,提高循环再利用化学纤维等绿色纤维使用比例,提供更多符合绿色低碳要求的服装。推动各类机关、企事业单位、学校等更多采购具有绿色低碳相关认证标识的制服、校服。倡导消费者理性消费,按照实际需要合理、适度购买衣物
2023年8月	建设纺织现代化产业体系行动纲要(2022—2035年)	建成比较完善的废旧纺织品循环利用体系,生产者和消费者循环利用意识明显提高,高值化利用途径不断扩展。绿色低碳标准体系和绿色发展服务平台不断完善。碳排放2030年前实现达峰,到2035年,行业二氧化碳排放强度持续下降

此外,我们注意到,聚焦"碳达峰、碳中和"国家重大战略,在产业绿色发展的同时,绿智融合成为纺织服装制造业的新要求。纺织印染是耗能大、废弃废水多的重点行业之一,将互联网、大数据、人工智能、5G等数智技术与绿色低碳产业深度融合,全面推动工业绿色发展,提升制造业"含智率""含绿率"水平,加快形成新质生产力,成为行业高质量发展的一个焦点。我们需要大力推动纺织行业高端化、智能化、绿色化,推进重大低碳技术、工艺、装备改造应用,以技术工艺革新、生产流程再造促进纺织行业减碳降碳。支持纺织行业服装龙头企业,在供应链整合、创新低碳管理等关键领域发挥引领作用,将绿色低碳理念贯穿于产品设计、原料采购、生产、运输、储存、使用、回收处理的全过程。推动纺织领域技术进步,加大绿色低碳技术研发推广力度,尽快部署绿色低碳前沿和关键技术研究,推动绿色低碳技术实现重大突破,以数字化智能化赋能绿色化。在可持续消费成为全球共识的背景下,中国纺织服装产业从更宏大的产业生命周期出发,积极推崇可持续时尚主张和"天人合一"价值观,围绕绿色研发、绿色生产、绿色流通、绿色消费、绿色投资展开积极实践,为全球时尚产业和消费形态注入新的活力。

综上所述,从城市发展角度来看,时尚是高质量发展的一种方式,大力发展时尚产业,有利于深化供给侧的结构性改革,切实推动传统产业的转型升级,加快技术突破、业态融合和模式创新,扩大高质量时尚产品和高品质时尚服务的有效供给,培育形成经济发展的新动能。面向未来,以纺织服装产业为核心的时尚产业应紧紧围绕"科技、时尚、绿色"的发展定位,将"创新驱动的科技产业、文化引领的时尚产业、责任导向的绿色产业"作为推进高质量发展的战略重心,深度推进转型升级，加速普及个性化定制、柔性供应链等新制造范式，继续在智能制造、品牌建设、全链路创新、国际化发展等多个领域取得新突破，持续推动企业数字化、智能化、高端化、融合化发展，为培育发展新质生产力提供有力支撑。

第四章 时尚产业相关高职教育与区域时尚产业适应性分析

职业教育是我国教育体系的重要组成部分，为我国产业结构升级提供重要人力支撑，在我国经济发展中发挥了重要作用。高职教育作为一种教育类型，致力于培养适合经济新常态的技术技能人才，因此随着产业的迅速发展，高职教育形式和内容需发生相应变革。为培养学生主动适应产业转型升级及区域转移带来的新变化，打破学生知识和技能单一、融合差的不利现状，国家新一轮职教改革陆续启动了深化复合型技术技能人才培养培训模式的多项重大改革试点工作，以解决长期制约职业教育发展的体制机制问题。基于上述时尚产业的界定，本书将与时尚产业相关高职教育学校界定在纺织服装大类或开设纺织服装类专业的高等职业院校，主要从区域分布、专业设置、人才培养等方面对其进行梳理分析，并对其与区域时尚产业的适应性进行描述性分析。

第一节　概念界定及高职教育发展历程

一、职业教育

职业教育是传授知识、培训技能以及职业道德的一种教育，职业教育与社会具有相辅相成的特征，是历史发展阶段的必然产物。自1996年《中华人民共和国职业教育法》统一使用"职业教育"后，此称谓在我国开始正式使用。职业教育是一种专门为培养技术技能人才而设计的教育类型，通常包括理论学习和实践操作两个方面，强调对学生进行专业技能的训练，它旨在使受教育者具备从事特定职业所需的职业道德、科学文化知识、专业技术技能以及相关的行动能力，培养学生具备特定职业技能和知识，以满足劳动市场需求，以便毕业后能迅速适应职场环境。

中国的高等职业教育诞生于1978年改革开放之时，近20年来，对高职教育的研究持续不断，尤其在2000年之后，相关研究形成了热潮。早期研究集中在高职发展的动因、内涵以及办学途径等基本问题上，中期研究关注人才培养模式和学制改革，近期研究则聚焦于高职特色课程的构建。为了便于说明，表4-1简要列示了我国现行职业教育的特征。

表4-1　我国现行职业教育的特征简表

特征名称	简要内涵
教育目标	为社会培养具有实用技能的专业人才，以满足不同行业对技术技能人才的需求
教育内容	通常包括专业知识、技术技能训练以及职业道德教育，强调理论与实践的结合
教育形式	分为学历性职业教育和非学历性职业教育。学历性职业教育包括中等、高等职业学校教育，如中专、技校、职高等；非学历性职业教育则包括就业前培训、在职培训、再就业培训等
教育层次	涵盖从初等职业教育到高等职业教育各个层次，包括专科层次、本科层次甚至研究生层次的职业教育
教育地位	与普通教育具有同等重要地位，是国民教育体系和人力资源开发的重要组成部分
教育方针	职业教育坚持党的领导，贯彻国家的教育方针，坚持立德树人、德技并修，产教融合、校企合作，面向市场、促进就业等原则
管理体系	新《职教法》规定，职业教育实行政府统筹、分级管理、地方为主、行业指导、校企合作、社会参与的管理体系

综上所述，职业教育是培养技术技能人才的重要途径，它通过多种教育形式和层次，为社会提供了大量具有实用技能的专业人才，对于推动经济发展和社会进步具有重要作用。同时，随着社会的发展和技术进步，职业教育也在不断地改革和创新，以适应不断变化的劳动市场需求。

职业教育具有自身的特点，它取决于职业教育的基本属性。它既具有教育的一般属性，又具有与职业相对应的社会属性。高等职业教育的培养目标是培养先进技术应用型人才，他们必须掌握专业的基本理论知识和专业知识，并具备从事实际工作的综合素质和综合业务能力，所以高等职业教育具有自身的一些特点。

（一）职业定位

无论从教育目标还是专业设置上看，高等职业教育有明确的目标，即提高教育者在未来工作岗位上的技能。因此，从高等职业教育毕业生的就业情况可以看出，高等职业学校毕业生从事的工作已基本达到较高的配套学历要求。近期出现的"回炉"现象体现了许多接受过高等教育毕业生对职业教育职业培训的需求，更多地体现了职业教育在职业定位上有明确的目标。

（二）市场定位

高等职业教育主要依托的社会背景更为灵活。高等职教育的专业设置和课程设置将随市场需求的变化而变化，根据市场的需求来设置专业和课程，由于市场具有不可确定的因素，每个阶段的毕业生对社会的需求不同。高等职业教育可以在短期内向受过教育的人员传授最新技术，使其能够快速适应工作中的技术更新。

（三）区域特性

众所周知，经济发展存在地区差异，相应的教育发展也存在地区差异。由于受过高等教育的人才在就业方面多直接服务于当地经济，推动当地经济的发展，特别是高等职业教育的职业导向和市场导向的两大特点，能够快速适应区域经济的发展要求。而且，高等职业教育的发展也应该依靠区域经济增长，区域经济发展对高级技术人才的需求可以提高高职教育与市场人才需求结构的一致性。事实证明，高等职业教育与区域经济发展的良性互动不仅能推动高等职业教育的高质量发展，而且能够实现更快的区域经济增长。

二、高职院校

高职院校是高等职业院校的简称，高等职业教育既有高等教育之意，又含职业教育之责，是一个复合概念。"高等性"与"职业性"是高等职业教育区别于中等职业教育和普通高等教育的特征属性，如表4-2所示，高职院校在办学定位上必须坚持高等职业教育"高等性"和"职业性"的协调统一。

表4-2　我国高职院校特征属性

特征	内涵
高等性	基于"技术学术"为发展逻辑，主要培养能胜任复杂专门性工作，又具有技术创新与研发能力的应用型人才，进而满足应用和市场需求
职业性	强调就业导向，所培养学生的认知能力、技能操作能力、人格素养等综合能力要达到职业领域和行业未来发展的需要

在新时代高等教育改革中，高职院校已经成为高等职业教育的重要办学主体，肩负着为社会经济发展输送高级技能型人才和应用型人才的使命。本书所指的高职院校是面向行业和企业的外部需求和发展趋势，通过对受教育者开展多层次、多形式的教育活动，以此培养从事某一职业领域所需要的高素质、高技能应用型人才的高等职业学校。

三、高职教育定位发展历程

高职教育的定位与国家经济社会发展的需要和教育改革的方向紧密联系，大致经历了起步、示范校、优质校、双高校等标志性建设阶段，如表4-3所示，形成了具有中国特色的教育模式，为社会输送了大量高素质技术技能人才。

表4-3　我国高职教育定位发展标志性历程

建设阶段	起止时间	内容来源
起步	1977~2005年	（1）起点：南京金陵职业大学等为代表的13所短期职业大学的成立 （2）关键点：《中华人民共和国职业教育法》（1996年）和《中华人民共和国高等教育法》（1998年）颁布 （3）转折点：1999年，开始以职业技术学院为主要办学形式，形成了"六路大军办高职"的局面
国家示范性高等职业院校（骨干院校）	2006~2014年	（1）教育部启动国家示范性高等职业院校建设计划，分别支持建设了100所国家示范性和100所国家骨干高职院校 （2）各省（区、市）紧跟时代需求纷纷出台政策建标杆树典型，先后建设了一批省级示范院校 （3）通过"国家—省"两级示范的同步建设，面上带动了高职教育整体质量的全面提升，质上开启了高职院校办学水平的改革发展之路，引领着高职教育新的发展方向
国家优质专科高等职业院校	2015~2018年	（1）2015年教育部出台实施《高等职业教育创新发展行动计划（2015—2018）》，200所高职院校被认定为国家优质专科高等职业院校，高职优质校建设是继国家示范校、骨干校建设之后，又一个全国范围内的高职院校提优工程 （2）2017年党的十九大报告为高等职业教育的发展指明了方向，吹响了质量立校、提质增效的号角，开启了高质量建设的又一次征程
"双高"院校建设和本科层次职业大学试点	2019年至今	（1）2019年1月出台职教改革20条，教育部实施"双高计划"，其中56所高职院校入选高水平学校建设单位，141所高职院校入选高水平专业群建设单位 （2）2019年5月教育部首次以"职业大学"命名批准了15所高职院校举办本科层次职业教育。随后又批准建立了28所本科职业大学，标志着我国独立建制的本科职业院校正式建立，实现了高职教育从"层次"到"类型"的转变

四、高职教育人才培养发展历程

高职教育，即高等职业教育，是中国高等教育体系的重要组成部分，旨在为经济社会建设与发展培养具有专业技能和应用能力的人才。高职教育被认为是具有鲜明中国特色的教育模式，是中国对世界教育的独特贡献，它在专业建设、人才培养等方面进行了一系列的改革和创新。高职教育作为教育的一种类型，重要的职能之一就是人才培养，培养服务于国家战略需要的具有家国情怀的高素质技术技能人才，表4-4列示了我国高职教育人才培养主要经历的四个阶段。

表4-4　我国高职教育人才培养经历各阶段的变化

时间		内容来源	人才培养要求
第一阶段	2000年	教育部高等职业学校，高等专科学校和成人高等学校教学管理要点（教高〔2000〕2号）	培养高等技术应用性专门人才

续表

时间		内容来源	人才培养要求
第二阶段	2006年	教育部关于全面提高高等职业教育教学质量的若干意见（教高〔2006〕16号）	培养面向生产、建设、服务和管理第一线需要的高技能人才和为社会主义现代化建设培养千百万高素质技能型专门人才
第三阶段	2011年	教育部关于推进中等和高等职业教育协调发展的指导意见（教职成〔2011〕9号）	重点培养高端技能型人才
第四阶段	2012年	国家教育事业发展第十二个五年规划	重点培养产业转型升级和企业技术创新需要的发展型、复合型和创新型的技术技能人才
	2021年	全国职业教育大会	培养更多高素质技术技能人才、能工巧匠、大国工匠

由表4-4可以看出，高职教育随着国家战略和社会发展，人才培养规格经过了技术应用型—高素质技能型—高端技能型—技术技能型的转变，培养目标逐步从学科的专业性向社会职业性转换，这充分体现了高职教育对社会发展的适应性变化，也彰显了人才培养高质量发展的重要作用。

第二节　我国时尚产业相关高职院校总体情况

根据本章第一节关于高职院校概念的界定，本书将时尚产业相关高职院校界定为以纺织服装为主的高职院校，同时为便于统计分析，本书以我国大陆地区的数据为研究基础，港澳台地区不在本书研究统计范围之内。

一、院校数据及分布

根据中国纺织服装教育学会2023年统计数据整理，我国大陆地区开设纺织服装类专业的高职院校共258所，涉及30个省（自治区、直辖市），具体区域分布如图4-1所示，其中广东省开设纺织服装类专业的高职院校有32所，数量居全国第一位，江苏、河南、山东、湖北分别位列前五位，这与区域职业教育的发展和时尚产业发展有一定的相关性。

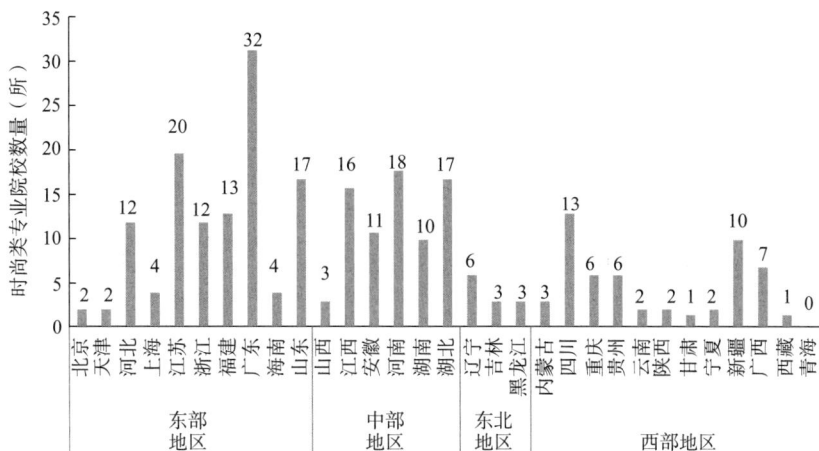

图4-1 按区域划分的开设时尚类专业院校数量

从区域分布来看，根据国家统计局对我国大陆地区经济地带的划分统计开设纺织服装类专业的高职院校数据，东部地区开设纺织服装类专业的高职院校占比最高，达46%，其次是中部地区占比29%，西部地区占比20%，东北地区占比5%，如图4-2所示。具体院校数量上，东部10省（直辖市）包括北京、天津、河北、上海、江苏、浙江、福建、山东、广东和海南共有118所；中部6省包括山西、安徽、江西、河南、湖北和湖南共有75所；西部12省（自治区、直辖市）包括内蒙古、广西、重庆、四川、贵州、云南、西藏、陕西、甘肃、青海、宁夏和新疆共53所；东北3省包括辽宁、吉林和黑龙江共12所。

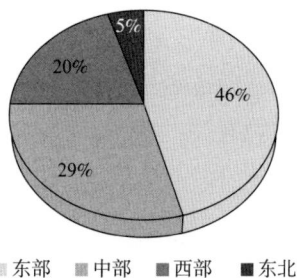

图4-2 我国开设纺织服装类专业的高职院校总体分布

图4-3统计了各省区市高职院校的数量，以及其中开设纺织服装类专业的院校数量及占比，这三个数据之间应该关联起来分析。例如，单从占比来看，广东开设纺织服装类专业的占比与西藏的占比相同，均为33.33%，但如果从两个省、自治区高职院校的数量和开设相关专业的院校数量来看，二者具有非常大的差别。如河南开设纺织服装类专业的高职院校数量18所，居全国第三，但从占比来看，仅有

15.52%，主要原因是河南的高职院校数量众多，拉低了占比。

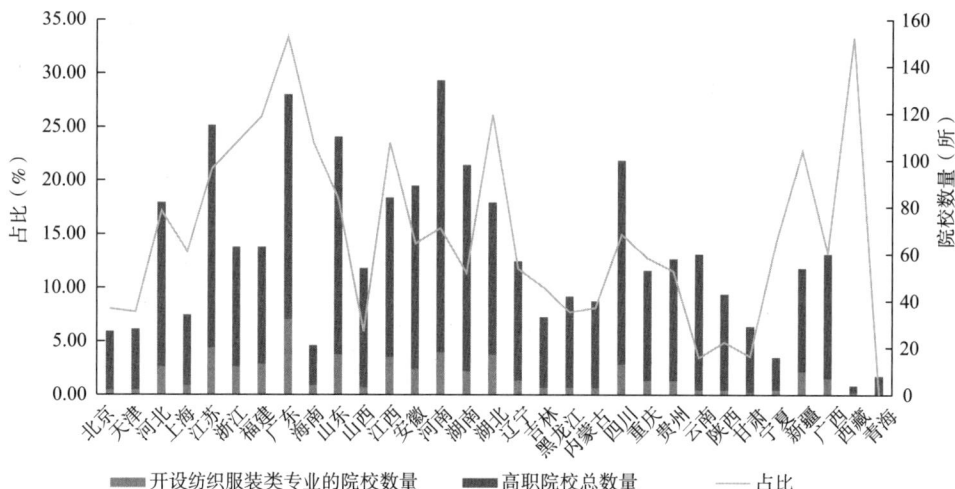

图4-3　各省区市开设纺织服装类专业院校的占比

　　根据本书的研究需要，将代表性的纺织服装类高职院校按东部地区、西部地区、中部地区和东北地区进行了归纳和遴选，从而界定本书重点分析的区域和院校，也称之为样本区域和院校，如表4-5所示。其中，东部地区以山东、江苏、浙江、广东的高职院校为代表，可以对应长三角纺织服装产业集群和珠三角产业集群，同时包括北京、天津、上海三个直辖市，对应这三个区域的时尚产业。中部地区以河南、湖北、湖南、江西的高职院校为代表，对应中部纺织服装产业集群，特别是湖北、河南这两个纺织服装产业大省。西部地区包括的范围比较广，既有新疆这样的具有最强原材料优势的纺织服装生产大省，也有四川这样的具有地方特色和全产业链的省份，也有承接沿海城市纺织服装产业转型的宁夏、甘肃、广西等省（自治区）。东北地区对应的纺织服装产业从规模上看目前没有优势，但依靠地区的外贸优势，近年呈现上涨趋势。总体来说，西部和东北地区纺织服装产业集群相对比较稀疏，故与主要集群地的对应关系较弱。

表4-5　按区域划分代表性高职纺织服装类院校列表

序号	学校名称	所在地区	备注
1	浙江纺织服装职业技术学院	浙江	东部地区
2	杭州职业技术学院	浙江	
3	江苏工程职业技术学院	江苏	
4	常州纺织服装职业技术学院	江苏	

续表

序号	学校名称	所在地区	备注
5	山东科技职业学院	山东	东部地区
6	山东服装职业学院	山东	
7	广东职业技术学院	广东	
8	河北科技工程职业大学（原：邢台职业技术学院）	河北	
9	黎明职业大学	福建	
10	北京电子科技职业学院	北京	
11	漯河职业技术学院	河南	中部地区
12	武汉职业技术学院	湖北	
13	江西工业职业技术学院	江西	
14	成都纺织高等专科学校	四川	西部地区
15	重庆工贸职业技术学院	重庆	
16	新疆轻工职业技术学院	新疆	
17	南宁职业技术学院	广西	
18	陕西工业职业技术学院	陕西	
19	辽宁轻工职业学院	辽宁	东北地区

　　本书选定的样本时尚产业相关高职院校的所在地区、办学规模、专业设置情况等如表4-6所示，统计显示，样本院校在校生人数近30万人，专业教师数量近1.4万人，具有一定的代表性和典型性。

表4-6　时尚产业相关高职院校及专业情况

区域	序号	学校名称	所在地区	专任教师数量（人）	在校生人数（人）	时尚产业相关专业设置数（个）	总专业数（个）
东部地区	1	浙江纺织服装职业技术学院	浙江	544	10000	15	42
	2	杭州职业技术学院	浙江	500	12000	5	42
	3	江苏工程职业技术学院	江苏	584	15000	7	48
	4	常州纺织服装职业技术学院	江苏	550	13000	8	39
	5	山东科技职业学院	山东	546	21000	6	58
	6	山东服装职业学院	山东	527	15000	6	32
	7	广东职业技术学院	广东	1190	23000	7	55

续表

区域	序号	学校名称	所在地区	专任教师数量（人）	在校生人数（人）	时尚产业相关专业设置数（个）	总专业数（个）
东部地区	8	河北科技工程职业大学（原：邢台职业技术学院）	河北	1000	20000	5	56（本科16，高职40）
	9	黎明职业大学	福建	800	18000	6	51
	10	北京电子科技职业学院	北京	532	8500	2	35
中部地区	11	漯河职业技术学院	河南	794	19000	5	65
	12	武汉职业技术学院	湖北	1071	18500	3	70
	13	江西工业职业技术学院	江西	714	16000	4	45
西部地区	14	成都纺织高等专科学校	四川	701	13277	11	53
	15	重庆工贸职业技术学院	重庆	384	13000	2	49
	16	新疆轻工职业技术学院	新疆	498	15000	4	43
	17	南宁职业技术大学	广西	970	17000	1	61
	18	陕西工业职业技术学院	陕西	1174	23000	2	64
东北地区	19	辽宁轻工职业学院	辽宁	341	9000	5	38

二、专业及开设情况

（一）时尚产业涉及专业

2021年我国普通高等学校高等职业教育（专科）目录中与时尚相关的专业共设置15个，其中在轻工纺织大类纺织服装类设置12个专业，在文化艺术大类艺术设计类设置2个专业、表演艺术类1个专业（表4-7），对照国外代表性院校设置的时尚类专业（表4-8），我国在时尚设计和时尚管理等专业的设置相对较少。

表4-7 普通高等学校高等职业教育（专科）纺织服装类专业设置情况

序号	专业代码	专业名称	2021版目录与旧目录调整	专业类别
1	480401	现代纺织技术	保留	轻工纺织大类：纺织服装类
2	480402	服装设计与工艺	保留	
3	480403	丝绸技术	保留	
4	480404	针织技术与针织服装	保留	
5	480405	数字化染整技术	更名，原名：染整技术	
6	480406	纺织品设计	保留	

续表

序号	专业代码	专业名称	2021版目录与旧目录调整	专业类别
7	480407	现代家用纺织品设计	更名，原名：家用纺织品设计	轻工纺织大类：纺织服装类
8	480408	纺织材料与应用	保留	
9	480409	现代非织造技术	新增	
10	480410	纺织机电技术	保留	
11	480411	纺织品检验与贸易	保留	
12	480412	皮革服装制作与工艺	保留	
13	550105	服装与服饰设计	保留	文化艺术大类：艺术设计类
14	550127	服装陈列与展示设计	归属调整	
15	550217	时尚表演与传播	原服装表演、模特与礼仪合并、更名	文化艺术大类：表演艺术类

资料来源：2021年3月22日教育部印发《职业教育专业目录（2021年）》。

表4-8　国外代表性院校设置的时尚类专业

院校	优势专业名称
纽约州立大学/纽约时装学院	全球时尚管理、服装设计、配饰设计、插画
帕森斯设计学院	时尚买手、服装设计、室内设计、插画
法国ESMOD高等时装设计学校	时尚创意设计
法国巴黎高等管理学院集团	奢侈品和时尚管理
伦敦艺术大学	时尚设计与工艺
南安普顿大学温彻斯特艺术学院	平面设计、纺织品设计、时尚管理
曼彻斯特大学	服装设计

截至2023年末，我国已建立了全球最为完备的现代纺织制造产业体系，生产制造能力与国际贸易规模长期居于世界首位，成为我国制造业进入强国阵列的第一梯队。因此，时尚产业相关专业设置应按照"主动适应、服务发展、推进衔接、构建体系"的原则，围绕时尚产业链设计专业链，注重专业链与产业链对接，专业群与产业集群对接，精准服务产业发展，支撑纺织强国建设。

（二）样本院校时尚专业设置情况

在本书选取的19所高职院校样本中，有17所院校开设了服装设计与工艺专业，并成为学校时尚类专业的核心和领头专业，图4-4列出了样本院校开设各类时尚专业的数量。

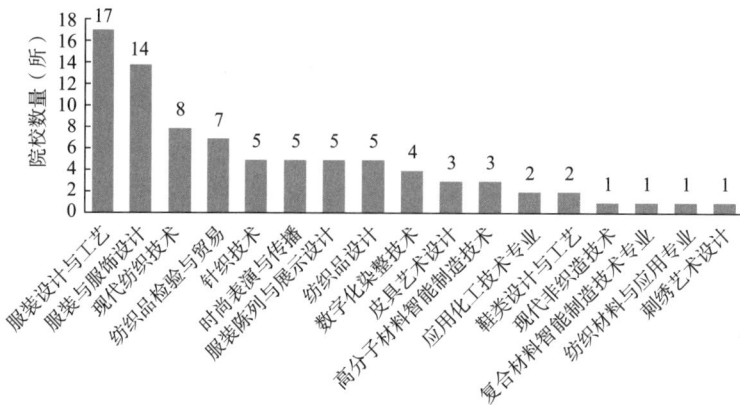

图4-4　按专业分开设时尚类专业院校数量

从专业地位来看，重点院校拥有国家"双高计划"和省级"双高计划"专业群，如山东科技职业技术学院的服装设计与工艺专业是国家"双高计划"（A类）专业群核心专业，山东省优质校建设重点专业群核心专业、教育部首批现代学徒制试点院校试点专业，山东省现代学徒制试点专业、国家示范性高等职业院校重点建设专业；江苏工程职业技术学院的该专业是江苏省重点专业群核心专业；杭州职业技术学院该专业是中国特色高水平专业群、国家骨干高职院校重点建设专业、省级优势专业、省示范建设专业、省级重点（特色）专业；武汉职业技术学院该专业是国家级骨干专业；成都纺织高等专科学校该专业是中央财政支持重点建设专业、四川省精品专业。表4-9梳理了主要样本院校时尚类专业设置及专业地位。在具体的院校专业侧重方面，各省市有不同，如杭州的服装设计与工艺专业，侧重服装智慧营销，这与杭州作为全国服装销售中心以及电商中心的定位相符。

表4-9　主要样本院校时尚类专业设置及地位梳理

区域	院校	开设的时尚类主要专业	专业地位
东部地区	杭州职业技术学院	服装设计与工艺（服装智慧营销）	中国特色高水平专业群、国家骨干高职院校重点建设专业、省级优势专业、省示范建设专业、省级重点（特色）专业
		艺术设计（纺织装饰艺术设计）	"国家高水平建设专业群"专业
		针织技术与针织服装	国家双高计划重点建设专业、浙江省"十三五"特色专业、杭州市特色专业
		服装设计与工艺（时装零售与管理）	与国内知名企业达利、哥弟、马拉丁，以及国际服装企业I.T旗下的十几个品牌有良好的企业合作关系
		服装设计与工艺（中外合作办学）	与意大利佛罗伦萨自由美术学院合作

续表

区域	院校	开设的时尚类主要专业	专业地位
东部地区	浙江纺织服装职业技术学院	现代纺织技术	浙江省高水平专业群（A类）、省优质校时尚纺织专业群建设专业之一、省示范性高职院校重点建设专业、省优势专业、宁波市重点建设专业、宁波市服务型重点建设专业
		纺织品设计	全国优势和品牌专业、中央财政支持的重点建设专业，省双高建设的纺织品专业群龙头专业
		数字化染整技术	浙江省高水平专业群（A类）、省优质校时尚纺织专业群建设专业之一、省示范性高职院校重点建设专业、省高职高专特色专业
		纺织品检验与贸易	浙江省示范建设专业、浙江省特色专业、宁波市特色专业、宁波市品牌专业
		服装与服饰设计	教育部认定骨干专业、浙江省高水平专业群（A类）、省首批高职试点专业、省高职院校重点建设专业、省示范校特色专业，省"十三五"优势专业，省首批现代学徒制试点专业
		服装设计与工艺	省A类专业群服装与服饰设计专业群的重要支撑专业，高职重点建设专业
		针织技术与针织服装	省特色专业、宁波市服务型教育重点建设专业
		服装陈列与展示设计	部分课程与国外对接，由资深外教来完成课程的内容，优秀学生可申请去国外交换留学、专升本、或去英国、日本等进行专业交流学习
		时尚表演与传播	浙江省示范性高职院校建设专业
	常州纺织服装职业技术学院	高分子材料智能制造技术	校企合作单位包括江苏盛虹集团、江苏旷达汽车织物集团等
		现代纺织技术	江苏省高水平骨干专业、"十二五"省重点专业、"十二五"省专业群重点专业、省特色专业
		数字化染整技术	省示范重点建设专业、省特色专业、省"十二五"重点专业
		纺织品检验与贸易	江苏省纺织贸易专业群重点专业
		纺织品设计	省同类专业中唯一特色专业点、省示范高职园区重点建设专业、省重点建设专业群核心专业
		服装设计与工艺	江苏省高水平骨干专业、现代职教体系中高职衔接（3+3）试点专业、高等职业院校高水平专业群"服装与服饰设计"建设专业、首批产教融合型试点企业重点合作专业
		服装陈列与展示设计	"海澜之家""常纺-热风"订单班
		服装与服饰设计	省特色专业、省示范重点建设专业、央财重点支持建设专业、"十二五"省重点专业、江苏高校品牌专业、2019年起与江苏理工学院共同实施现代职教体系"4+0"（本科）贯通培养项目、省高水平专业群
	江苏工程职业技术学院	现代纺织技术	国家示范性高职院校建设重点专业、国家双高计划专业群核心专业、江苏省品牌专业
		纺织品检验与贸易	依托"江苏省先进纺织工程中心""江苏省高等职业教育产教深度融合实训平台""南通市纺织品与服装公共服务平台"和25家企业实践基地共同培育应用型创新型人才

续表

区域	院校	开设的时尚类主要专业	专业地位
东部地区	江苏工程职业技术学院	数字化染整技术	国家高水平专业群建设专业（双高）、国家示范性高职院校建设重点专业、江苏省特色专业、江苏省骨干专业
		服装与服饰设计	国家示范性高职院校建设重点专业、江苏省特色专业
		服装设计与工艺	江苏省重点专业群核心专业
		服装陈列与展示设计	与海澜集团、常熟云裳服装城等知名品牌合作
	山东科技职业学院	服装设计与工艺	国家"双高计划"（A类）专业群核心专业、山东省优质校建设重点专业群核心专业、教育部首批现代学徒制试点院校试点专业、山东省现代学徒制试点专业、国家示范性高等职业院校重点建设专业
		服装与服饰设计	国家"双高计划"A类专业群重点建设专业、国家优质校重点建设专业、国家示范校重点建设专业、山东省高水平专业群重点专业、山东省产教融合示范性品牌专业
		服装陈列与展示设计	山东省高水平专业群重点建设专业
		现代纺织技术	国家示范专业、省级品牌专业、省级特色专业、省级教学团队、市级特色品牌专业
		现代非织造技术	教育部2021年新增高职专业，全国率先开设现代非织造专业的高职院校
		服装设计与工艺（校企合作）	与鲁泰纺织股份有限公司合作
		服装与服饰设计（贯通培养）	山东省"3+2"对口贯通培养本科试点专业、校级特色专业
	山东服装职业学院	服装陈列与展示设计	牵头制定了山东省第三批服装陈列与展示设计专业教学指导方案
	广东职业技术学院	现代纺织技术	国家级骨干专业、中央财政支持重点建设专业、广东省首批一类品牌专业、广东省示范性专业
		纺织品检验与贸易	广东省高等职业教育二类品牌专业
		纺织品设计	广东省唯一的专业设置点、学校特色专业
		针织技术与针织服装	广东省高等职业教育重点专业、学校的优势特色专业
		服装设计与工艺	广东省高职教育"一类品牌"专业、广东省高职教育"示范性专业"
		服装与服饰设计	国家"骨干专业"、广东省高职教育"二类品牌"专业、第一批广东省高等职业教育"重点专业"
		皮具艺术设计	广东省高职院校第一批"高水平专业群"涵盖专业
	河北科技工程职业大学（原：邢台职业技术学院）	服装工程技术（本科）	学校首批职业教育本科专业
		服装与服饰设计（本科）	2022年设立为本科层次，省级示范改革试点专业
		时尚品设计（本科）	以鞋类设计与工艺、产品艺术设计专业为基础发展为职业本科

续表

区域	院校	开设的时尚类主要专业	专业地位
东部地区	河北科技工程职业大学（原：邢台职业技术学院）	服装设计与工艺	国家示范专业（首批）、河北省示范专业，全国率先承办高等职业技术教育，2000年被教育部确立为高职高专教育教学改革试点专业
		服装表演与传播	主要面向服装模特、服装表演教师等职业领域
	北京电子科技职业学院	服装设计与工艺（时装设计、影视服装）	学校办学历史最长的重要专业之一，与北京服装学院合作提供专升本路径
	黎明职业大学	高分子材料智能制造技术	组成的"高分子材料加工技术"专业群入选"国家双高计划"，专业群有中央财政支持生产性实训基地1个、教育部"高等职业教育创新发展行动计划"重点专业1个、生产性实训基地1个、省级财政支持实训基地3个、1个省级级重点专业、2个省级产教融合示范专业，建立安踏运动产业学院
		鞋类设计与工艺	
		服装设计与工艺	
		纺织材料与应用	
		应用化工技术	
		复合材料智能制造技术	
中部地区	漯河职业技术学院	服装与服饰设计	河南省综合改革试点专业
		服装设计与工艺（智能制造与管理方向）	教育部现代学徒制试点专业
		服装陈列与展示设计	学院特色专业
		纺织品设计	河南省特色专业
	武汉职业技术学院	服装设计与工艺	国家级骨干专业
		时尚表演与传播	全国高职学校服装表演专业中专业综合排名全国第一
		服装与服饰设计	教育部首批现代学徒制试点专业、湖北省高等职业教育重点专业、品牌专业、骨干专业
	江西工业职业技术学院	现代纺织技术	国家重点建设专业、教育部现代学徒制试点专业、江西省高水平高职院校特色专业
		纺织品检验与贸易	跨境电商方向，学校重点建设专业
		服装设计与工艺	江西省优质校纺织服装专业群核心建设专业
		服装与服饰设计	江西省高水平高职院校特色专业、江西省示范专业
西部地区	成都纺织高等专科学校	服装设计与工艺	中央财政支持重点建设专业、四川省精品专业
		服装与服饰设计	
		皮具制作与工艺	依托川内特色皮具产业背景，以服务区域经济为专业办学目标
		皮具艺术设计	
		刺绣艺术设计	蜀锦大师工作室，2021年成功复制三星堆出土丝织物
		时尚表演与传播	与时尚产业紧密结合，秉承"全方面、多维度"的时尚办学思路，引进知名赛事项目
		现代纺织技术	国家骨干和重点建设专业、国家双高专业群专业、省双高专业群专业
		纺织品检验与贸易	

区域	院校	开设的时尚类主要专业	专业地位
西部地区	成都纺织高等专科学校	针织技术与针织服装	与浙江、福建、江苏等多家大型纺织企业建立深度校企合作关系，与省内屏山、芦山等纺织园区合作紧密
		纺织品设计	
		高分子材料智能制造技术	"中国特色高水平高职学校和专业建设计划"专业、国家"双高"建设专业、省"双高"建设专业，国家级"纤维新材料实训基地"
		数字化染整技术	国家级骨干示范专业
	重庆工贸职业技术学院	服装设计与工艺	重庆市提升专业产业能力项目
		鞋类设计与工艺	与中国奥康集团有限公司、重庆金田鞋业等合作
	新疆轻工职业技术学院	现代纺织技术	国家骨干高职院校重点建设专业、自治区特色专业，自2017年开始与工程学院合作，招收"4+0"纺织工程应用型本科
		服装与服饰设计	国家骨干院校重点建设专业群（其中服装设计与工艺专业为自治区骨干专业）、自治区纺织服装公共实训基地单位、自治区纺织服装职教联盟主持单位
		服装设计与工艺	国家骨干专业、自治区特色（精品）专业
		针织技术与针织服装	所属专业群是国家骨干院校重点建设专业群
	南宁职业技术大学	服装与服饰设计	自治区优势特色专业、自治区精品专业
	陕西工业职业技术学院	纺织品检验与贸易	教育部现代学徒制试点专业、省级综合改革试点专业
		服装与服饰设计	教育部现代学徒制试点专业、省级重点专业
东北地区	辽宁轻工职业学院	服装设计与工艺	教育部试点专业、创新行动骨干专业、省品牌专业、示范专业、省级现代学徒制示范专业
		服装与服饰设计	教育部行动计划骨干专业、省首批高等学校（高职）品牌专业、省示范校高职院建设重点建设专业、省现代学徒制试点专业省高水平特色专业群核心专业、省现代学徒制人才培养示范专业
		纺织品检验与贸易	与浙江凤凰庄时尚科技集团、沈阳杰恩盛科技有限公司开展现代学徒制培养模式

在调研院校中，开设服装与服饰设计专业的院校有14所，大多数院校都将服装设计与工艺、服装与服饰设计两个专业作为服装设计与工艺专业群中的核心专业，二者在就业方向和职业能力方面具有一定的相关性。此外，开设现代纺织技术与纺织品检验与贸易专业院校都是8所，这两个专业通常是纺织品工艺专业群的核心专业。

高职院校会根据各省市在纺织服装方面的地域优势开设服务区域经济的时尚专业，如黎明职业大学开设了鞋类设计与工艺专业，复合材料智能制造技术专业，就是服务福建制鞋业开设的时尚专业。制鞋业是福建省传统优势产业，也是民生产业。2021年，福建省纤维、纱、鞋、服装等产品生产能力显著提高，国内近一半的锦纶纱，三分之一的鞋、棉混纺纱，五分之一的服装、坯布产自福建。十年来，福建省运动鞋服品牌快速发展，如安踏跻身世界前列，为奥运会等重大赛事选手提供运动鞋服装备，研发的轻质跑步鞋还随航天员遨游"天宫"。中高端运动面料配套日臻成熟，加快从"跟跑"向"赶超"转变，众多新品供应国内外知名品牌。众多院校也依据区域产业特色开设相关时尚类专业，如成都纺织高等专科学校为发扬蜀绣优势开设的刺绣艺术设计专业。

三、时尚人才培养现状

（一）时尚产业对高职人才培养需求

《中国制造2025》（国发〔2015〕28号）指出，制造业是我国国民经济的主体，是立国之本、兴国之器、强国之基。我国纺织品生产能力位列全球第一，已成为世界上最大的纺织品及服装生产国和出口国，"互联网+"、5G等新一代信息技术与纺织服装等传统制造业深度融合，引发了影响深远的产业形态变革以及生产方式和商业模式变化，产生了新的经济增长点，纺织服装产业中的产品设计、加工制造、贸易营销等环节融入了大量的大数据、云平台等信息技术和智能技术，形成了纺织服装产业的新形态。纺织工业与信息技术、互联网等深度融合为纺织服装产业的创新发展提供了广阔空间，也给高职院校的专业建设和发展带来了新机遇。

事实上，以纺织服装业为核心的时尚产业已成为集先进材料、智能制造、时尚定制、新媒体营销等多种元素于一体的新型综合产业，重塑了产业价值链体系，并不断拓展新领域，产业链岗位职能呈现出交叉、渗透、融合的特点，要求从业人员具备"一专多能"的复合型职业特质，具备知识、技能的复合型特点。全球时尚产业发展新业态迫切要求职业技能人才培养打破专业壁垒，实施跨界融合。同时，我国纺织服装业集群效应明显，其中江浙地区的纺织服装企业数量占全国的60%，纺织服装产业一直是国内许多地区的经济支柱，推动着地方社会经济发展。时尚产业价值链向高端发展，催生了新业态、新结构和新要求，迫切需要时尚产业相关专业人才供给侧与产业创新发展需求侧进一步融合，要求从业人员具备纺织品设计、智能化生产及管理、贸易营销等多种技能，这也为时尚产业相关专业建设及发展指明了方向。

"十四五"时期，中国时尚产业迈入新的发展阶段，对人才也有了新的需求，具体来说，时尚产业对高职专业人才的需求主要表现在四个方面，如表4-10所示。

表4-10　时尚产业对高职专业人才需求的主要表现

人才需求类型	人才需求表现
设计人才	虽然现阶段中国涌现大批新兴设计师，但面向广阔的大众市场，设计人才仍然十分缺乏。顶尖设计人才肩负着推动中国纺织服装产业进入原创设计的重任，但维持纺织服装行业长时间稳定增长的仍是设计市场化的行业从业者，他们的设计与创新可以更快地落地，被大众接受才是行业保持可持续增长、不断增强竞争力的关键
制板师和工艺技师	服装企业对制板师和工艺技师的人才需求巨大，约占总需求的50%以上，且有逐年上升趋势，这些企业普遍要求新进毕业生具有较强的实践能力、较好的职业稳定性和职业素养
复合型跨界人才	伴随时尚产业不断交叉、融合、发展，生产与贸易结合、设计与管理结合的复合人才相对紧缺，尤其是具备运营时尚产业综合技能的跨学科、跨行业领域的复合型人才更为紧缺
熟练基层操作人员	该类别是纺织服装企业大量紧缺的，约占需求人员总数近50%，具体而言，纺织服装企业期望这类毕业生技术熟练，了解生产，可以快速上手，是纺织服装行业最广泛、最基础的需求

（二）高职时尚人才培养的产业贡献

总体而言，中国高职院校在时尚人才培养方面已取得显著进展，通过不断优化教育政策、加强师资队伍建设和创新教育模式等举措，为时尚行业输送了大量高素质人才。同时，通过建立科学的数据分析机制，进一步促进了教育质量的提升和专业人才的实用化。未来，通过持续的教育改革和行业合作，高职院校的时尚人才培养将更加符合行业发展需求，为国内外时尚领域贡献更多的创意与力量。表4-11简要归纳了时尚产业相关专业对应产业发展情况，可以得出，高职院校时尚人才培养对人才强国、制造强国战略，对加快推动纺织产业绿色低碳发展具有重要作用，对改善人民生活品质、推动产业健康发展均具有积极意义。

表4-11　时尚产业相关专业对应产业发展情况

专业与产业对应项	具体内容
强国战略	人才强国、制造强国、科技强国、美丽中国、质量强国
38项新职业	数字化管理师、工业互联网工程技术人员、智能制造工程技术人员
前沿领域	人工智能、生命健康
提升产业链供应链现代化水平以及产业数字化升级	打造新兴产业链，推动传统产业高端化、智能化、绿色化，发展服务型制造业，现代服务业同先进制造业深度融合
加快发展现代服务业	加快发展研发设计服务业
推动绿色发展，促进人与自然和谐共生	加快推动绿色低碳发展

资料来源：白静，倪阳生.升级改造专业目录服务纺织服装产业发展——《职业教育专业目录（2021年）》纺织服装相关专业解析[J].纺织服装教育，2021，36（4）：305-309.

当前，以纺织服装产业为核心的时尚产业正在推进高端化、智能化、绿色化转型升级，创造出智能制造与"互联网＋"时代的纺织服装新优势。纺织服装产业转型升级带来的不仅是产业结构和形态改变，更重要的是对技术技能人才知识技能结构水平要求的变化，因此人才供给侧结构性改革迫在眉睫，需要高职教育培养出兼具知识性和职业性、服务产业基础高级化和产业链现代化的高层次技术技能人才。

（三）专业群及岗位与职业能力分析

面向时尚产业的专业群有效地打破了过去根据岗位建专业的思路，而是从整个时尚产业、行业领域以及岗位链的角度出发，以点及面、交互融合，面向时尚行业领域中相关联的若干岗位，统筹设置专业并进行有机组合，从而形成一个相互关联、融合的专业群，围绕时尚产业全产业链发展要求，统筹设计专业群中各个专业的人才培养体系，推进专业群与产业集群无缝对接，以满足整个行业领域结构化就业需求。

面向时尚产业的专业群并非若干个同类专业的简单聚类和形式组合，它要以时尚产业的发展为方向，将专业群建在时尚产业链上，紧紧围绕产业链上中下游的逻辑关系选取相关专业组建专业群。面向时尚产业，高职院校专业群设计大概归纳如表4-12所示。

表4-12　高职院校时尚产业相关专业群简表

专业群方向	专业群内涵
服装设计与工艺专业群	通常是时尚产业的核心专业，课程通常涵盖设计理论、绘图技巧、面料学以及时尚历史等
时尚管理	培养学生从商业和管理的角度理解时尚产业，课程通常包括市场营销、品牌管理、时尚买手等，旨在培养学生的战略思维和决策能力等
时尚传播	着重于时尚产品和品牌的形象构建与传媒推广，课堂通常包括现代传播技术、公关策略和视觉设计等内容，以塑造具有吸引力的品牌形象并有效传达给目标消费群体
纺织技术	通常落脚于纺织品的生产与改良，涉及材料科学、织物技术和环境影响等方面的知识，旨在提高纺织品的功能性和可持续性，应对市场需求和环保挑战

时尚产业专业群需要准确判断产业的发展趋势，并聚焦产业链的关键节点，明确岗位集群与专业群的映射关系，这样才能通过优化教育资源配置，强化与产业的紧密结合，以培养更多符合市场需求的专业人才。总体而言，时尚产业专业群建设是一个多方面、多层次的整合过程，需要政策支持、产业配合与教育创新协同推进，充分发挥职业教育促进时尚产业发展的作用。表4-13为时尚类专业群的主要课程及就业方向。

表4-13 时尚类专业群主要课程及就业方向

专业群	专业	主要课程	就业面向
服装与服饰设计专业群	服装与服饰设计专业	服装设计表达、女装设计、男装设计、服装结构设计与工艺、服装3D设计、服装品牌设计及企划、服饰配件设计、服装数字运营等	主要面向纺织服装行业的相关品牌及企业等，在服装与服饰设计岗位群、服装制版与工艺岗位群从事：服装产品设计与开发、服装3D设计、服装高级定制、服饰品开发、服装制版、服装智造生产管理、服装数字运营等技术工作
	服装设计与工艺专业	服装款式设计、电脑绘图技术、3D虚拟服装设计、数字化效果图设计、服装版型设计、高级定制设计、服装立体裁剪、成衣定制智能设计等	专业紧密对接服装产业，通常与行业龙头企业合作，实施产学研结合，职场化育人专业群人才培养模式，联合进行双主体培养，培养了大批创新型、发展型、复合型杰出技术技能人才
服装展示与传播专业群	服装陈列与展示设计专业	服饰搭配设计、卖场陈列设计、服装品牌设计与企划、服装零售管理、陈列设计创意表达、橱窗设计、服装营销策划、服装产品推介等	主要面向时尚品牌及新零售等企事业单位，从事陈列设计、服饰组合搭配、橱窗设计、时尚品牌策划与营销推广等相关技术岗位工作
	时尚表演与传播专业	形体与形象塑造、服装表演基础、表演与造型、服饰与表演、镜前造型、直播销售技术、舞蹈、化妆、音乐欣赏等。摄影摄像技术、新媒体运营、服装表演组织与编导等	主要从事时尚表演方面如专职T台模特、广告/平面模特、时尚品牌演职人员，时尚传播方面如服装发布会编导、时尚活动策划人、媒体宣传专员，服装品牌运营与管理方面如服装零售、服装零售管理、品牌形象设计、服装搭配设计、陈列设计与管理等工作
纺织品工艺专业群	现代纺织技术专业	纺织服装材料应用、纺纱技术、织造技术、纺织品染色与整理、纺织智能生产、织物结构与设计、纹织物设计、纺织材料识别与应用、纺纱工艺设计与实施等	面向纺织生产企业、纺织互联网企业、纺织贸易公司、纺织品进出口公司、服装类企业等，主要从事纺织工艺设计、生产管理、质量控制、纺织产品开发、营销贸易、染织图案设计、家纺产品设计、印染工艺与数码印花技术、面料采购、跟单与营销等岗位等工作
	纺织品设计	纺织材料识别与应用、织物结构与设计、图案与色彩、Photoshop、纺纱工艺设计与实施、机织准备工艺设计与实施、机织织造工艺设计与实施、纺织CAD/CAM实操技术、机织面料工艺设计、针织面料设计、纹织工艺与设计、纹织CAD、纺织跟单等	主要面向纺织行业企事业单位，从事面料开发、织物规格设计、家居软装设计、电脑图案设计、质量管理、电子商务、生产管理、面料采购、跟单与营销等岗位
	数字化染整	纤维化学与面料分析、染整设备操作与维护、前处理工艺与质量控制、染色工艺与质量控制、织物印花与打版、织物后整理与性能评价、印染生产组织与监督、数码印染产品工艺设计	就业面向纺织品印染企业、染料和助剂公司、纺织服装贸易企业。工作岗位主要有印染产品工艺设计、染料和助剂应用、印染产品开发等技术岗位；印染产品质量控制、印染生产管理等管理岗位；印染产品贸易、染料和助剂营销、印染产品跟单等营销岗位

续表

专业群	专业	主要课程	就业面向
纺织品工艺专业群	纺织品检验与贸易	纺织材料识别与应用、纺织品服用性能检测、生态纺织品检测、纺织品染色与整理、服装生产概述、检测课程设计、纺织品贸易、纺织跟单、市场营销、纺纱工艺设计与实施、机织工艺设计与实施、非织造生产技术、织物结构与设计、纺织品跟单、纺织实用英语、电子商务等	主要面向纺织品检测公司、纺织品生产企业、纺织品贸易公司、技术质量监督局、出入境检验检疫局，在生产、销售和检验第一线从事生产技术管理、进出口贸易、纺织服装检测工作
	现代非织造技术专业	非织造加工技术、非织造产品设计与检验、非织造布后整理、纺织品市场营销、产业用纺织品、纺织科学基础等	主要从事非织造生产相关企业的产品开发、生产技术管理、质量检验和经营与贸易等工作，也可就业于非织造下游及交叉领域的产品设计、生产加工等岗位
	针织技术与针织服装	针织技术、横机产品设计与生产、CAD、电脑绣花、针织服装结构设计、针织服装技术等	主要面向针织服装贸易公司、针织生产企业、针织服装企业、纺织品互联网企业、纺织品检验检测公司等，从事针织工艺设计、针织产品设计、针织服装开发、质量检验、针织设备调试与维护、质量管理、针织跟单等岗位

在目前国内纺织服装大类的几个专业群中，每个专业群都面向多个不同的岗位，其所需的通用知识、专项技能和核心能力均有不同，以服装与服饰设计专业群为例，主要面向的岗位有服装样板师、服装工艺设计师、服装生产主管、产品质量主管、时尚营销主管5个，见表4-14。

表4-14　服装与服饰设计专业群主要岗位与职业能力分析

主要岗位	典型工作任务	技能等级	通用知识要求	专项技能要求	核心能力
服装样板师	服装款式设计（手绘）服装基础制版服装CAD应用	中级	（1）掌握必备公共基础知识（2）了解服饰发展规律、掌握服装样板基础知识	（1）熟悉服装的国家标准，各品类服装样板的制作技术（2）熟悉纸样的设计的方法与工艺，并能进行样板修正与确认	工业样板设计、服装CAD样片结构设计、推板、CAD排料与成本核算、CAD工艺单制作
服装工艺设计师	服装基础工艺设计服装成衣工艺设计服装手工工艺	中级	（1）熟练样板工艺制作标准及服装工艺单的制定标准（2）掌握服装缝制工艺与裁剪工艺	（1）掌握服装单证的识别与编制方法，能够对工艺流程把关（2）能够编制并翻译服装订单、工艺单等资料（3）负责各工艺资料的整理存档	具备工艺文件的编制和排料方案的制定及弊病预案处理和统筹能力

续表

主要岗位	典型工作任务	技能等级	通用知识要求	专项技能要求	核心能力
服装生产主管	纺织服装材料应用 服装生产管理	中级	（1）了解服装各品类行业执行标准 （2）能够理解客户提供的技术资料，进服装单耗核算、制作工时核算	（1）能够确认样衣正确的工艺要求，分析解决大货生产的弊端 （2）确认样衣的工艺要求，为大货生产提供技术支持，统筹生产进程	具备系统地掌握服装的排料的能力；具备服装单耗核算、制作工时核算、服装工艺单制订的能力
产品质量主管	服装产品检验 服装跟单理单	中级	（1）服装品质检验的通用标准和方法 （2）对产品质量记录收集整理和保管	（1）独立分析设计图纸提供的产品信息与产品要求、企业生产图 （2）理解客户提供的技术资料，样品质检把控和大货质检	对不合格品进行评审，对不良品或废品的生产过程分析；对岗位操作员进行职能培训，提高检验素质
时尚营销主管	时尚品牌企业市场营销及策划 时尚杂志社、公关公司时尚编辑、广告策划 电商平台、零售企业电商运营及推广	中级	（1）了解时尚营销商业模式，全渠道营销策略 （2）了解时尚创意和客户维护	（1）时尚动态与行业趋势的敏锐洞察 （2）品牌战略与定位的准确把握 （3）消费者心理与行为的深入理解	根据品牌定位和消费者分析进行合理的营销策划，品牌运营和推广

第三节 东部地区高职教育与区域时尚产业适应性分析

根据中国民营经济研究会发布的《2024 中国民营经济百强产业集群研究报告》，江苏、浙江、广东和福建四省的纺织服装产业集群凭借其强大的实力和优势，成功入围百强，充分展现了这些地区在纺织服装产业领域的深厚底蕴和强劲发展势头。报告显示，百强产业集群有七成集中在东部。东部地区 68 个，江苏、浙江、广东三省集聚 45% 的产业集群。拥有产业集群数超过 3 个（含）的城市有上海、苏州、常州、佛山、广州、杭州、合肥、宁波、深圳、台州、无锡、郑州、重庆 13 个；上海和苏州以 5 个产业集群数并列城市榜第一。

一、东部四省时尚产业概况

（一）东部四省纺织服装产业集群实力

江苏、浙江、广东和福建四省一直是我国纺织服装产业的重要聚集地。这些地区拥有完整的产业链条、丰富的资源禀赋和雄厚的产业基础，为纺织服装产业集群的形成和发展提供了有力支撑。

江苏省作为我国东部沿海地区的经济大省，其纺织服装产业一直保持着强劲的发展势头。该省的纺织服装产业集群主要集中在苏州、无锡、常州等地，这些地区不仅拥有众多知名的纺织服装企业，还在技术研发、品牌建设、市场营销等方面取得了显著成效。特别是苏州市，作为江苏省纺织服装产业的重镇，其产业集群规模庞大，产业链完善，创新能力强劲，为整个江苏省的纺织服装产业发展起到了重要的引领作用。

浙江省的纺织服装产业同样具有雄厚的实力。该省的纺织服装产业集群主要分布在宁波、台州、绍兴等地，这些地区以中小企业为主，注重技术创新和品牌建设，形成了独具特色的产业优势。特别是宁波市，作为浙江省纺织服装产业的龙头城市，其产业集群以高端纺织、智能制造为发展方向，不断推动产业转型升级，为整个浙江省的纺织服装产业发展注入了新的活力。

广东省作为我国南方地区的经济中心，其纺织服装产业也一直处于全国领先地位。该省的纺织服装产业集群主要集中在深圳、广州、东莞等地，这些地区依托强大的市场优势和创新能力，不断推动纺织服装产业的快速发展。特别是深圳市，作为广东省纺织服装产业的创新高地，其产业集群以时尚设计、高端制造为发展方向，致力于打造全球知名的时尚之都，为整个广东省的纺织服装产业发展树立了新的标杆。

福建省的纺织服装产业也具有不可忽视的实力。该省的纺织服装产业集群主要分布在泉州、福州、厦门等地，这些地区以特色纺织、品牌服装为发展方向，注重提升产品的附加值和竞争力。特别是泉州市，作为福建省纺织服装产业的核心城市，其产业集群规模庞大，产业链完善，品牌影响力强，为整个福建省的纺织服装产业发展提供了有力的支撑。

（二）东部四省纺织服装产业优势

四省地处我国东部沿海地区，拥有丰富的自然资源和人力资源，这些资源为纺织服装产业的发展提供了重要的物质基础。同时，这些地区还拥有便捷的交通网络和完善的市政设施，为企业的生产经营创造了良好的外部环境。

四省的纺织服装产业经过多年的发展，已经形成了雄厚的产业基础。这些地区不仅拥有众多知名的纺织服装企业，还在技术研发、品牌建设、市场营销等方面取得了显著成效，这些成果为产业集群的进一步发展奠定了坚实的基础。

四省的纺织服装产业集群都拥有完整的产业链条，从原材料采购到生产加工，再到品牌营销和物流配送，各个环节紧密相连，形成了高效协同的产业生态。这种完整的产业链条不仅降低了企业的生产成本，还提高了产品的市场竞争力，为产业集群的快速发展提供了有力保障。

四省的纺织服装产业集群都注重技术创新和品牌建设，不断推动产业向高端化、智能化方向发展。这些地区的企业加强与国内外高校和科研机构的合作，引进先进的技术和设备，提高自身的创新能力和市场竞争力。同时，这些地区还注重培育自主品牌，提升产品的附加值和品牌影响力。

二、广东省高职教育与区域时尚产业适应性分析

（一）广东高职院校情况

广东是全国职业教育大省，根据2023年广东省教育事业发展统计公报，广东省内高职（专科）学校共计93所（其中民办26所），本科层次职业学校4所（其中民办2所），高职（专科）在校生132.44万人，本科层次职业学校在校生2.46万人。在广东省高职院校中，开设时尚类专业的高职院校32所，数量位居全国首位。

广东省全面对接国家所向、湾区所需，以国家"双高计划"建设为引领，推动全省职业教育高质量发展，形成职业教育与区域产业相融共生、同频共振的生动局面，推动职业教育"大有可为"的美好愿景不断转为"大有作为"的广东实践。

根据广东省教育厅的部署，广东坚持"双高"引领，实现职业院校雁阵齐飞。广东省共有14所高职院校入选中国特色高水平高职学校和专业建设计划，数量居全国前列。通过"双高"建设，各校取得了一大批标志性建设成果，学校办学水平、服务能力、社会影响明显提升，并助推深圳职业技术大学、广东轻工职业技术大学顺利升格为职业本科院校。广东充分发挥国家"双高计划"院校的"头雁效应"，立项建设45所省域高水平高职院校，推动高职院校关键办学能力稳步提升，建设了一批高质量的专业、课程、教材、实践基地，打造了一支高素质的师资队伍，形成了一系列有效支撑职业教育高质量发展的制度和标准。

（二）高职院校与产业融合情况

坚持"多元"协同，推动产业教育无界融合。广东把"产教融合、校企合作"作为推进职业教育高质量发展的核心密码，强化顶层设计，组建省产教融合促进会，推进省级产教融合试点城市和产教融合型企业建设，构建起以城市为节点、行业为支点、企业为重点、学校为基点的产教融合发展格局，不断增强职业教育适应性。各"双高计划"院校奋勇争先，牵头成立粤港澳大湾区职业教育产教联盟、华南"一带一路"轨道交通产教融合联盟等平台。聚焦广东"制造业当家"战略，以及20个战略性产业集群发展要求，联合行业龙头领军企业组建了一大批产业学院，进一步增强服务产业和企业能力。

（三）典型协同发展范例——广东职业技术学院打造纺织服装类专业复合型人才培养高地

广东省是世界第三大纺织服装出口基地和纺织生产大省、强省，纺织服装业是其九大支柱产业之一。随着传统纺织服装向现代纺织服装的转变，纺织服装产业开始转型升级，结构布局也发生变化，纺织服装人才需求随之改变。

广东职业技术学院是广东省唯一的纺织服装类省域高水平高等职业院校建设计划建设单位，在2022年、2023年"武书连中国高职高专排行榜"发布（国内影响力最大的高职排名），该校连续两年位居全国设有"轻工纺织大类"的高职高专院校第1名。目前，纺织服装类专业在校生人数位居全国高职院校之首。

为支撑纺织服装产业高端发展，学校确立了建设"纺织服装特色鲜明的高水平高职名校"的办学定位。学校根据纺织服装产业链对技术技能人才的需求情况，建立了较完整的纺织服装类专业人才培养体系，形成了鲜明的纺织服装办学特色。

1. 对接纺织服装产业集群，建高水平专业群

学校秉持"专业融入产业、教学融入企业"的办学理念，服务"纺织强国"等重大战略和"一带一路"倡议，按照"顶层设计、协同发展、强化引领"的思路，紧跟地方经济发展方式转变和产业转型升级的步伐，以"结构转型，内涵升级"为主线，围绕佛山、珠三角及广东省区域产业发展，主动对接高端产业和新兴产业，依托先进轻纺制造业、智能制造业、现代服务业等三大支柱产业和新兴产业布局专业，将专业建在产业链上，建立起与经济社会发展相适应的专业动态调整机制。

广东职业技术学院紧随时代节奏和产业调整升级步伐，聚焦区域特色产业，精准对接纺织服装企业对人才培养的需求，创新纺织服装全产业链的"双高"专业群建设模式，培养了大批"会设计、懂工艺、善营销、能创业"的复合型优秀纺织服

装人才，走出了一条守正出新、内涵深厚的高质量发展之路。

学校构建服务纺织服装全产业链，对接广东省重点产业集群的9个省级高水平专业群，实施以"舞龙头扬优势"带动整体发展的专业发展规划，建设3个领跑纺织服装产业发展的国内领先、国际知名中国特色省域高水平特色专业群，如表4-15所示，形成覆盖纺织服装设计、生产、检测、销售等全产业链的专业体系，实现了纺织服装专业链与产业链的精准对接，为服务企业技术研发和产品升级、增强产业核心竞争力提供有力支撑。

表4-15　服务纺织服装产业链的专业群

专业群名称	对应专业	对接产业链	建设级别
现代纺织技术	现代纺织技术（核心专业）、纺织品检验与贸易、针织技术与服装针织、染整技术、高分子材料加工技术	纺纱织布	省级
服装设计与工艺	服装设计与工艺（核心专业）、服装与服饰设计、皮具艺术设计、纺织品设计	服装成品	省级
数字媒体艺术设计	数字媒体艺术设计（核心专业）、艺术设计、产品艺术设计、环境艺术设计、陶瓷设计与工艺	数字创意	省级

2. 开发"三创并举"、能力递进的课程体系

学校秉持"以生为本、能力为重"的理念，从职业岗位能力需求分析出发，对标行业技术和职业资格标准，重新梳理岗位核心技能和关键技术，基于纺织服装产品生产全过程，围绕复合能力培养这条主线，引入企业真实项目、产业技术新元素和优秀文化，重构了"创意+设计、创新+工艺、创业+营销"三创并举、能力递进的课程体系，开发了设计表达与简易产品设计、典型产品设计、创意创新类产品设计等六大课程群，既满足了学生个性化学习和成长的需求，又实现了学习内容与岗位需求的无缝对接。

3. "四联驱动"创新协同育人理念

学校秉持产教融合、协同育人的理念，通过与地方政府部门、区域产业、龙头企业深度合作，创新产教融合运行模式和校企合作机制，实现了学校与企业在人才培养、社会服务、科技创新等方面的全面对接。依托共建、共管、共享的纺织服装公共实训中心、高明产业创新研究院、博士工作站等国家、省市级平台，开展创新创业实践，"政校企行联袂、校企师生联动、产学训赛联结、教研创服连贯"协同育人，形成"教学做产研创服一体化"共识，实现对学生岗位能力和创新创业能力的全方位锤炼，培养出一大批复合型技能人才。

学校还充分发挥行业办学优势,主动服务"一带一路"建设。先后与越南百宏实业有限公司合作设立广东职业技术学院越南百宏纺织应用技术学院,与柬埔寨服装培训学院、柬埔寨中国纺织协会、柬埔寨制衣协会合作设立广东职业技术学院柬埔寨纺织服装教育基地等,为当地企业培养了一大批纺织服装优秀复合型人才。

三、江苏省高职教育与区域时尚产业适应性分析

(一)江苏省高端纺织产业省级政策解析

作为中国纺织业的重要发祥地之一,江苏省纺织产业已经形成从纤维、纺纱、织造、印染到服装、家纺、产业用纺织品,以及纺织机械装备在内的完整产业链。为进一步推动高端纺织产业高质量发展,近年来江苏省出台一系列纺织服装产业政策,简要列示如表4-16所示,《关于进一步推动全省纺织服装产业高质量发展的若干政策措施》指出:到2025年底,全省培育50家省级专精特新中小企业、30家省级服务型制造示范企业、全省培育40家省级工业设计中心、力争实现全省纺织服装规模以上企业首席质量官制度全覆盖,全省累计培育100个"江苏精品",争创一批纺织服装领域的中国工业大奖、中国质量奖和江苏省省长质量奖。

表4-16 江苏省纺织服装产业政策解读

时间	政策名称	内容解读
2020年5月	《苏南国家自主创新示范区一体化发展实施方案(2020—2022年)》	着力培养苏州(无锡)高端纺织等国家先进制造业集群
2022年5月	《江苏省促进绿色消费实施方案》	推动完善绿色纤维及其深加工产业链,推广应用生物基纤维及再生纤维规模化制备、节能少水无水纺织印染、废旧纺织品高值化利用等装备和技术,鼓励发展绿色服装设计和制造产业,提升绿色低碳服装供给能力
2022年9月	《关于进一步推动全省纺织服装产业高质量发展的若干政策措施》	到2025年底,全省培育50家省级专精特新中小企业、30家省级服务型制造示范企业、全省培育40家省级工业设计中心、力争实现全省纺织服装规模以上企业首席质量官制度全覆盖,全省累计培育100个"江苏精品"争创一批纺织服装领域的中国工业大奖、中国质量奖和江苏省省长质量奖

(二)江苏省高端纺织产业链分布情况

在政策推动下,江苏省高端纺织产业链不断完善。目前,江苏省高端纺织产业已经形成涵盖上游纺织原料、中游服装制造、下游服装批发与零售全链条领域。根据查询数据显示,截至2024年5月,江苏省处于正常经营的高端纺织产业链企业数

量超20万家，其中服装制造企业数量超5万家，线下实体店超10万家，表4-17简要列示了江苏省纺织服装高端产业链所属产业类别和企业数量。

表4-17　江苏省纺织服装高端产业链情况

产业链等级	产业类别	企业数量（个）
上游：纺织原料（企业数量4万＋）	蚕丝	3901
	棉花	19004
	羊毛	11682
	化学纤维	11788
中游：服装制造（企业数量8万＋）	纺纱	7818
	织布	10826
	印染绣花	9308
	面辅料	10497
	服装制造	50000＋
下游：服装批发与零售（企业数量10万＋）	线下实体店	100000＋
	线上电商	200＋

从市域范围看，苏州市、南通市以及无锡市高端纺织产业产业链企业数量占全省高端纺织产业产业链企业数量比重较高，达87%，高端纺织产业链建设相对完善，成为带动全省高端纺织产业链发展的核心城市。从产业链环节企业分布来看，苏州市、南通市以及无锡市等市，高端纺织产业链覆盖领域广，其余城市覆盖领域集中在高端纺织上游领域。

（三）典型协同发展范例——江苏工程职业技术学院助推高端纺织高质量发展

江苏工程职业技术学院源于1912年著名实业家、教育家张謇在世界"纺织之乡"——南通创办的中国第一所纺织专门学校，是中国纺织职业教育的发祥地，被誉为"中国纺织服装工匠的摇篮"。

面对江苏省发展高端纺织服装产业的要求，江苏工程职业技术学院对接纺织全产业链，构建完善了由"大专业—大平台—强团队—富成果—新贡献—厚文化"组成的高端纺织专业群建设体系，引领全国纺织服装高职教育创新发展。

1. 对接"地方产业"，打造专业集群共享绿色发展

学校所在地南通是世界"纺织之乡"。在新的形势下，2016年南通市出台"3+3+N"产业发展体系构建，提出打造高端纺织产业的发展目标。面向产业升级

和区域经济社会发展需求，学校以"现代纺织技术""染整技术""服装设计与工艺""家用纺织品设计"等国家示范重点专业、省级品牌专业、省级骨干专业为龙头，拥有"材料工程技术—现代纺织技术—纺织品设计—纺织检测与贸易—染整技术—服装设计与工艺—家用纺织品设计—新型纺织机电技术—电子商务"完整专业链，坚持科学主导工程理念，构建了以"纺织绿色生产"专业群为牵引，"纺织时尚设计""纺织智能制造""纺织现代商贸"等4个专业群组成的高端纺织专业集群，引领专业梯队发展，实现产业链—专业链—人才链—创新链的全面对接，形成"共生共享、良性循环"的专业生态。

2. 推进"链合创新"，打造政行企校多元育人平台

学校加强与政府、行业、企业和相关中高职院校合作，先后牵头成立了江苏纺织服装职教集团、中国纺织服装职教集团、国际纺织服装职教联盟，为产业界搭建了对接对话平台。

学校与企业协同创新，突破纺织关键技术、核心工艺和共性问题。经江苏省人民政府批准，在江苏工程职业技术学院设立了江苏省先进纺织工程技术中心，该中心由江苏工程职业技术学院牵头，联合苏州大学、江南大学、南通大学、江苏大生集团有限公司、常州纺织服装职业技术学院等为核心协同单位，在纺织新材料、工艺、装备等关键性领域与仪征化纤、强生纤维等高科技公司合作攻关，已突破多项关键核心技术，其中超高分子量聚乙烯混杂短纤纱研发关键技术经专家鉴定达到国际先进水平，仅这一项技术已有94项科技成果在63家企业中"生根开花"。

3. 培育"纺织工匠"，打造技术技能人才培养高地

学校依托纺织行业特有工种职业技能鉴定站、中国家纺设计师培训基地、江苏省首批创业培训定点机构、中国纺织服装高技能人才培训基地，每年为盛虹控股集团有限公司、恒力集团有限公司、江苏大生集团有限公司等企业及社会人员开展纺织服装新材料、新工艺、新技术、新管理、新运营等品质培训、技能鉴定1.8万余人次。

📑 案例1　衣被天下——与江苏蓝丝羽共建高水平产教融合基地

自2004年起，江苏工程职业技术学院与江苏蓝丝羽家用纺织品有限公司签订合作育人协议，聚焦南通万亿家纺产业集群，面向家纺产业向高端化转型发展，顺应家纺产业与信息技术、智能制造、电子商务等新兴产业交叉融合的趋势，解决家纺产业链高端发展与人才链中低端供给不匹配的人才缺口问题，在全国率先开设"家用纺织品设计"专业，率先建设"省级家纺设计工程技术中心""中

国家用纺织品设计师培训基地"。

建设由蓝丝羽牵头的蓝丝羽敦煌家纺设计研究院、江苏联发纺织股份有限公司、江苏金太阳纺织科技有限公司等 12 个校企实训基地组成的江苏工院家纺设计创意园，校企合作搭建了"全国家纺设计交易网""南通市家纺威客科技信息化公共服务平台""南通市纺织品与服装设计公共服务平台""南通市染整工程技术公共服务平台"等公共服务平台。每年学生发布家纺作品约 5000个，承接企业项目约 600 个。通过校企合作，5 年共同实现家纺领域技术改造项目 118 项，专利授权 292 项，其中发明专利 130 项，专利技术转化到账经费达到 160 余万元，获得省市级科学技术奖 10 余项，拉动了地方产业经济增加产值 1000 亿元以上，助推了万亿级家纺产业集群的升级发展。

📑 案例 2 ：🔖 **盐城工业职业技术学院基于产业发展新业态的专业群建设**

江苏省高端纺织产业集群规模居全国第一，是重点培育的先进制造业集群之一。纺织业价值链向高端发展，催生了地方纺织产业的新结构和发展的新要求（图 4-5）。

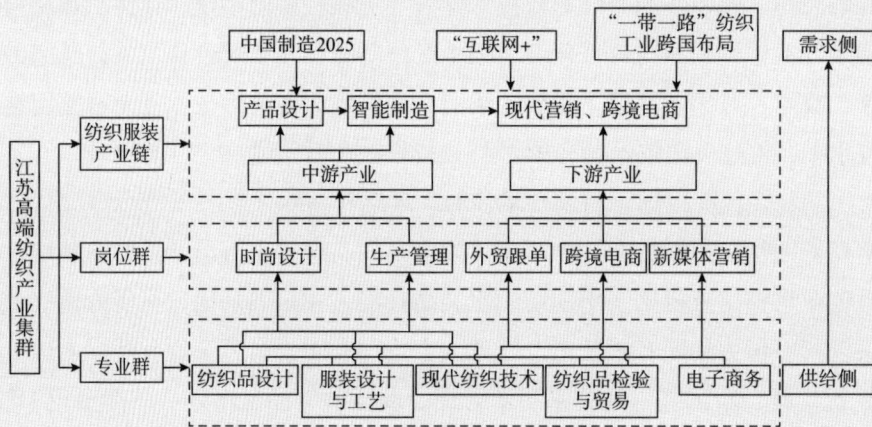

图4-5　江苏高端纺织产业集群对应图

盐城工业职业技术学院作为地方高校，迫切需要纺织专业人才供给侧与产业创新发展需求侧进一步融合。学校现代纺织技术专业群围绕高端纺织产品功能化、技术化的发展趋势及纺织产业结构调整的国家发展战略，充分融入智能制造、互联网、5G 等新技术，助推纺织科技强国建设。紧紧对接江苏地区传统纺织产业向高端纺织转型升级、集群发展及跨境区域转移的新业态，面向高端纺织产业链上游纺织品设计、中链制造产业以及下游纺织品商贸产业，系统构建服务于纺织品时尚设计、生产管理、现代商贸岗位群的由纺织品设计、服装设计与工艺、现代纺织技术、纺织品检验与贸电子商务专业组成的现代纺织技术专业群，将产业链中的时尚设计、智能制造、生产管理、外贸跟单、跨境电商、新媒体营销等关键环节有机融合，形成"互联网＋智能制造"的共建共享专业新生态，以符合国家供给侧改革和传统加工制造产业向高端智能化发展的需求。

四、山东省高职教育与区域时尚产业适应性分析

（一）山东省纺织服装产业发展现状

纺织服装产业作为山东"万亿级"产业，不仅是全省工业经济的支柱，也是山东制造业创新发展的典型代表。特别是以规模化、集约化为特点的纺织服装产业集群，在带动地方经济发展、促进劳动就业、打造区域品牌、推动产业高质量发展等方面，发挥着十分重要的作用。

山东作为纺织大省，有着非常雄厚的产业基础。山东通过积极推进"互联网＋"战略、不断探索创新产业集群的发展新模式、积极打造区域品牌影响力、推动技术进步和产业升级步伐、规划引领推动转型升级、积极开展产业集群公共服务平台建设等一系列措施，全省纺织服装产业集群取得了长足的发展。未来，山东布局要以"智能制造＋产品创新"为手段，升级纺纱，提升产业竞争力；开展供应链服务，整合、优化服装加工，形成产业新优势；以"新材料＋新应用"为发力点，推进产业用成为产业新的增长点；通过"新技术＋模式创新"，高质量发展印染，赋能整个产业。经过多年发展，在各领域涌现出一批标杆式企业，如山东魏桥创业集团有限公司是全球最大的棉纺织企业，鲁泰纺织股份有限公司已成为全球最具规模的高档色织面料生产商和世界顶级品牌衬衫制造商。

（二）山东省职业教育发展情况

山东是职教大省，截至2024年6月，山东省共有职业院校93所，其中职业本科3所（民办），专科公办院校69所、民办院校21所。

在职业教育促进产业发展方面，山东一直走在全国前列。作为全国首批产教融合试点省份，山东建立完善产教对话机制，省直十四部门联合印发全国首个混合所有制办学政策，建设省级行业产教融合共同体12个、市域产教联合体26个。这些产教融合服务产业发展的政策措施，大大激发了企业及社会力量参与职业教育办学的活力和积极性，40余个混改项目拉动社会投资近百亿元。

目前，山东全省职业院校平均每年培养输送60多万名高素质劳动者和技术技能

人才，职业院校毕业生就业率常年保持在95%以上，全省"十强"优势产业集群、乡村振兴、海洋强省等领域新增从业人员70%以上来自职业院校，为现代化强省建设提供了源源不断的生力军。

（三）山东省对纺织服装产业及产教融合的政策支持

纺织服装产业是山东省的传统优势产业，2014～2022年，山东省共发布纺织服装产业相关政策100条，每年均有5条以上相关政策发布，表4-18简要列示了近年来山东出台的纺织服装产业政策，如为助推纺织服装业成为"万亿级"重点支柱产业，2022年山东省政府将现代轻工纺织产业列入新旧动能转换"十强"产业。2023年1月，山东省发布了《山东省建设绿色低碳高质量发展先行区三年行动计划（2023—2025年）》，表明了山东省对纺织服装行业的重视与支持。"十三五"期间，山东省提出改造提升传统产业，加快纺织行业提质增效、转型升级。"十四五"以来，山东省陆续发布政策，支持纺织服装行业开展产业链供应链优化升级、开展智能化绿色化转型。

表4-18　山东省部分纺织服装产业政策解读

时间	政策	内容解读
2022年5月	山东省企业技术改造省级财政资金股权投资实施细则	围绕加快新旧动能转换、促进高质量发展，聚焦工业转型发展重点领域，支持企业高水平技术改造、传统产业升级。重点支持纺织服装等行业领域，企业在建的技术改造项目
2022年3月	山东省"三个十大"2022年行动计划	将现代轻工纺织产业列入新旧动能转换"十强"产业，加大政策保障供给，进一步培优培强现代轻工纺织产业
2022年3月	山东省2022年数字经济"重点突破"行动方案	支持工程机械、电子电器、纺织服装等行业培育数据驱动的制造业新模式，发展零工经济、共享制造、产业链金融等新业态
2022年1月	山东省"专精特新"中小企业培育方案	推动纺织、轻工、机电等传统产业数字化转型
2021年12月	培育先进制造业集群和创建制造业高质量发展试验区示范区的实施方案（2021—2025年）	加快培育时尚纺织服装产业集群。以山东省纺织服装行业协会为集群发展促进主体，以青岛市为中心，以烟台市、威海市、淄博市、潍坊市、滨州市、东营市、泰安市、德州市、济宁市、聊城市、济南市等城市为重点，以青岛市即墨区（中国纺织名城、中国童装名城）、烟台市海阳市（中国毛衫名城）、威海市文登区（中国工艺家纺名城）、滨州市（全国纺织产业基地市、中国绳网名城）为载体，以青岛市的即发集团，烟台市的南山智尚、舒朗服饰，威海市的迪尚集团，淄博市的鲁泰纺织，滨州市的魏桥纺织、愉悦家纺，东营市的三阳纺织，泰安市的山东康平纳集团，济宁市的如意集团等重点企业为依托，以山东大学、青岛大学、青岛科技大学等单位为研发创新平台，发展纺纱、织布、印染、毛纺、针织、服装、家纺、产业用、化纤、纺机等纺织服装全产业链，培育形成有全球影响力的时尚纺织服装先进制造业集群

同时，山东对职业教育与区域产业的协同发展较为重视，不断以政策推动产教融合。2023年初，山东11部门联合出台全国首个"金融＋财政＋土地＋信用"产教融合的组合式激励政策。这一套"组合拳"将以前"碎片化"的产教融合激励政策，有机整合成一张"明白纸"，让企业一看就明白能享受哪些政策优惠，有力促进产教融合发展。2023年5月，教育部和山东省人民政府联合印发《关于促进职业教育提质升级赋能绿色低碳高质量发展先行区建设的实施意见》，启动实施省域现代职业教育体系新模式试点工作，着力推动职业教育面向产业、面向人人，深入探索职普融通、产教融合、科教融汇的落地路径，充分释放现代化强省建设中的职教力量。各地市也相继出台政策促进高职教育与地方产业融合。如潍坊就出台了各项政策支持产教融合，通过税收方面的政策已为28户次产教融合型企业抵免应缴教育费附加和地方教育费附加1665余万元；土地方面，为歌尔股份有限公司、山东科技职业学院等4个职教类项目解决土地指标724亩。

（四）典型协同发展范例——山东科技职业学院助推纺织服装产业生态重塑

山东科技职业学院服装设计与工艺专业群基于"科技、时尚、绿色"产业发展理念构建高水平专业群，如图4-6所示，现为国家"双高计划"建设单位A档专业群、国家优质院校重点建设专业群、山东省高水平专业群建设单位。学校现有国家"双高计划"A档专业群1个、国家级骨干专业1个、国家示范校重点建设专业2个、教育部首批现代学徒制试点专业1个。牵头山东省纺织服装职业教育行业指导委员会、全国纺织服装智能制造产教联盟、山东省现代轻工纺织产教融合共同体、潍坊市服装智能制造特色产业学院，拥有国家级职业教育"双师型"教师（轻工纺织大

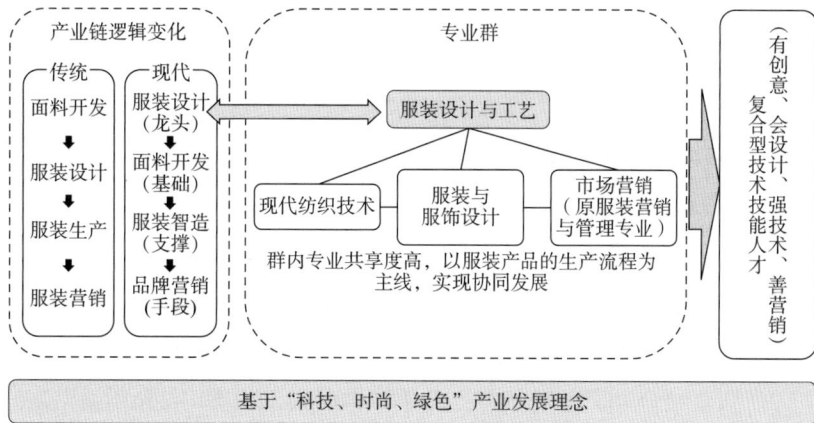

图4-6　山东科技职业学院专业群建设理念

类纺织服装类）培训基地、国家纺织面料设计师（山东）培训中心、国家级服装服饰类专业生产性实训基地、时尚与智能服装工程技术中心等15个国家、省级中心。

学校聚焦现代纺织服装产业升级新需求，以产业链逻辑变化为依据，组建以服装设计与工艺为核心，以服装与服饰设计、现代纺织技术、市场营销为支撑的专业群，把专业群打造成为服装设计、面料设计与开发、品牌策划与营销技术技能人才培养高地，推动纺织服装产业迈向中高端。山东科技职业学院纺织服装专业群建设情况如表4-19所示。

表4-19　山东科技职业学院纺织服装专业群建设一览表

专业群	专业方向	专业群地位	主要课程	就业方向
服装设计与工艺专业群	服装设计与工艺专业	国家"双高计划"（A类）专业群核心专业，山东省优质校建设重点专业群核心专业，教育部首批现代学徒制试点院校试点专业，山东省现代学徒制试点专业，国家示范性高等职业院校重点建设专业	服装款式设计、电脑绘图技术、3D虚拟服装设计、数字化效果图设计、服装版型设计、高级定制设计、服装立体裁剪、成衣定制智能设计等	专业紧密对接服装产业，与鲁泰纺织股份有限公司、青岛酷特智能股份有限公司、迪尚集团有限公司等行业龙头企业合作，联合进行双主体培养，培养了大批创新型、发展型、复合型杰出技术技能人才
	服装与服饰设计专业	国家"双高计划"A类专业群重点建设专业，国家优质校重点建设专业，国家示范校重点建设专业，山东省高水平专业群重点专业，山东省产教融合示范性品牌专业，山东省"3+2"对口贯通分段培养专业	服装设计表达、女装设计、男装设计、服装结构设计与工艺、服装3D设计、装品牌设计及企划、服饰配件设计、服装数字运营等	主要面向纺织服装行业的相关品牌及企业等，在服装与服饰设计岗位群、服装制版与工艺岗位群从事服装产品设计与开发、服装3D设计，服装高级定制、服装品开发、服装制版、服装智造生产管理、服装数字运营等技术工作
	现代纺织技术专业	国家示范专业，省级品牌专业，省级特色专业，市级特色品牌专业	纺织服装材料应用、纺纱技术、织造技术、染整技术、纺织智能生产、织物组织设计、纹织物设计、市场营销、纺织品贸易实务、纺织企业管理等	主要从事纺织工艺设计、生产管理、质量控制、纺织产品开发、营销贸易、染织图案设计、家纺产品设计、印染工艺与数码印花技术等工作

1. 与纺织服装龙头企业共建产业学院

与行业龙头企业共建鲁泰产业学院，引入潍坊尚德服饰有限公司，共建国家级服装服饰类专业实践教学基地，打造了校企紧密协同的实践育人共同体。校企合作搭建师资培训平台，通过学徒制培养、顶岗实习、教师与企业技术人员双向兼职等，实施"产学研结合+职场化育人"人才培养模式，如图4-7所示。

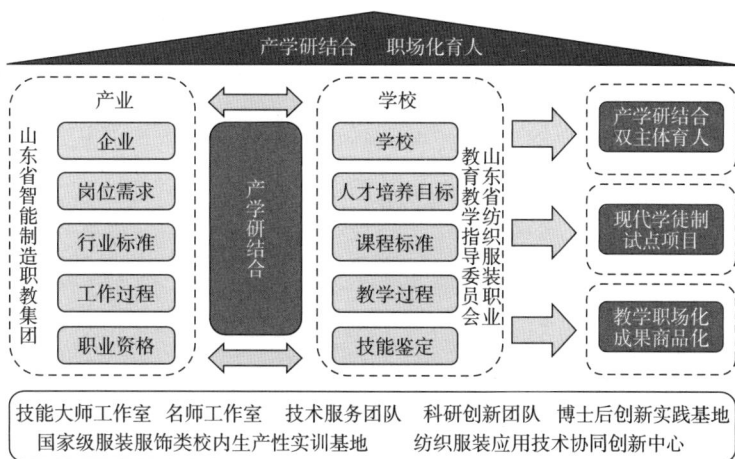

图4-7　"产学研结合＋职场化育人"模式

2. 岗课赛证融通，建设"两平台、两模块"的课程体系和数字化资源

学校一方面基于可持续发展和就业能力培养，融入纺织面料开发等5个1+X职业等级证书标准，构建了"通识平台＋岗位基本能力平台＋岗位核心能力模块＋职业拓展能力"模块专业群课程体系；另一方面对接纺织服装行业数字化转型和智能化重塑的产业需求，与鲁泰纺织股份有限公司、迪尚集团有限公司等行业龙头企业合作，校企共同研制课程标准，建设优质课程，校企"双元"合作，推动"课堂革命"。

3. 师资引领，模式领先

分层次、多维度实施大师名匠引领，培育质高技强的"双师型"教师，引育结合，建成了由院士、泰山学者、中国纺织大工匠领衔的55人兼职教师库，培养了4名专业带头人，新增省教学名师1人、省行业首席技师3人。

📄 案例3 ⋮ 探索专业特色鲜明的"双师型"教师培养模式

服装设计与工艺专业群，将人才链、产业链、教育链和创新链有机融合，探索具有专业特色的"双师型"教师培养模式。专业教师张善阳离岗创办科技型企业——潍坊尚德服饰有限公司。学院按市场化机制，引企入校，搭建"产学研创"校企一体化平台，推动教师参加生产实践和产品研发，企业工程技术人员参与专业教学与建设，构建起"固定岗"＋"流动岗"的创新型结构化教学团队。团队建成3个省级、4个市级研发平台，完成30余项自主知识产权和核心技术，参与修订国家标准1项、行业标准2项，作品在国内校服设计大赛中获奖40余项。2021年潍坊尚德服饰有限公司解决社会就业76人，年交税100余万元，是参评潍坊市市长质量奖唯一校企融合企业。

对接产业转型升级发展需求，建设山东省服装制版与技术服务中心，并被教育部认定为全国性协同创新中心。升级建设了山东省行业技术中心（新型纺织面料）、时尚与智能服装工程技术研究中心，立项建设山东省发改委新基建项目——纺织服装智能制造工业互联网平台。建成多个技能大师工作室及省级技艺技能传承创新平台，搭建了行业中小微企业服务平台，积极打造山东中小微纺织服装企业的技术"创新源"。

📝 案例4 ⌨ 与鲁泰纺织股份有限公司共建国际化"鲁班工坊"

"鲁班工坊"是天津首创并率先主导推动实施的职业教育国际知名品牌，坚持以"国家现代职业教育改革创新示范区"建设成果为总体支撑，以平等合作、优质优先、强能重技、产教融合、因地制宜为原则，以"工程实践创新项目（EPIP）"为教学模式，以国际化专业教学标准为基本依据，以中国职业院校技能大赛赛项装备为重要载体，以"师资培训先行"及提供必要教学资源为保障，开展学历教育和职业培训。

校企双方响应国家号召，走出去参与"一带一路"国际化经济和教育建设，联合培养国际化人才，主动服务国家"一带一路"倡议，鲁泰纺织股份有限公司与山东科技职业学院携手共建海外"鲁班工坊"，实现国际化发展。

2023年5月，山东科技职业学院与越南同塔大学、鲁泰纺织股份有限公司在越南同塔大学举行三方战略合作签约仪式。在互惠、互信、互利的基础上，校企三方充分发挥各自资源优势，在促进产学合作、深化产教融合，提高人才培养水平等方面开展全方位合作。第一批培训班招生40人，由山东科技职业学院负责培养纺织类专业知识，结束后到洲际纺织有限公司进行实习、就业，三方联合培养具有国际视野的高端技术技能人才，以此更好地服务于内地投资的海外公司。

五、浙江省高职教育与区域时尚产业适应性分析

（一）浙江省纺织服装产业发展及政策

浙江纺织产业历史悠久，底蕴深厚，作为海上丝绸之路的重要出发地，浙江自古"衣被天下"，曾是世界丝绸生产和贸易中心。2022年，浙江省纺织产业规模1.1万亿元、出口规模5957.6亿元，均居全国第一。在全国纺织产业年度工业总产值超过1000亿元的10个产业集群中，浙江省占了3席（嘉兴桐乡市、杭州萧山区、绍

兴柯桥区）。近年来，浙江出台一系列推动纺织服装产业发展的政策，推动产业高端跃升，主要政策如表4-20所示。目前，浙江省纺织服装产业已经形成了生态体系完善、集群特色鲜明、产业链路完备的竞争优势。

作为全国闻名的纺织大省，浙江拥有多元产业优势。首先，浙江纺织行业拥有成熟的产业集群，数据显示，我国有266个服装产业园区，其中浙江服装产业园的数量达到32个，居全国之首。同时，浙江省积极参与"三品"全国行系列活动，支持举办世界布商大会、宁波时尚节、杭州国际时尚周等时尚活动，积极提升本省纺织服装的影响力，带动企业和产业扩大知名度。

表4-20　浙江纺织服装产业政策解读

时间	政策	作用
2023年9月	《浙江省消费品工业"浙里智造供全球"行动方案（2023—2025年）》	助力纺织行业及其他消费品数智转型，方案由政府牵头，搭建平台汇聚优质服务商，为传统产业转型提供一站式、全链路、高性价比的专业服务，促进中小企业整体转型，目前方案已在海宁等服饰产业带落地实行，帮助当地企业实现数字化升级
2023年10月	在浙江省推进新型工业化暨深入推进"415X"先进制造业集群高质量发展大会上，省委省政府提出要把现代纺织与服装作为4个兼具领先优势和规模效应的万亿级产业集群之一来集中力量打造	加快纺织产业向产业链价值链中高端跃升，推动高端化、智能化、绿色化发展，打造柔性快反供应链体系
2024年1月	《关于支持纺织行业高质量发展若干举措》	到2025年浙江省力争培育纺织领域专精特新"小巨人"企业、单项冠军企业、雄鹰企业合计70家以上。深入实施"凤凰行动"计划，推动符合条件的纺织行业企业对接多层次资本市场。支持纺织领域特色产业集群建设工业互联网平台，力争到2025年实现全行业规上企业数字化改造全覆盖和百亿元以上产业集群工业互联网平台全覆盖
2024年5月	《浙江省现代纺织产业链标准体系建设指南（2024年版）》	梳理出了现代纺织产业相关的现有国内各类标准共2318项，其中国家标准546项，行业标准1333项，目标到2027年底，浙江省现代纺织产业链标准化体系更加完善，标准化发展成效全国领先

（二）浙江省职业教育发展情况

职业教育是浙江教育优势显著的领域，浙江省共有49所高职高专院校，其中有15所入选中国特色高水平高职学校和专业建设计划，数量位列全国第一。

优化专业布局、提升服务产业"契合度"，是浙江职业教育高质量发展的重要抓手。2024年，浙江省有37所学校申请新增设专业点76个，调整撤销专业点41个，全省拟招生专科专业备案总数比去年略增加35个。在省级层面,自2021年起,浙江启动组建了浙江省职业教育行业指导委员会,旨在对相关行业(专业)职业教育专业设置、人才培养和培训工作提供专门咨询、指导和服务。不仅如此,浙江职业教育的"加减法"还即将增加新解法,计划成立10个以省级大行业为主导的产教融合行业共同体,进一步深化浙江职业教育产教融合。

2024年初,浙江省委、省政府办公厅印发《关于加快构建现代职业教育体系的实施意见》,旨在切实提高职业教育的质量、适应性和吸引力,为浙江"勇当先行者、谱写新篇章"提供强大支撑。《实施意见》放眼经济社会发展,思考职业教育如何赋能共同富裕先行和省域技能型社会建设,并提出到2035年,全面建成职普有效融通、产教深度融合、科教创新融汇的现代职业教育体系。

浙江的块状经济产业集中、专业性强,各县市均形成了各具特色的产业集群,因此浙江省高职院校的专业设置和调整显示出鲜明的地域特色。《实施意见》提出,支持市域高水平高职院校在产业发达、人口集聚的县域开办校区(特色学院),同时,县域要聚焦专业设置,培育核心竞争力,以优质高等职业教育资源下沉推动县域职业教育发展升级。

(三)典型协同发展范例——杭州职业技术学院助力浙江纺织服装产业高端跃升

杭州要打造"丝绸之府""女装之都",根据杭州女装产业发展对技术技能人才的实际需求,2009年1月,杭州职业技术学院与国际知名丝绸女装企业——达利(中国)有限公司共建校企共同体——达利女装学院。达利女装学院既是学校的二级学院,也是达利国际集团有限公司的事业部。其中,服装设计与工艺专业群为国家"双高计划"高水平专业群,其中服装设计与工艺专业为《高等职业教育创新发展行动计划(2015—2018年)》认定的骨干专业、国家骨干高职院校重点建设专业、省级优势专业、省级特色专业和市级重点建设专业,"针织技术与针织服装"为省级特色专业。

达利女装学院"立足一个企业、面向整个行业",开展基于校企共同体的专业现代化建设,人才培养质量不断提升,整体办学水平位于全国同行的前列。学院设有"服装设计与工艺""针织服装与针织技术""艺术设计(纺织装饰)""服装设计与工艺(时装零售与管理)"等4个大专层次的专业(方向),精准对接时尚女装产业链组建1个高水平专业群。与嘉兴学院合作开设有"服装设计与工程"专升本两年制本科专业。

达利服装数字技术研究院师生团队从功能性面料开发、虚拟化产品设计和智能化服装生产等方面着手，陆续开展"基于抗菌材料的智能定位全成型针织童装研发""功能性纤维面料开发""超长起绒全成型毛衫产品开发""香港童装面料纹样设计项目"等技术服务，探索生产实践中的新材料、新工艺、新技术，提高产品科技含量，推动企业转型。

纺织装饰艺术设计团队承担达利公司印染中心月度花稿的趋势分析项目，从花型、色彩、表现方法等方面为其产品开发提供参考。针织工作室完成中国针织工业协会委托的2023/2024秋冬趋势，在杭州国际博览中心发布。达利数智媒体技术背景下的达利品牌塑造项目，以短视频形式塑造达利服装产品形象。达利服装数字技术研究院从面料开发、服装设计、生产制作和智慧营销等全流程探索新技术，推动企业转型升级。张守运教授致力于抗菌抗病毒的绿色环保生态面料研发，推动面料向"绿色"转型。虚拟仿真设计团队运用数字技术展现设计效果，减少产品打样，降低碳排放，推动设计向"绿色"转型。卢华山教授研究一线成衣，减少服装生产环节，帮助生产朝可持续时尚的方向发展。

📝 案例5　小工坊、大秀场

作为国家"双高计划"院校的杭州职业技术学院，服装设计与工艺高水平专业群由服装设计与工艺、艺术设计（纺织装饰）、针织技术与针织服装、时装零售与管理四个优势专业构成。

专业群以链建群、以群建院，对应杭州女装产业链前端面料设计、中端产品研发与生产以及后端产品营销等典型岗位群，立足大企业，服务中小微，个性化培养服务女装产业链"懂设计、精制版、能制作、会营销"的复合型高技能人才，探索出以"小工坊、大秀场"为特色的专业群个性化人才培养创新之路，如图4-8所示。

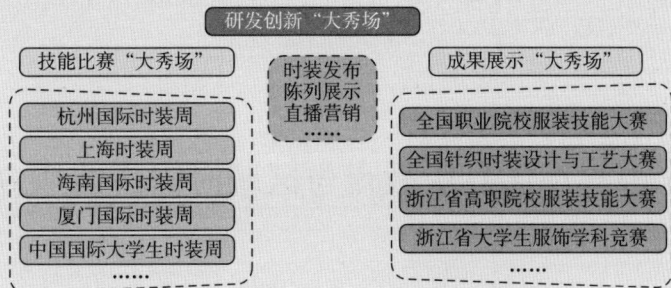

图4-8　产学研赛创一体化"大秀场"

专业群制定"文化引领、革新为先、匠心铸魂"的课程思政建设思路，培育专业群"做匠人，修匠心"的工作坊文化。专业群将纺织强国的建设目标、服装产业的科技革新和国产服装品牌的国际化塑造作为专业群课程思政的重点，挖掘丝绸文化、浙江精神、纺织工匠塑造等课程思政资源载体，系统构建了"三层面、三维度、六要素、六评价"的专业群课程思政教学和评价体系，以工作坊为实战载体，培养"设计承文化底蕴，研发敢突破创新，制作显技艺精湛"的服装人才。将课程思政的目标提升到文化自信、时代精神和家国情怀的高度，培育专业文化渗入课堂，学生在工作坊浸润"做匠人，修匠心"的工匠文化。

构建"基础共享、专技阶进、研学交融"的专业群课程体系，培养"懂设计、精制版、能制作、会营销"的个性化高技能人才。按照"宽基础、精技能、重复合"原则，建立了专业群"分阶段、分方向、分项目"的课程体系。

实施"真实项目、企业流程、多元评价"的教学模式，开展"工作坊"个性化人才培养。以国家女装工业工程实训基地为基础，依托虚拟仿真实训中心和"三位一体"特色资源中心，设置3个大师工作室和16个特色工作坊，每个工作坊入驻企业项目和学长创业项目，学生根据自己的专业特长和兴趣实现师生跨专业组队，在工作坊按照项目研发流程开展企业项目和创业项目的实施。

搭建"成果展示、技能比赛、研发创新"的产学研赛创一体化个性展示的大秀场。与达利国际集团股份有限公司等多家企业合作，参加国内外各类产品发布会，搭建展示学生成果的"大秀场"；承办校级到国家级别的各类服装技能大赛，搭建展示学生技能的"大秀场"；依托工程创新中心，通过时装发布、陈列展示、直播营销等形式，搭建学生研发创新的"大秀场"；针对不同个性特长的学生开展"立地式"研发项目，培养学生跨学科解决问题的能力和"立地化"研发创新能力。通过"大秀场"激发学生的学习热情，让每名学生找到展示自己的舞台，在校内实现作品变产品、产品变商品、商品能创业。

案例来源：章瓯雁.小工坊大秀场——聚焦杭州职业技术学院服装设计与工艺高水平专业群个性化人才培养[N].中国教育报，2022-03-07.

第四节　中部地区高职教育与区域时尚产业适应性分析

本书中部地区的纺织服装时尚产业以河南、湖南、湖北、江西为主。

一、河南高职教育与区域时尚产业适应性分析

（一）河南时尚产业概况

河南是棉、麻、毛、丝等纺织原料的重要产地，河南省纺织服装产业经过多年的发展，已经形成了较为完整的产业链条，成为我国最主要的纺织服装制造大省以及中部地区重要的纺织服装产业转移承接地，涵盖了纤维原料、纺纱织造、印染整理、服装加工等多个环节。河南省纺织服装产业在产能规模上具有显著优势，凭借丰富的劳动力资源和成熟的加工技术，河南省在纺织服装生产方面表现出强大的实力。

河南省积极推动产业结构优化升级，加强产业链的整合与协同，形成了一批具有区域特色的产业集群，建立了南阳、商丘、周口、郑州、安阳、新乡、信阳、平顶山等纺织服装产业集群，如郑州女裤，安阳、睢阳婴幼儿针织童装，新乡、项城、长垣职业装，光山、台前羽绒服，镇平毛衫等传统的特色服装产业集群，以及周口、商丘、信阳、淇县、西平等转移集聚式品牌服装加工产业集群。这些产业集群以龙头企业为核心，通过集聚上下游企业，形成了紧密的产业链合作关系。这种集群效应不仅提升了产业的综合竞争力，还促进了技术创新和资源共享，为河南省纺织服装产业的持续发展奠定了坚实基础。在市场布局方面，河南省纺织服装产业已经形成了较为完善的市场体系。在国内市场，河南省纺织服装产品覆盖了全国各地，通过线上线下多渠道销售，满足了不同消费者的需求。

近年来，河南省纺织服装企业不断加大研发投入，引进先进技术和设备，推动产业技术创新和升级。在新技术、新工艺的推动下，河南省纺织服装产品的品质得到了显著提升，一批具有自主知识产权的高品质、高附加值产品不断涌现，为河南省纺织服装产业在国内外市场上赢得了良好声誉。虽然河南省有着深厚的纺织服装产业基础、区位交通和棉纺织原材料等优势，但是近几年河南省纺织服装产业的经济效益在急剧缩水，与其他排名靠前的省份的差距日益突出，制约了产业的未来发展。

河南省的纺织服装产业链及产业布局集中分布在上游原材料和纺织品的生产供应方面，河南作为农业大省，拥有丰富的棉花、麻类、蚕丝等天然资源，为纺织品产业提供了稳定可靠的原材料来源。中游纺织加工与生产制造环节是河南省纺织服装产业链的核心，河南省的纺织加工企业不断进行技术升级和设备更新，采用先进的纺纱、织布、印染等技术，提高了生产效率和产品质量，但是缺乏具有自主知识产权的核心技术和产品，使得河南省的纺织服装产业在高端市场上缺乏竞争力。河

南下游销售服务环节与消费者的需求对接不够精准，市场反馈和需求变化难以迅速传递到上游生产环节。

（二）河南职业教育服务时尚产业情况

河南省是全国教育大省，全省高校共174所，在数量上占全国第一。其中，职业院校共111所，本科层次职业学校1所，高职（专科）学校110所，开设时尚类专业的职业类院校共18所。

河南省高度重视职业教育，在全国率先启动省级"双高工程"，立项建设了102所高水平职业院校和152个高水平专业群，6所高职院校入围国家高职"双高计划"，其中黄河水利职业技术学院进入国家重点打造的10所世界一流职业院校行列。

📝 案例6 ┆ 与企业共建服装产业学院的河南实践

河南机电职业学院始终坚持"产教融合、校企合作"之路，大胆探索育人模式改革，2019年与企业合作共建了服装产业学院，2021年成功入围河南省"十四五"高职院校设置规划。

自成立以来，服装产业学院陆续与57家企业开展合作，共同创立8家公司，610名学生参与创业，承接军训服装、汗蒸（家居）服装、职业装、民族服装等多种业务，累计创收一千多万元。学生在创业公司中，从公司团队组建、公司注册、业务谈判、合同撰写、打板、剪裁、设计、制作、销售到售后服务的服装全产业链得到了充分锻炼，培养了一大批具备创业思维、精服装全产业链、懂服装工艺、会管理、善协作、能创新的新型服装从业人员，用高质量创业推动服装产业人才的创新培育和发展。

2023年在省教育厅的大力支持下，河南机电职业学院又孵化了郑州服装职业学院，为河南省纺织服装产业的数字化融合和人才创新发展方面做出更大成绩。下一步，学校将坚持以市场为导向、以创业为引领、以双交付为目标、以产教融合校企合作为主线、以创业项目为载体，在服装产业学院的基础上，创建一所能引领全省乃至全国服装产业发展的创业型大学。

二、中部"中三角"高职教育与区域时尚产业适应性分析

2022年2月，《长江中游城市群发展"十四五"实施方案》正式发布，明确要打造长江经济带发展和中部地区崛起的重要支撑、全国高质量发展的重要增长极和具

有国际影响力的重要城市群。在当前纺织企业进行内陆地区产能扩张的背景下，纺织高科技项目不断在中西部着陆。而拥有"九省通衢"、长江"龙腰"重要位置的"中三角"，在长江经济带中发挥着接南连北、承东启西的关键作用。"中三角"具有显著的区位优势，以及巨大的消费市场，对于时尚产业来说，是一个巨大的产业发展利好信息。

（一）湖南：五大纺织服装产业集群

作为中国八大产棉区之一，湖南苎麻产量位居世界前列，素有"苎麻之乡"的美誉，在发展纺织服装产业方面拥有得天独厚的资源优势。近年来，由于行业结构不断完善，产业优势得以充分发挥，湖南纺织服装产业正成为湖南工业发展的一支生力军。

在湖南，益阳、汉寿的麻纺产业集群，常德、华容的棉纺产业集群，株洲的纺织服装产业集群，蓝山的毛织针织产业集群，长沙、宁乡的服装产业集群，这五大纺织服装产业集群总产值占据湖南纺织服装产业的大半壁江山。和温州的纽扣、石狮的服装相似，企业抱团的产业集群现象在上述地区尤为明显。产业集群的存在，使促成区域品牌的可能性大大增加，提高地区知名度，增强地方经济发展的核心竞争力，为区域经济的发展壮大赢得了乘数效应。

（二）湖北：中部最大纺织服装产业品牌

湖北服装纺织产业带密集，拥有鄂东服装走廊、长江产业带、江汉产业带、苎麻特色产业园和蚕丝绸加工基地等五大区域结构板块和多个国家级、省级纺织服装产业基地。

以棉花种植见长的湖北，对纺织原料自给率仅25%的中国纺织服装行业而言，意义深远。纺织产业是湖北省的支柱产业和重要民生产业，也是湖北省在全国有一定竞争优势的传统产业。以棉花交易中心为重点的同时，色织、针织、染整、服装被列为湖北纺织工业重点发展方向，伴随棉花工业园的成形，湖北省纺织服装产业规模不断壮大，被列入省重点成长型产业集群，在区域经济发展中起到示范带动作用。

📝 案例 7 ：　武汉职业技术学院"双高计划"背景下专业群建设实践

武汉职业技术学院是国家示范性高职院校、国家优质专科高等职业院校、国家"双高计划"高水平专业群（A档）建设单位。

该校纺织服装学院具有较长的办学历史，学院设有大纺织（含纺织、家装艺术设计、染整）、服装、包装设计、环境等专业，从纺到织、染，再到服装设计、服装表演、服装营销、服装包装、清洁生产全覆盖，能实现全产业链的对接，为纺织服装专业群建设提供了良好的专业基础和人才储备。在"双高计划"建设背景下，纺织服装学院狠抓专业群建设，不断提升专业群水平，取得了良好的效果。

1. 全国技术技能大师担当专业带头人，基于产业链科学组建高水平专业群

科学组群首先要选好重点（特色或骨干）专业，即龙头专业，它应该是直接服务于国家重点产业、区域支柱产业和战略性新兴产业，社会需求大、专业实力强、特色鲜明的专业。该校纺织服装学院服装与服饰设计专业为湖北省品牌示范专业、现代学徒制示范专业，实行校企混合制办学机制，曾获得国家教学成果二等奖，拥有服装大师工作室、世赛培训中心及社会职业培训中心，由获得教育部"全国技术技能大师"称号的教师担任专业带头人。以服装与服饰设计专业作为龙头专业组群，并按照纺织服装时尚产业链来组建纺织服装专业群。

纺织服装产业链可以描述为：纺织品设计—产品制造—产品包装—品牌培育与展示—产品销售。围绕服装与服饰设计这个骨干专业，由纺织品设计、环境技术、纺织品检验与贸易、服装表演、包装装潢等专业组成纺织服装时尚专业群。

以服装与服饰设计专业为龙头，各专业及相应岗位相互交叉、相互依存，组成完整的时尚纺织服装产业链，并契合纺织服装产业绿色、科技、时尚新标签，优化组合了各专业的资源，提高了专业群的整体实力。

2. 以校企混合所有制试点为基础，加强校企合作

学校纺织服装学院与广东都市丽人实业有限公司合作建立现代学徒制及混合所有制试点，组建了都市丽人服装学院。校企依据纺织服装行业需求与职业教育特点共建专业群，依据人才规格、专业与岗位标准共同制定人才培养方案，依据纺织服装行业前瞻性职业需求与知识逻辑规律构建课程体系，依据合作双赢理念共同开展创新创业，依据校企双重标准共管教学与学生，以校、企、师、徒等多元主体共施双向评价。这种校企深度融合及混合所有制办学模式，极大地促进了学校"双师型"师资及专业群的建设，保证了人才培养的高质量发展和企业技术技能人才的供给。同时，专业群的发展不仅促进了学校教学质量的提高，也促进了企业产品开发和创新力度的提高，实现了产、学、研一体化，为学校和企业的可持续发展提供了新动力。

（三）江西：纺织服装投资高地

在"中三角"中，纺织行业规模居全国第八的江西，建立了产业链较完整、独具特色的产业体系。在中国的时尚产业中，江西区位优势明显，产业承接条件较好，是全国唯一毗邻长三角、珠三角和闽东南的省份，浙江、广东、福建等主要纺织大省都和江西毗邻，而且江西的土地、水电和劳动力资源相对丰富，资源价格和工资水平较沿海发达省份相对较低。

人力、电力资源相对丰富的江西省，通过建设集中连片的工业开发区，吸引了江浙、广东等东南沿海的大批纺织服装企业掉头向"中"。江西纺织行业优势在逐步形成，尤其是产业呈现集群化发展趋势。现在，江西全行业已形成共青城羽绒服装、青山湖针织服装、奉新纺织、分宜苎麻纺织、南康西服西裤、瑞昌纺织、信州苎麻纺织、德安纺织服装和于都服装服饰等9个省级产业基地，前四个基地已晋级为国家级纺织服装特色产业基地。

第五节　西部地区高职教育与区域时尚产业适应性分析

一、西部地区时尚产业概况

（一）纺织服装产业转移的背景与政策

纺织工业是我国国民经济的传统支柱产业和重要的民生产业，也是国际竞争优势明显的产业。然而，近年来中国纺织产业长期积累的结构性矛盾和问题也日渐凸显，我国纺织产业的集中地——东部沿海地区要素制约加剧，成本上涨较快，竞争优势减弱，而中西部地区比较优势尚未得到充分发挥。

从国务院发布的《纺织工业调整和振兴规划》到工信部发布《关于推进纺织产业转移的指导意见》，国家高度重视纺织产业转移，推动纺织结构调整，优化产业布局，国内纺织产业的迁移势在必行。早在2010年，工业和信息化部发布了《关于推进纺织产业转移的指导意见》，提出为贯彻落实《纺织工业调整和振兴规划》，优化区域布局，促进纺织工业结构调整和产业升级，增强纺织工业国际竞争力和可持续发展能力，并提出"因地制宜"是纺织产业迁移路径的重要因素，对于西部地区，提出要重点发展特色产业。

《关于推进纺织产业转移的指导意见》指出，西部地区应发挥资源、能源、劳动力等优势，以"立足资源、发展边贸、突出重点、强化特色"为原则，抓住西部开发战略机遇，发展棉纺织、丝绸、服装及其他特色产业。第一，加快资源优势向产业优势转化。新疆应利用棉花资源优势，进一步加快优质棉纱、棉布和棉纺织品生产基地建设；内蒙古、新疆、宁夏、青海、甘肃和西藏可利用羊绒羊毛资源优势发展特色毛制品；四川、广西、云南等地发展蚕桑生产，扩大茧丝绸加工，提高产品附加值；四川、重庆、陕西等省市可适度发展棉纺织、服装业。第二，发展民族艺术和民间工艺特色产业。利用西部地区少数民族多、文化多元、旅游资源丰富等优势，大力发展民族服装服饰、藏区藏毯、贵州蜡染、江南蓝印花布等特色产业。第三，适度建设纺织服装加工区。新疆、西藏、云南、广西等省区应利用区位优势，结合边境地区贸易需求，建设纺织服装加工区。根据现有研究资料，纺织服装产业转移的具体可行策略如表4-21所示。

表4-21　纺织服装产业转移具体策略

区域	转移优势	具体策略
东部地区	市场、人才、资金、信息等优势	发挥市场、人才、资金、信息等优势，以"优化结构、强化创新、增强服务、培育品牌"为原则，引导纺织产业向高端领域转移，加速产业升级步伐
中部地区	利用产业基础优势发展特色产业	棉纺织：河南、湖北、安徽等棉产区
		麻纺织：湖南、湖北、江西等地
		黏胶纤维：江西、河南
	发挥比较优势，发展终端产品制造业	利用紧邻东部沿海的区位优势和劳动力充裕优势发展服装、家纺等终端产品制造业，提升军用、医用等产业用纺织品制造水平，加快完善产业配套体系，壮大纺织服装生产规模
	发挥中心城市的辐射作用，带动自主品牌建设	中部地区中心城市要以发展生产型服务业为重点，优化商贸流通环境，加快专业市场建设，积极培育纺织服装自主品牌
西部地区	加快资源优势向产业优势转化	棉纺织：新疆、四川、重庆、陕西等省区市
		特色羊毛制品：内蒙古、新疆、宁夏、青海、甘肃和西藏
		丝绸（蚕桑）：四川、广西、云南等地
	发展民族艺术和民间工艺特色产业	利用西部地区少数民族多、文化多元、旅游资源丰富等优势，大力发展民族服装服饰、藏区藏毯、贵州蜡染、江南蓝印花布等特色产业
	适度建设纺织服装加工区	新疆、西藏、云南、广西等省区应利用区位优势，结合边境地区贸易需求，建设纺织服装加工区
东北地区	加快发展优势产业	麻纺织：黑龙江
		纤维纺织：辽宁、吉林
	适度发展纺织、服装业	资源枯竭型城市发展接续产业，可以园区建设为主，发展纺织（针织）、服装等劳动密集型产业。大连、沈阳、哈尔滨等中心城市，要整合优势资源，发展服装设计、品牌营销等服务业

资料来源：前瞻产业研究院。

（二）纺织服装产业转移现状

在沿海城市产业结构调整、中西部地区投资环境改善的背景下，工信部联合中国纺织工业联合会构建全国纺织产业转移试点园区，旨在整合资源优势，引导纺织产业有序转移，实现地区产业结构调整和升级建立园区。目前，工信部批准了34个全国纺织产业转移试点园区，如表4-22所示，其中8个被评为全国纺织产业转移示范园区。

表4-22 全国纺织产业转移试点园区汇总

序号	全国纺织产业转移试点园区	地区	序号	全国纺织产业转移试点园区	地区
1	重庆金考拉（国际）纺织服装产业城	重庆	18	华中纺织服装产业园	湖北
2	尚盟·重庆时装产业园	重庆	19	红安新型产业园	湖北
3	四川省三台工业园区	四川	20	湖北省黄梅纺织工业园	湖北
4	广安西部牛仔产业园	四川	21	新芦淞（白关）国际服饰产业园	湖南
5	彭州工业开发区	四川	22	江西奉新工业园	江西
6	中国富顺纺织服装产业园	四川	23	江西于都工业园	江西
7	屏山纺织科技园	四川	24	安徽望江县纺织服装产业园	安徽
8	云南保山轻纺产业园	云南	25	郎溪（中国）经都产业园	安徽
9	新疆阿拉尔经济技术开发区	新疆	26	中部（宿州）纺织服装产业城	安徽
10	新疆尉犁工业园	新疆	27	安徽颍泉经济开发区	安徽
11	新疆巴楚工业园区	新疆	28	西平县产业集聚区	河南
12	伊宁县纺织产业区	新疆	29	扶沟县产业集聚区	河南
13	新疆阿克苏纺织工业城（开发区）	新疆	30	内蒙古苏尼特绒毛纺织产业循环经济园区	内蒙古
14	新疆库尔勒经济技术开发区	新疆	31	亚布力服饰创意产业园	黑龙江
15	咸阳市新兴纺织工业园	陕西	32	盐城纺织染整产业园	江苏
16	宁夏生态纺织产业示范园区	宁夏	33	沭阳经济技术开发区	江苏
17	宁夏吴忠市金积工业园区	宁夏	34	衡水工业新区	河北

从这34个纺织产业转移试点园区的分布特征来看，除东部的江苏、河北的三个园区以及东北的一个园区以外，其余全部分布在中西部地区。以劳动密集型为特点的纺织产业从沿海向中西部转移的趋势，预示着纺织结构调整力度的不断深化。通过积极探索沿海纺织产业集群整体"移土栽培"，与中西部共建产业园区，以产业带动城市建设、以城市化推动园区发展的这一产业转移模式具有引领和示范作用。

相比东部地区，中西部、东北地区在土地、劳动力资源等方面具有比较优势，同时，中西部生产要素成本也是关键。以电费为例，沿海地区是四川产业园区的一倍左右，这是纺织企业生产非常大的资产要素成本之一，在控制成本的考虑下，中西部是部分企业的选择。2021年，山西、宁夏、四川和西藏等中西部城市服装出口增幅均超过100%，目前，中西部已经建成了多个纺织产业园，体量还在继续扩增。

基于成本优势以及部分政府的扶持，中西部目前正在形成纺织业上下游产业链的聚合，而这也将吸引更多的企业落地。例如，四川省宜宾市当地政府以纺织行业为重点扶持行业，屏山县本土已有上游配套企业支持，部分纺纱企业在屏山县有年产500万锭左右的生产规模。然而，随着全国经济的发展，西部地区的一些优势也在逐步减弱，因此如何真正发挥中西部地区资源优势和发达地区纺织企业的优势，有效促进产业转移工作开展成为业界关注的问题。

二、西部地区职业教育概况

西部高等职业教育是推动西部地区产业转型升级、促进西部地区经济社会高质量发展的内生力量，是职业教育体系中的重要部分，其高质量发展直接关系到西部地区的全局性发展和我国现代职业教育的整体性发展。

（一）国家政策加大扶持西部地区职业教育发展

教育部积极贯彻落实党中央、国务院决策部署，深化现代职业教育体系建设改革，充分发挥职业教育在新时代高技能人才队伍建设中的功能作用。特别是与青海、甘肃等省深化部省会商，与四川省签订战略合作协议，采取一系列积极举措推动西部地区现代职业教育发展。

2021年10月以来，教育部会同国家发展改革委深入贯彻落实中共中央办公厅、国务院办公厅印发的《关于推动现代职业教育高质量发展的意见》《关于深化产教融合的若干意见》等文件要求，"十四五"期间安排教育领域中央预算内投资，充分利用地方政府专项债券、中长期贷款等多种金融工具，积极支持西部地区职业院校提升办学规模，新建一批高水平产教融合实训基地、实训中心，有效改善实训基地不足等制约西部地区职业教育发展的关键问题，为西部地区职业院校提升办学规模提供了良好的基础设施保障。

教育部持续加强职业教育发展规划，注重提升职业院校办学质量和规模，推动西部地区职业教育资源的供给。例如，2023年5月，正式备案通过四川省人民政府审批新设的遂宁能源职业学院、遂宁工程职业学院和遂宁职业学院等3所专科层次高职院校，支持遂宁市政府建设区域职教中心，有利于打造有影响力的区域职业教育品牌。

（二）西部地区职业教育发展不均衡

同东部地区高等职业教育相比，西部地区高等职业教育欠发达，东西部地区高等职业教育发展不均衡。高等职业院校中，无论是学生数量，还是教师数量，东部地区均超过西部地区，这就说明了东西部地区高等职业教育发展的不均衡现状。

西部地区内部发展也不均衡，主要表现在西部地区的省域之间发展差距较大。目前，西部地区各省、市、区对高等职业教育的投入是沿用以前设置的高职院校"三改一补"标准，投入增加不明显。另外，西部地区高等职业教育发展的不均衡还体现在高等职业院校教师的学历结构上，以及人才流动与基础能力建设等方面。

西部地区高等职业教育规模与经济发展水平的耦合协调度也存在明显的省际差异，相关研究表明（参考文献［47］），仅有重庆、四川、陕西、广西、内蒙古、云南6省（自治区、直辖市）高于西部平均值，其余6省（自治区）的耦合协调度均低于西部平均值。总体来看，西部地区的职业教育发展水平可以划分为三个层次。其中，四川、重庆、陕西和内蒙古4省（直辖市）发展指数排在西部地区前列，属于西部地区"领先型"省份，这四个省份经济相对发达，对外开放度高，这在一定程度上影响了其高职教育发展水平。广西、贵州和甘肃三个省（自治区）对比"领先型"省份高职教育发展水平稍显不足，属于"普通型"省份。而青海、云南、宁夏和新疆4省（自治区）高职教育发展指数远低于西部地区平均水平，且与西部地区其他省份差距悬殊，属于"滞后型"省份。

总而言之，受自然地理条件、经济发展水平、历史文化等因素的影响，西部地区高职教育整体发展水平较东部地区较滞后，尚处于数量、规模和普及发展阶段，且西部地区省际高职教育发展不均衡、差距大，西部地区高职教育发展依然还有很长的道路要走。

（三）高等职业教育与区域经济社会发展联动不足

西部地区高等职业教育发展滞后于区域经济发展，不利于其发挥对西部地区发展的辐射带动功能，主要表现为高等职业教育对区域经济社会发展的贡献率还需要提高，尤其是在理念支持、人才支持、科技支持等方面，与区域经济社会发展的联动作用发挥得不明显。

同时，部分西部地区高等职业院校没有真正建立起行业参与高等职业教育的管理体制，企业同高等职业院校之间的对接与联动也不通畅，导致校企关系处于松散状态。另外，部分西部地区高等职业院校在专业设置、人才培养方案上同区域产业调整和发展方向对接不充分，特别是在支持区域支柱产业、新兴产业等产学研结合发展上的力度不够、效果不佳。

三、四川高职教育与区域时尚产业适应性分析

（一）四川纺织服装产业现状

"十三五"时期，四川纺织服装产业年营业收入年均增长3.8%，利润总额年均增长2.9%。四川纺织服装产业经济总量稳居西部第一，尤其是四川工装已经成为省服装优势产业和区域品牌，享誉国内外。

作为四川的特色优势产业，纺织服装产业拥有从纺织染整、面辅料生产，到原创设计、品牌服装的完整产业链。四川省的纺织服饰产业起步早，发展快，已形成多个产业集群，成都、德阳、绵阳、遂宁、乐山等城市，都有独具特色的产业形态，南充的丝纺服装产业，也呈现出集群发展态势。

2022年，四川省政府印发《关于承接制造业有序转移的实施意见》，提出将通过七大方面22条举措推动全省承接制造业有序转移，加快实施制造强省战略。其中，关于纺织服装产业的举措包括：鼓励成都平原、川南、川东北等高技能人才丰富、区位交通便利地区有序承接绿色食品、轻工纺织、绿色家居等消费品产业和就业需求量较大的电子产品加工产业，培育特色产品优势；聚焦纺织和皮革制鞋产业高端，围绕功能、时尚、绿色等消费升级需求，承接发展高端设计、个性定制和全流程信息一体化项目；以南充—达州组团为支点，重点承接具有资源禀赋的能源化工、食品饮料、汽车汽配、装备制造、电子信息、生物医药、先进材料、丝纺服装等特色产业，共同建设国家重要的能源化工、新材料、轻工产品等劳动密集型产业基地，承接加工贸易梯度转移，培育全国重要的加工制造基地和新增长极。

《关于承接制造业有序转移的实施意见》提出，到2027年，争创国家级承接产业转移示范区，在这样的政策支持背景下，四川省纺织服装行业要抢抓新一轮产业转移的有利机遇，推动四川纺织服装产业迈向高质量发展。

（二）四川省职业教育发展情况

四川省是职教大省，教育部最新统计数据显示，四川省有高职专科院校85所

（其中，公办高职高专47所，民办高职38所），职业本科1所。四川的公办高职数量在西部位居第一，国家"双高计划"高职院校共8所。但在全国各省份中，只能算第二方阵，公办高职院校的数量甚至略低于江西；民办专科院校数量在全国遥遥领先，比民营经济活跃的广东还多出十余所。

四川职业教育共设置723类专业和6846个专业点，覆盖经济社会各领域，对服务产业发展作出了较大贡献，职业教育为现代产业高质量发展提供了有力的技术技能人才和社会服务支撑。近年来，四川省根据成渝地区双城经济圈建设和五大经济区规划部署，统筹推进区域内职业学校设置和专业建设。鼓励学校新设新能源、新材料、绿色环保、养老、托育、家政等战略性新兴产业、紧缺领域相关专业，加快推动加工制造、建筑工程、轻纺制造、金融财会等专业的数字化升级改造。建立专业动态调控机制，加大24个省控专业调控力度。近三年，撤销与产业匹配度不高、过时过剩、陈旧落后的专业点902个，专业布局与产业结构的匹配度不断提高。

目前，四川制造正加快迈向价值链中高端，职业教育围绕全省重点产业发展需求，建设50个高职高水平专业群，重点打造航空装备制造、轨道交通、食品生物、新材料技术等重点专业集群，深化人才培养供给侧结构性改革，为服务产业转型升级提供技术能手和产业工人。但整体来看，四川职业教育实力还有待提升，与高质量发展要求相比还存在一定短板。职业学校的办学特色不够鲜明，技能人才供给与经济社会发展的匹配度、贡献度需要进一步提高。

四川正在围绕制造强省、农业大省建设，加快构建面向全体人民、贯穿全生命周期、服务全产业链的四川现代职业教育体系。

（三）典型协同发展范例——成都纺专对接纺织产业链的"1+2+4"专业集群建设案例

成都纺织高等专科学校为国家示范（骨干）高职院校、国家优质高等职业院校、国家"双高计划"高水平专业群建设单位。学校专业以工为主，以服务纺织服装产业为特色，面向现代制造业和现代服务业发展。

学校坚持根植产业，纵深对接轻纺产业需求、协同服务先进材料、电子信息等四川省万亿级倍增计划重点产业，按照"扬优、扶新、培强"的发展思路，对接轻纺产业"上游材料、中游面料、下游服装设计制造"产业链，聚焦"功能性纤维材料制造、功能性面料制造、功能性职业装设计与制造"技术链，整合"现代纺织技术、服装设计与工艺、大数据技术"专业链，打造"服装设计与工艺"主干专业群。

以技术赋能产业发展组建"高分子材料智能制造技术""电气自动化技术"2个省级专业群，同时围绕产业链中商贸物流、轻工产品及服饰产品的设计等组建商贸服务等4个校级特色群，建成"1+2+4"特色专业集群，集群内各专业群相互协同，助力四川省打造全国轻工纺织产业在"功能性材料、功能性面料及功能性服装设计制造领域"的新标杆。近两年，2个省级专业群连续立项为四川省第一批及第二批产教融合示范项目，高分子材料智能制造专业群建成首批省级现代产业学院。

1. 对接需求，跨院建群，服务区域重点产业

成都纺织高等专科学校打破学院行政界限，组建"纤维新材料""纺织服装智能制造""服饰与时尚创意""纺织贸易服务"四大专业群，在对接纺织服装全产业链4个关键领域同时，服务四川省新材料、智能制造、文化创意、物流贸易4大重点产业发展需要，走出了一条跨院建群，行政、专业组织协同管理的专业群建设路径。

2. 分类培养，共建资源，不断提升人才培养质量

探索三分类人才培养，初步形成"研究中心+创新人才培养""实习实训基地+技术技能人才培养""学徒+大师+教师"的三类人才培养模式，人才培养模式改革获2018国家级教学成果一等奖。

3. 整合优势，对接园区，提升科研和技术服务水平

发挥专业群资源整合优势，与4个园区建立对接服务，开展社会培训与技能鉴定。三年累计取得教学成果奖国家级1项、省部级14项、专利352项（其中发明专利9项），专著3部；获教育部重大培育科研项目等国家级项目4项、省科技厅项目3项、教育厅科研项目3项。

案例8：用"绣花功夫"织出蜀绣传承新图景

2023年，成都纺织高等专科学校"蜀绣文化与技艺传承创新教师团队"荣获"全国高校黄大年式教师团队"。团队创建者、负责人朱利容教授是国家教学成果奖一等奖获得者，也是国务院政府特殊津贴专家、"万人计划"国家教学名师。

（1）挖掘+整理，填补蜀绣无教材、无标准的空白。朱利容在丝织工艺、丝绸品种设计、染织艺术设计、服装艺术设计等专业已经有了近20年的教学经历，但在对蜀绣进行深入的调查研究后，朱利容发现学习蜀绣的年轻人寥寥无几，作为国家级非物质文化遗产的蜀绣正在逐渐"老去"。

为了蜀绣的传承，为了培养更多的蜀绣人才，2009年在学校的支持下，朱

利容创建了蜀锦蜀绣研究中心（现蜀绣研究中心）。她在四川的大小绣房、蜀绣基地间奔走，拜访孟德芝、邬学强等国家级蜀绣大师，挖掘统计蜀绣的针法技艺，修正名称、错别字，将凌乱晦涩的口头表达用统一准确的文字进行表述。

经过长达6年时间的收集整理，朱利容编著了《蜀绣》《当代蜀锦蜀绣技艺》《羌绣手绣制作工（中高级）》《四川彝绣图集》等5本专著。这些书籍不仅成为成都纺专公选课、蜀绣培训教材，还被全国相关高校选作专业用书，相关蜀绣羌绣企业职业培训、社会培训机构也以此为教材。同时，朱利容编制（主编）的《羌绣职业技能标准》《蜀绣职业技能标准》也作为省市蜀绣羌绣职业能力培训执行。不仅填补了蜀绣和羌绣无教材、无标准的历史空白，还让蜀绣传承更加规范、更具体系。

朱利容不仅研究蜀绣，还认真学习蜀绣。深厚的理论知识和熟练的刺绣技艺，让她有信心把科研成果迁移到教学工作中。2012年，为了让学生学习更加精深的技艺，她还引荐了蜀绣大师袁伟，开创了四川省内高职院校从企业引进大师到校专职任教的先例。

（2）"教授＋大师"，探索蜀绣与高职教育融合之路。2017年，她申办了刺绣设计与工艺专业，开启了非遗传承与高职教育融合之路的探索。朱利容创建了"教授＋大师"同课堂教学的新型师徒传习式模式：教授侧重系理论，指导设计创新与技艺实践有效结合；大师重高精尖技艺指导，夯实学生技术基础，塑造工匠精神。

2019年，刺绣设计与工艺专业又引进了孟德芝、邬学强等2位国家级蜀绣大师，形成了一支"大师＋教授"领衔、"能工巧匠＋骨干教师"为中坚的双师教学团队。同时，还与蜀绣企业、蜀绣大师工作室共建共享校内外10个实践基地，打造出"研究中心＋大师工作室"的课堂内外衔接的蜀绣非遗文化技艺实训场域。

随着朱利容对蜀绣的研究与教学的不断深入，得到了社会各界更多的认可。面对蜀绣专业、服装专业、传承人群、校内业余学习者不同的需求，朱利容提出"一主线四针对四层次"培养模式，构建不同课程体系，分层分类培养，实施体验式、项目化、现代"师徒传习式"等教学模式，并因此获得2018年国家级教学成果奖一等奖。

（3）技艺＋设计，推动蜀绣产品与时俱进。2022年，朱利容与三星堆博物馆取得合作，开启了蜀绣非遗与三星堆文物的梦幻联动，带领老师和学生们开展一系列"蜀绣＋三星堆"文创作品的绣制。在专业创建时，她就提出了"非遗与时尚共生，文化与技艺并重"的教育理念，专业课程不仅注重针法技艺、单面绣、双面绣等蜀绣技艺的传承，还囊括了工艺美术设计、排版软件应用等诸多方面。

2023年起，成都纺专刺绣设计与工艺专业由隔年招生转变成每年招生，在继续实施"研究中心＋大师工作室""大师＋教授""能工巧匠＋骨干教师"的蜀绣非遗文化技艺教学模式基础上，深化校企合作、产教融合，不断进行创新研发和成果转化，让蜀绣非遗文化和传统技艺在新时代继续开花、结果。

四、新疆高职教育与区域时尚产业适应性分析

（一）新疆纺织服装产业情况

新疆是我国最大的棉花主产区、优质棉生产基地，也是我国重要的棉纺织工业基地，满足了我国棉纺织60%的原棉需求，在维护我国棉花供给安全和纺织服装产业链供应链国际竞争力方面发挥着不可替代的作用。棉花产业是新疆的特色优势产业，是中国纺织工业健康可持续发展的重要原料保障。棉花和纺织服装产业为自治区"八大产业集群"之一，在复杂的国际局势和贸易摩擦不断的国际环境下，加快新疆棉花及纺织服装产业链高质量发展，对于保障我国棉花供给安全、充分带动就业、稳定和增加农民收入、推动区域经济高质量发展以及纺织产业现代化体系建设，具有重大意义。

新疆棉纺织工业历经70多年发展，已经建成为集棉花生产、轧花、纺纱、织布、印染、成衣和终端消费等多个环节、全产业链的现代化纺织工业体系，棉花和纺织服装产业集群发展带动就业和助力脱贫作用突出，产业投资和企业增长迅速。目前，新疆的棉纺规模逐步扩大，技术水平稳步提升，已显现出很好的产业集聚效应，产业实力得到有效提升，吸纳就业水平显著增强。2023年新疆棉花种植面积3554万亩，棉花产量511.2万吨。2023年新疆规模以上纺织服装企业实现工业增加值较2014年增长1.78倍，主营业务收入增长2.2倍，期间全疆纺织服装等劳动密集型产业累计新增就业91.86万人。新疆棉纱产量位列全国第二，棉布产量位列全国第五，黏胶纤维产量位列全国第三。

近十年，新疆吸引其他省区市来疆投资的纺织服装企业1300余家，纺织服装企业总量增加约5.7倍。新疆作为我国重要的优质棉纱生产基地的地位得到进一步提升，已成为西部地区承接东、中部地区纺织服装产业转移投资额最大、企业数量最多的地区。目前，新疆纺织产业拥有27个纺织服装产业园区，产业布局呈现出一片

繁荣景象。新疆纺织补贴政策正逐步从普惠性向精准性和针对性转变，这一转变不仅鼓励企业调整产品结构，向高附加值产品发展，更体现了新疆在推动纺织产业升级、提高产品竞争力方面的坚定决心，在政策的持续推动下，新疆纺织服装产业迎来蓬勃的发展期。

（二）新疆职业教育产教融合政策

近年来，新疆响应国家政策精神，不断推进和深化产教融合。2019年，自治区在国家发展改革委统一安排下，开启了产教融合试点工作。2021年5月，自治区发展改革委联合11家部门，印发《新疆维吾尔自治区产教融合试点工作方案》，推进产教融合试点工作深入开展，促进教育链、人才链与产业链、创新链有机衔接。此工作方案的出台，对新疆进一步推进产教融合工作明确了要求、布置了任务，是各级各单位开展产教融合工作的保障。由此可见，新疆发展产教融合有政策倾向性，有良好的发展环境和政策支持。

近几年，新疆纺织服装产业在企业数量、固定资产投资额、贸易出口额和人口就业等方面发展十分迅速。新疆纺织产业集群的发展有很大的优势，在此优势之下，产教融合必将可行，并能给新疆的教育、人才、产业、创新带来巨大的意义和价值。

（三）新疆纺织服装职业院校服务地方产业情况

新疆共有高职院校42所，开设纺织服装类专业的主要院校有5所，包括巴音郭楞职业技术学院、新疆轻工职业技术学院、塔里木职业技术学院、新疆应用职业技术学院、阿克苏职业技术学院，五所院校都开设了现代纺织技术专业。现代纺织技术属于国家高等职业学校专业标准中轻工纺织大类专业，在新疆开设纺织的高职院校中基本上都有开设现代纺织技术专业，这和新疆本地棉花种植、纺纱企业居多等因素有关。

在新疆高职院校服务地方纺织服装产业的案例中，巴音郭楞职业技术学院通过校企联合建立产教融合共同体深化产业合作。巴音郭楞职业技术学院联合校企合作企业库尔勒中泰纺织科技有限公司作为牵头企业，与中原工学院纺织服装产业研究院联合州内外60余所校企筹建全国纺织服装行业产教融合共同体，推动职业院校各类办学资源优化整合，深化产教融合校企合作，实现优势互补、资源共享、合作共赢，构建纺织服装行业发展新生态，共同促进纺织服装行业高质量发展，服务巴音郭楞蒙古自治州经济社会发展。

全国纺织服装行业产教融合共同体的成立是巴音郭楞职业技术学院、中原工学院、库尔勒中泰纺织科技有限公司等全国各地职业院校、纺织服装上下游企业支持巴音郭楞蒙古自治州高质量发展的举措,是巴音郭楞蒙古自治州高质量打造新疆全品类纤维及服装面料生产基地、纺织服装生产加工基地的有力支持。共同体的建立将推进巴音郭楞职业技术学院开展产教融合教学研究与技术服务、推进协同育人项目等教学内容和课程体系改革。同时通过与青岛大学开展功能性、差别化纤维研发,拓宽产业布局,补齐市场短板。

巴音郭楞蒙古自治州是新疆棉花三大主产区之一、全国重要的优质商品棉基地,纺织面料为自治州"七大战场"之一。全国纺织服装行业产教融合共同体的成立,旨在整合行业产教资源,统筹职业教育、高等教育协同创新,探索校企人才共育、过程共管、成果共享、责任共担的紧密型合作办学体制机制,推进职普融通、产教融合、科教融汇协同发展,培养更多高素质技术技能人才、能工巧匠、大国工匠,带动数字经济相关产业快速健康发展。

📝 案例 9 ：　阿克苏职业技术学院"入园办学"模式

2016年,阿克苏职业技术学院纺织工程学院和阿克苏纺织服装产业培训中心成立,在阿克苏纺织工业城开启了"入园办学"的人才培养模式。

由阿克苏地方政府提供政策和资金支持,阿克苏纺织工业城管理委员会提供办学场地,同时负责招引纺织服装企业积极入驻园区,阿克苏职业技术学院负责区域内纺织服装人才培养培训、公共实训基地建设等工作,企业提供实践教学、实习和就业岗位,形成政、校、企共建的良性运行机制。

"入园办学"模式着眼于区域职业院校存在的共性问题,紧紧围绕区域纺织服装产业需求,构建人才培养培训与产业需求精准对接的专业链,破解校企合作存在的浅层不深入、短期低效率、内容空、服务能力弱等问题,建设成为集纺织服装人才培养培训平台和专业服务平台于一体的特色学院。

1. 构建"政府搭台、校企联姻"的共筑策略

阿克苏地委、行署整合地区优质纺织服装专业教育资源实施"入园办学",阿克苏地委、行署协调地区教育局调配师资,抓好教师队伍建设。地区人社局在实施产业工人技能培训的政策方面给予倾斜,统筹协调产业工人培训计划和资金保障;阿克苏纺织工业城管理委员会积极协调解决学校和阿克苏纺织服装产业培训中心建设、发展中的困难,优化教学环境并做好企业用工及人才需求的调研摸底,以便人才培养更好地服务企业需求和产业发展;学校加强对纺织

工程学院的规范管理和业务指导，落实人、财、物保障机制。

2. 构建"政府为主、校企合作"的共享策略

2021年3月阿克苏地区出台《阿克苏地区职业教育提质培优工作指导意见》，全面实施职业教育"六优化六提高"行动，为促进产教融合提供了政策支持，激发了企业参与职业教育的积极性，引导学校与企业深度融合。学院以纺织产业链需求重构现代纺织技术专业群，促进资源共享，推动人才链和产业链的有机衔接。

通过对接地区纺织服装产业中的棉花加工、纺织制造、服装制造、纺织品外贸产业链，构建由棉花加工与经营管理、现代纺织技术、服装设计与工艺、纺织品检验与贸易专业组成的专业群，开展订单培养、现代学徒制试点，企业为订单班学生发放生活用品、颁发奖助学金等，让学生能够较早地接触工作岗位，进校就搭上"就业直通车"。

3. 构建"校企融合、校校合作"的共育策略

学院通过与阿克苏地区纺织服装产业的龙头企业耦合联动，推动专业群高质量发展。依托阿克苏华孚色纺有限公司、新疆中泰海鸿纺织印染有限公司等紧密型合作企业，以"校企融合、工学交替"为切入点，构建基于工作岗位的课程体系，实现学生—学徒—准员工—员工四种身份的转换，开展校企"订单班"联合培养，引入企业的真实生产任务并开展生产性实训，企业提供新技术培训，搭建校企间相互依赖的生态关系，实现校企共生共长。

通过"入园办学"模式，阿克苏职业技术学院纺织工程学院新增棉花加工与经营管理、纺织品检验与贸易两个专业，形成了以"棉花加工—纺织加工—纺织贸易—服装设计"产业链为主线，服务棉花加工、纺织加工、服装设计等核心产业，构建棉花加工与经营管理、现代纺织技术、服装设计与工艺、纺织品检验与贸易等专业构建的现代纺织技术专业群，实现了专业设置与产业需求有效对接。

第六节　东北地区高职教育与区域时尚产业适应性分析

一、东北三省时尚产业概况

加快东北地区振兴是国家的重要发展战略，在振兴东北地区经济的过程中，纺织服装行业产业调整和产业集聚区建设可以成为重要的助推剂。

与纺织行业在国内其他地区快速发展相悖的是，东北地区的纺织行业优势不明显。东北地区纺织业的集中度相对较低，纺织企业零散地分布在许多地方，缺乏合理的布局结构，规模效应不明显，没有形成稳定、完整的产业链，各相关产业间缺乏关联耦合，造成产业间的运输等费用高居不下，成本较高，故缺乏成本优势。由于没有形成规模性的产业集群，以致难以出现龙头企业，产业链条上也缺乏龙头企业的带头效应和龙头企业间的帮扶效应。辽宁、吉林、黑龙江在纺织服装产业上也具有各自的特点。

辽宁是全国知名的重工业基地，也是全国重要的纺织服装产业基地。目前，辽宁拥有"中国西装名城""中国运动户外服装名城"等11个国家级特色名城名镇。全球每4件泳装中就有一件来自辽宁兴城；羊绒大衣占全国市场份额的一半；装饰流苏产品占国内市场50%的份额，占国际市场的35%；全省袜品年产量25亿双，其中棉袜产量全国第二，辽源市被称为"中国棉袜之乡"；辽宁是全球重要的西装生产基地，拥有大杨集团等多家头部企业。同时，辽宁是全国柞蚕第一大省，柞蚕茧年产量占全国的70%、全球的60%，天然的资源优势，让辽宁在柞蚕丝制品市场领先一步，形成了从农业养殖、织品加工到制品成衣的完整链条。

吉林有工业优势、生态资源优势和沿边近海优势。为实现振兴发展，吉林正全力推动纺织工业高质量发展，全力提高纤维原料生产能力、全力推动针织袜业发展、全力提高服装加工能力，目前已形成了化学纤维、棉纺织、毛纺织、服装服饰、产业用纺织品等多门类较为完整的产业体系。吉林省正推动纺织产业做大做强，推动产品结构从低附加值向中高附加值转变，到2025年轻工纺织行业产值力争达到百亿元。为此，将推动碳纤维全产业链的建设，提升研发创新能力，推动纤维复合材料新成果的落地，从而提升纺织服装行业的整体竞争力。如纺织服装产业是延边朝鲜族自治州的传统优势产业，近年来，延边朝鲜族自治州充分利用区位和资源优势，积极承接东南沿海地区的产业转移，形成了以时装、西装、工装、休闲装、羽绒服等门类齐全的加工体系。

黑龙江省纺织产业集群建设实现了稳步的快速发展，产业布局逐渐优化，产业集群项目建设扎实推进，集聚态势明显，发展特征初步显现。其中，兰西亚麻产业集群、青岗亚麻产业集群、延寿亚麻产业集群异军突起、齐头并进，带动黑龙江纺织集群形成"一枝独秀"的新局面。此外，作为我国向北开放枢纽城市，哈尔滨被国家赋予"对俄及东北亚全面合作的承载高地和联通国内、辐射欧亚的国家物流枢纽"的战略定位。近年来，哈尔滨立足区位优势，加快打造"向北开放之都"，引领中国纺织服装产业走向国际市场，在世界时尚舞台上发挥着独特作用。

二、东北三省高职教育与区域时尚产业适应性分析

截至2023年上半年，东北三省共有各类专科高职院校119所，其中辽宁51所、吉林29所、黑龙江39所。与广东、河南、湖南等地职业院校不断新增职业院校的状况所不同的是，东北三省由于人口外流和经济衰退，职业院校数量略有下降，可见职业教育是与经济社会发展关系十分紧密的。但由于东北地区的教育基础良好，东北的高职院校中仍有不少国家"双高计划"建设院校。

2024年1月，辽宁轻工职业学院同19家企业签署现代学徒培养协议，颁发"大师工作室"大师聘书，"纺织服装产业学院""民航服务产业学院""数字装备制造产业学院"三个校企双方共建产业学院共同揭牌。

近年来，辽宁轻工职业学院以产教融合、校企合作为抓手，不断加大投入，推进教育教学改革，完善就业创业体系，探索校企合作新途径，逐步形成了"定制""定向""订单"等人才培养模式，与相关企业校企共建产业学院5个，共建专业25个，"订单"式培养专业20个，订单定制学徒培养专业率达到了60%，校企共建实训基地数331个，紧密合作的企业超过400家，完成科技研发合作项目10项，取得科技成果20余项。

辽宁轻工职业学院在与大连迪尚华盛时装有限公司校企合作人才培养的过程中，建立"以产品为主线职场化育人"人才培养模式，明确职场化育人理念，提升学生职业岗位能力。在培养过程中，将"综合文化素养、专业技术能力、创新创业能力"的培养有机融合，以不同类型的课程作品（创意作品、模拟产品、校企合作产品、创新创业产品）为主线设计课程体系（文化素质课程—专业基础课程—专业技术课程—拓展创新课程）及校企共建课程教学形式，将企业实际生产项目引入教学，按照服装企业生产链进行校内实训基地整体布局，以生产要求开展学习与实训，将产品的设计和生产等环节贯穿整个教学过程。

发挥学校人才与专业综合性优势，围绕产业技术创新关键问题开展协同创新，实现高校知识溢出直接服务区域经济社会发展，推动应用科学研究成果的转化和应用，促进产业转型升级。

发挥企业在人才培养中的实践优势，2022年迪尚集团有限公司承接了冬奥会开幕式入场服装，集团以大连迪尚华盛时装有限公司为龙头，开展冬奥会服装设计与制作。该项目开阔了学生的视野，通过参与该项目实践，学生的能力与自信得到了很大的提升，"冬奥华服大国气韵"使迪尚集团有限公司获得了奥委会的表彰。

第五章

高职教育与区域时尚产业协同发展的实证研究

高职院校肩负着区域人才培养的重担，高职院校专业建设应以就业为导向，不断调整专业结构，提升区域适应性，使学生能更好地适应未来工作岗位要求，服务于区域产业经济的调整与发展，这对于实现专业与区域产业之间的对接有不可替代的重要作用。本章基于对目前纺织服装类高职院校的建设和区域时尚产业发展现状的掌握以及对现有文献资源的深度分析，构建高职教育与区域时尚产业协同发展指标体系和分析模型，采用熵权分析等方法对样本数据开展实证分析，旨在实现对样本省市高职教育和区域时尚产业发展水平的定量评价，从而为高职教育与区域时尚产业协同发展的有效路径和对策建议提供实证基础。

第一节　分析方法的选用

一、匹配性分析

职业教育必须以当地区域产业为依托，才能为当地经济建设输送合格的劳动者，即职业教育所设专业必须和区域经济中的产业结构匹配。匹配是指不同变量的大小、变动等方面存在相同、相近或者互补特征以反映两者之间某种联系的一种关系。这种关系表现出的强弱变化情况就是匹配性，故匹配性是衡量两个变量之间匹配关系强弱的表现。职业教育和时尚产业的匹配性，是指职业教育开设时尚产业相关专业的投入、规模、质量等与区域时尚产业发展形成的互动关系。鉴于此，本书将从匹配性的角度来探讨高等职业教育和区域时尚产业之间的适应关系。

对职业教育和区域产业发展的匹配性分析中，不同的学者提出了不同的观点。王婷（2018）基于高等职业教育和产业结构对经济增长产生影响的联动机制，借助我国省级层面的相关数据，运用GMM估计方法，实证分析了高等职业教育规模和质量、产业结构高级化和合理化对经济增长的贡献率。罗会武（2019）使用熵值法分析了湖南省职业教育和产业发展水平，并且取得了良好的实证效果。

在本书中，匹配理论作为一项理论基础，作为时尚产业和职业教育匹配性的判断依据，一方面有助于从理论层面对时尚产业相关高等职业教育与区域时尚产业在匹配的因素、条件、状态等作出分析，揭示二者之间的内在联系，另一方面通过实证分析为后文提出相关对策建议奠定理论和现实基础。

二、耦合协调性理论

耦合协调度模型是基于耦合理论建立的度量系统，主要是指用来描述不同系统协调发展程度的模型。耦合协调度通常用来测量系统结构中各个要素之间的紧密关系程度，如果耦合协调度越高，则系统或者系统各要素之间的紧密关系程度也就越高。耦合协调度能够反映两个因素之间匹配与协调的好坏，可以表示职业教育和区域产业发展是高水平的相互促进还是低水平的相互制约的关系。

学者对产业的耦合协调度持有不同的观点。段霏（2019）认为耦合协调度是指对系统或运动形式相互作用、彼此影响过程中协调状况水平的定量测度，也是用来描述系统从无序到有序的趋势。古光甫（2020）认为针对职业教育和区域产业的耦合协调度测量，国内外学者大多数采用投入–产出相互关联理论。本书通过使用耦合协调度理论来研究高等职业教育与区域时尚产业发展的适应性程度，在分析职业教育和产业结构在发展过程中的互动特征基础上，掌握其中的规律，使得两者之间能够形成良性互动，促进区域产业发展。

三、熵值法

熵值法是一种衡量某个指标离散程度的方法，如果离散程度越大，则说明该指标的综合评价的影响也就越大，可以较好地判断每个指标的离散程度，故熵值法是一种客观赋权法，根据每个观测值所提供的信息大小来确定指标的权重。本书选用熵值法作为高等职业教育与区域时尚产业协同发展指标权重的测定方法。

假设有 m 个待评审方案，n 个评价指标，原始数据的评价指标矩阵为：$X = (X_{ij})m \times n$，对于指标 X_j，指标数值 X_{ij} 相差越大，则该指标对综合评价中的作用也越大。如果某个指标的观测值全部相等，则该指标对评价不起作用。在信息论理论中，如果系统中的信息量越多，则系统的不确定性也就越低，熵值也相对较小；如果系统的信息量越少，则系统熵值也相对越大。本书用熵值法测定高职教育和区域时尚产业相关评价指标的离散程度，如果值越大，则所选择指标对综合水平评价的影响程度也就越深，从而实现系统的多指标评价。

第二节　指标选取与建立

一、选取原则

评价指标体系是对所研究问题评价的前提，评价指标体系一般包括单项评价指标的构造和指标体系的构造，其能够根据抽象的研究对象原本的属性、特征，转变为具体化、可操作化的结构体系，且根据其对研究对象的影响大小对结构体系中的各指标赋予一定的权重值。一个合理的指标体系不仅包括所选择的各个指标及结构，还要能尽可能完整地反映出各个指标之间的关系。本书通过构建时尚相关高职院校与区域时尚产业发展的指标体系，为进一步研究高职教育和区域时尚产业的协同情况奠定基础。高等职业教育与区域时尚产业发展水平所涉及的内容比较多，故在构建其评价指标体系时也应该尽量合理全面。评价指标体系的构建主要遵循以下原则。

（1）典型性原则。影响职业教育与时尚产业的因素多种多样，且具有复杂性和模糊性，为了确保本书结果的可靠性，选取指标时要考虑其代表性，即能够从各个角度反映高职教育与区域时尚产业发展水平。

（2）系统性原则。在构建高职教育与区域时尚产业发展水平的各评价指标时，既要全面、系统考虑，又要使评价指标之间相互独立。

（3）可操作性原则。在确保指标全面的同时尽可能地简化指标，严格把控数据的准确性，充分考虑获取数据的可行性，从而不仅保证数据的数量，还能保证数据的质量。

（4）科学性原则。一定要在科学的指导理论下采用科学的评价方法选取指标，保证研究结果的科学性和准确性。

（5）发展性原则。高职教育与区域时尚产业都是在一个不断发展变化的进程，所以指标体系的构建过程也是不断完善的过程，指标选取时需要广泛吸取现有经验，不断修正现有指标体系，保持与时俱进。

二、指标筛选

通过对评价单个系统的指标体系构建研究的梳理，本书在参考学者研究成果的基础上多维度筛选并构建高职教育与区域时尚产业发展评价指标体系。

在筛选职业教育指标时，需要反映高等教育规模、结构、质量和水平等因素，这样才能比较全面地体现职业教育的综合发展水平。表5-1对近年来国内有关高等教育子系统评价指标的相关文献进行梳理。

表5-1　高等教育子系统相关指标选取

提出学者	选取方法
高千丘（2022）	从人才培养、科学研究、教育投入、社会服务四个方面构建了高等教育结构的评价指标体系
伍中信（2022）	选取专利授权数、每万人发明专利拥有量、高新技术自有率等指标构建创新产出的评价指标体系
孙俊华、魏丽（2022）	从人才培养、科学研究、社会服务、资源支撑三个方面构建了省级高等教育发展指标体系
彭说龙、吴明扬（2021）	从教育需求、教育投入、教育环境三个方面构建了高等教育规模评价指标体系
迟景明、李奇峰、何声升（2019）	通过选取教育规模、经费、基础设施、师资、科研等构建评价指标体系测量我国高等教育资源水平
郭立强、张乃楠（2018）	从教育规模、教育结构、教育潜力三个方面构建了高等教育发展评价指标体系
何丹、程伟、龚鹏（2017）	从教育规模、教育结构、教育效益方面构建了高等教育发展评价指标体系

在筛选区域时尚产业指标时，在考虑区域时尚产业规模大小的同时，也需要反映区域经济结构与质量。随着我国进入新时代经济高质量发展阶段，学者对区域产业发展的研究从经济增长评价转为协调、可持续发展评价，指标的变化是贯彻新发展理念的表现。如表5-2所示。

表5-2　区域经济子系统相关指标选取

提出学者	选取方法
杜人（2022）	从新发展理念出发，选取第一、二、三产业比例、高新技术产业与传统产业比例、价值链高端产业与中低端产业作为产业协调评价指标体系
彭说龙、吴明扬（2021）	从经济总量、经济结构、经济效益构建了区域经济发展的评价指标体系
王育（2019）	从经济的可持续发展角度出发，构建了产业结构、污染物排放和能耗、就业率等指标的评价体系
石震（2019）	从绿色发展出发，选取人均GDP、社会固定投资资产、外国直接投资额、能源消费总量等构建绿色经济评价指标体系
肖洒、刘君（2018）	从经济规模、经济结构、经济质量构建区域经济评价体系
郭立强、张乃楠（2018）	从经济规模、经济结构、经济潜力构建了区域经济发展水平的评价指标体系
何丹、程伟、龚鹏（2017）	从经济规模、经济增长、产业结构、社会发展构建了区域经济评价体系
胡冠（2015）	从GDP、人均GDP、GDP指数、第三产业增加值比重、财政收入、财政支出、居民可支配收入、农村人均可支配收入、全员劳动生产率、居民消费支出构建区域经济评价指标体系

从历年文献来看，关于高等职业教育与区域产业发展的评价指标体系的研究已经有了比较丰富且成熟的理论和相关实证分析。在借鉴上述学者观点和考虑高职教育和区域时尚产业二者耦合关系的基础上，体现新发展理念的创新、协调、高质量的要求，结合指标可得性，本书最终将高等职业教育评价指标体系分为教育投入、教育规模、教育结构三个方面，将区域时尚产业评价指标分为产业规模、产业结构、产业质量三个方面，收集具有代表性和可行性的数据，选出对发展综合水平影响较大的指标作为研究对象进行分析，高职教育与区域时尚产业发展指标体系构建如表5-3所示。

表5-3 高职教育与区域时尚产业发展耦合关系指标体系

目标层	系统层	因素层	评价指标	单位
高职教育与区域时尚产业发展耦合关系指标体系	高职教育发展水平	教育投入	生均一般公共预算教育经费	元
			生均一般公共预算公用经费	元
			时尚产业典型院校专任教师数量	人
		教育规模	开设时尚产业相关专业高职院校数	所
			时尚产业典型院校在校生人数	人
		教育结构	时尚产业典型院校相关专业设置数比例	%
	区域时尚产业发展水平	产业规模	时尚产业固定资产投资增长率	%
			时尚产业规上企业营业收入	亿元
		产业结构	时尚产业营收占规上工业企业总营收比重	%
			时尚产业就业人员比重	%
			时尚产业规上企业数量占工业企业总数量的比例	%
		产业质量	时尚产业职工平均工资	元
			城镇居民人均生活消费支出	元
			时尚产业出口金额占全国比重	%

三、样本和数据来源

按代表性的纺织服装类高职院校所在区域，大致划分为东部地区、西部地区、中部地区、东北地区，其中东部地区以浙江、江苏、山东、广东、河北、福建、北京等7省（直辖市）的10所典型高职院校为样本，西部地区以四川、重庆、新疆、广西、陕西等5省（自治区、直辖市）的5所典型高院校为样本，中部地区以河南、湖北、江西3省的3所典型高职院校为样本，东北地区以辽宁轻工职业学院为样本，以点带面分析该时尚类相关高职院校与区域时尚产业发展的适应性。

在研究过程中，数据的重要性毋庸置疑，在接下来的研究中，数据的选取来自样本所在省市的2023年统计年鉴、样本院校的2023年度高等职业教育质量报告、国家数据网、中华人民共和国教育部官网、国家统计局等。

第三节　耦合系统的构建

一、确定指标权重

在进行计算之前首先需要对各项指标进行处理，确定各项指标的权重，以对接下来的数据计算提供基础。本书选用熵值法确定指标权重，使用熵值法进行综合评价可以更加客观地量化不同指标对综合评价指标的影响程度，从而得出更加准确地综合评价结果，为综合评价提供依据。熵值法的评价步骤如下所示。

1. 构建初始数据矩阵

根据表5-3的高职教育与区域时尚产业评价体系，构建如下数据矩阵：$X = (X_{ij})m \times n$。其中，X_{ij}表示第i年的高职教育或者区域时尚产业中第j项指标的数值。

2. 数据进行无量纲化处理

由于职业教育和区域产业中各个指标代表的含义不同，其单位也不一样。为了使得各个指标之间便于对比，需要对各个指标数据进行无量纲化处理，转化成没有单位的相对量，如果出现无意义量，则需要进行非负化处理，具体公式如下：

$$X'_{ij} = \frac{X_{ij} - \min(X_j)}{\max(X_j) - \min(X_j)} + 0.01 (i=1,2\cdots,m; j=1,2,\cdots,n) \quad （5-1）$$

式中，X'_{ij}为正向指标，如果X'_{ij}为负向指标，则非负化处理公式如下：

$$X'_{ij} = \frac{\max(X_j) - X_{ij}}{\max(X_j) - \min(X_j)} + 0.01 (i=1,2\cdots,m; j=1,2,\cdots,n) \quad （5-2）$$

式中，X'_{ij}是第i个系统的第j个指标，具体数值为X_{ij}；$\min(X_j)$是第j项指标的最小值；$\max(X_j)$是第j项指标的最大值。

3.计算第 j 项指标在第 i 年中占该指标的比重

$$P_{ij} = \frac{X_{ij}}{\sum\limits_{i=1}^{m} X_{ij}} \quad (j = 1, 2, \cdots, n) \tag{5-3}$$

4.计算第 j 项指标的熵值

$$e_j = -k \times \sum\limits_{i=1}^{m} P_{ij} \ln\left(P_{ij}\right) \tag{5-4}$$

式中，e_j 为第 j 项指标的信息熵。常数 k 一般与年份有关，令 $k = \dfrac{1}{\ln m}$，其中 m 的取值比较年份数，则 $0 \leqslant e \leqslant 1$。

5.计算第 j 项指标的差异系数

第 j 项的指标数值 X_{ij} 之间的差异性越大，则其离散程度越高，熵值也就越小，所以 $g_j = 1 - e_j$，如果 g_j 数值越大，则该指标越重要，对于方案的评价作用也就越大。

6.计算第 j 项指标的权重占比

$$W_j = \frac{g_j}{\sum\limits_{j=1}^{n} g_j} \quad (j = 1, 2, \cdots, n) \tag{5-5}$$

7.计算各个年份的高职教育和区域时尚产业发展水平的综合得分

$$U_i = \sum\limits_{j=1}^{n} W_j \times u_{ij} \quad (i = 1, 2, \cdots, m) \tag{5-6}$$

二、耦合协调度模型

耦合度是反映系统之间协调作用强弱的研究指标，各系统之间耦合度的强弱体现了系统之间相互作用的程度。而协调度则是用来度量系统内部各要素在发展过程中彼此和谐一致程度的定量指标。因此，建立耦合协调模型可以清晰地了解两个或多个系统之间的相互影响和相互联合情况，反映出各个系统之间的依赖程度。高职教育和区域时尚产业发展的耦合度定义如下：

$$C = \left\{ \frac{4f(x) \times g(x)}{\left[f(x) + g(x)\right]^2} \right\}^{\theta} \tag{5-7}$$

式中，C表示耦合度，θ表示调节系数，$f(x)$表示高职教育无量纲化处理的综合得分，$g(x)$表示区域时尚产业无量纲化处理后的综合得分。

耦合度C的取值范围在[0，1]区间，如果C数值越大，则表示两个系统之间的耦合度也就越高，根据相关文献（参考文献[51–52]），此处调节系数θ取值0.5，得到如下公式：

$$C = 2\sqrt{\frac{f(x) \times g(x)}{\left[f(x) + g(x)\right]^2}} \quad\quad (5-8)$$

耦合度C数值的大小，代表不同的耦合等级，具体分类如表5-4所示。

表5-4　不同耦合指数对应的等级分类

耦合度 C	[0，0.3]	（0.3，0.5]	（0.5，0.8]	（0.8，1.0]
耦合等级	低度	较低	较高	高度

耦合协调度可以更好地反映出高职教育与区域时尚产业发展水平的匹配性，使得不同时期内的高职教育和区域时尚产业发展水平能够相互比较，反映出职业教育和区域产业发展的规律。耦合协调度的计算公式如下：

$$D = \sqrt{C \times T}$$
$$T = af(x) + bg(x) \quad\quad (5-9)$$

式中，D为耦合协调度，值越大，说明高职教育与区域时尚产业发展两者协调发展度越高，高职教育与时尚产业发展水平协调、有序发展；T为高职教育与时尚产业发展之间的综合协调系数，该系数反映了高职教育与时尚产业发展内部单个子系统的总体发展水平。a、b为待定系数，反映高职教育与时尚产业发展单个子系统的贡献程度。

三、协调等级的划分

由于协调度是用量化的概念反映了系统的协调程度，没有直接表明系统状态的性质，缺乏定性化的信息量，这是因为在[0，1]区间内有无数个数字，因而就代表了无数个协调度或者协调状态。借用模糊数学的思想，把相近的协调度在隶属关系上界定为同一类型的协调状态，所以提出协调等级的概念。协调等级指把协调度的范围划分成若干连续区间，每一区间代表一个协调等级，每一个区间代表一种协调状态，形成连续的协调等级阶梯，这样就使得原来的复杂的协调度概念变得更加简单，同时也更加实用。但是对协调等级进行划分需要根据不同的研究对象而定，并非一成不变。因此，本书需要在借鉴已有研究的基础上提出职业教育与区域产业的协调等级的划分。其中，已有研究的部分研究成果归纳如表5-5所示。

表5-5 已有研究对协调等级的划分

协调对象	协调度	协调等级	来源
高等教育投入和经济增长	0～0.3	严重失调	许爱景.高等教育投入与经济增长的计量和耦合协调分析——基于中国省际面板数据的实证研究[J].山东财政学院学报，2011（5）：73-79.
	0.3～0.4	中度失调	
	0.4～0.5	轻度失调	
	0.5～0.6	勉强协调	
	0.6～0.7	中等协调	
	0.7～0.8	良好协调	
	0.8～1.0	优质协调	
高等教育和经济发展	0～0.2	强度不协调	邹阳.高等教育与区域经济协调发展程度的地区差异研究[D].长沙：湖南大学，2008. 陈基纯，王枫.广东高职教育与经济协调发展地区差异的定量研究[J].职业技术教育，2009，30（10）：33-37.
	0.2～0.4	不协调	
	0.4～0.6	较协调	
	0.6～0.8	协调	
	0.8～1.0	强度协调	
高等教育和经济发展	0～0.2	极不协调	龚鹏.区域高等教育与经济发展协调关系研究[D].上海：华东师范大学，2014.
	0.2～0.5	较不协调	
	0.5～0.6	弱协调	
	0.6～0.8	较协调	
	0.8～1.0	强协调	
高等教育和经济	0～0.1	高度失调	杨文波.我国高等教育协调度研究[D].西安：西安理工大学，2010.
	0.1～0.2	中度失调	
	0.2～0.3	低度失调	
	0.3～0.5	低度协调	
	0.5～0.7	中度协调	
	0.7～1.0	高度协调	
高等教育与经济增长	0～0.6	极度不协调	程兰芳，王园园.我国高等教育与经济增长的协调度研究[J].现代教育管理，2009（1）：38-40.
	0.6～0.7	勉强调和	
	0.7～0.8	基本同步	
	0.8～0.9	接近均衡，较理想	
	0.9～1.0	均衡，较理想	

续表

协调对象	协调度	协调等级	来源
教育发展与 经济发展	0～0.3	低度协调	颜双波.我国教育与经济发展耦合协调度研究[J].教育评论，2015（1）：34–36.
	0.3～0.5	中度协调	
	0.5～0.8	高度协调	
	0.8～1.0	极度协调	
高等教育与 经济	0～0.09	极度失调	张立新.新兴城市高等教育与经济系统耦合协调度实证研究——以日照与威海两市2000—2011年的数据分析为例[J].大连理工大学学报（社会科学版），2015，36（1）：84–89.
	0.1～0.19	严重失调	
	0.2～0.29	中度失调	
	0.3～0.39	轻度失调	
	0.4～0.49	濒临失调	
	0.5～0.59	勉强协调	
	0.6～0.69	初级协调	
	0.7～0.79	中级协调	
	0.8～0.89	良好协调	
	0.9～1.0	优质协调	

根据已有研究的研究成果，本书基于协调度的取值范围在0—1区间，以0.5为分界点，协调度低于0.5等级划分为失调状态，协调度高于0.5等级划分为协调状态。再分别在失调状态等级和协调状态等级范畴内进一步划分为极度失调、严重失调、中度失调、轻度失调、濒临协调、勉强协调、初级协调、中级协调、良好协调、优质协调等十个等级，如表5-6所示。

表5-6　高职教育与区域时尚产业耦合协调度等级划分标准

序号	协调度区间	对应等级	耦合协调水平
1	0.00~0.09	极度失调	低水平耦合协调
2	0.10~0.19	严重失调	
3	0.20~0.29	中度失调	
4	0.30~0.39	轻度失调	
5	0.40~0.49	濒临协调	中等水平耦合协调
6	0.50~0.59	勉强协调	
7	0.60~0.69	初级协调	
8	0.70~0.79	中级协调	高水平耦合协调
9	0.80~0.89	良好协调	
10	0.90~1.00	优质协调	

四、匹配程度分类

上面两个部分通过分析耦合度和协调度两种量化指标，实现了对高职教育与区域时尚产业的相关程度和协同程度的衡量，但是上述两个指标并不能很好地表示职业教育和区域产业的相对关系。为了更好表示高职教育和区域时尚产业的协同关系，本书使用变量 P 表示两者的匹配程度，从而为高职教育和区域时尚产业的融合发展提供合理的建议。

$$P = \frac{Y}{X} \qquad (5-10)$$

式中，P 表示高职教育和区域时尚产业的匹配程度，X 和 Y 分别为高职教育和区域时尚产业的综合发展水平指数。根据 P 值的大小，可以将高职教育和区域时尚产业的匹配程度划分成不同的类型，具体划分类型如表5-7所示。

表5-7　职业教育和区域产业匹配程度等级的分类

匹配程度 P	$P < 0.9$	$0.9 \leqslant P \leqslant 1.1$	$P > 1.1$
等级划分	区域产业滞后型	同步发展型	职业教育滞后型

第四节　高职教育与区域时尚产业发展匹配性分析

一、指标熵权

根据前文构建的高职教育和区域时尚产业发展水平评价体系，收集全国代表性省份在2022年期间的相关指标数据，按照相关计算公式，分析每个指标的指标权重，具体计算结果如表5-8和表5-9所示。

表5-8　高职教育发展水平评价指标权重计算结果

一级指标	一级指标权重	二级指标	二级指标权重
教育投入	0.6067	生均一般公共预算教育经费	0.3124
		生均一般公共预算公用经费	0.1907
		时尚产业典型院校专任教师数量	0.1035

续表

一级指标	一级指标权重	二级指标	二级指标权重
教育规模	0.2593	开设时尚产业相关专业高职院校数	0.1373
		时尚产业典型院校在校生人数	0.1220
教育结构	0.1340	时尚产业典型院校相关专业设置数比例	0.1340

　　根据表5-8的计算结果来看，在高职教育发展水平评价的三个一级指标中，高职教育投入指标占比权重最大，达60.67%，随后为高职教育规模和教育结构两个一级指标，分别是25.93%和13.40%。二级指标权重结果显示，教育投入中的"生均一般公共预算教育经费"（31.24%）、"生均一般公共预算公用经费"（19.07%）两个指标明显高于其他二级指标。

表5-9　区域时尚产业发展水平评价指标权重计算

一级指标	一级指标权重	二级指标	二级指标权重
经济规模	0.2563	时尚产业固定资产投资增长率	0.0569
		时尚产业规上企业营业收入	0.1994
经济结构	0.3151	时尚产业营收占规上工业企业总营收比重	0.1375
		时尚产业就业人员比重	0.0903
		时尚产业规上企业数量占工业企业总数量的比例	0.0873
经济质量	0.4285	时尚产业职工平均工资	0.1161
		城镇居民人均生活消费支出	0.1022
		时尚产业出口金额占全国比重	0.2102

　　从表5-9的计算数据来看，在区域时尚产业发展水平评价体系的三个一级指标中，经济质量维度所占权重最大，占比42.85%，其次为经济结构和经济规模维度，分别为31.51%和25.63%。二级指标计算结果显示，经济质量维度中的"时尚产业出口金额占全国比重"（21.02%）、经济规模维度中的"时尚产业规上企业营业收入"（19.94%）相对占比较高；而经济规模维度中的"时尚产业固定资产投资增长率"则相对占比较低，仅为5.69%。

　　根据上述对高职教育和区域时尚产业发展水平评价指标计算的分解，本文计算出各重点省区市在2022年期间的职业教育发展水平的综合得分，如表5-10所示。

表5-10　样本省、自治区、直辖市高职教育发展水平综合得分

省区市	北京	广东	浙江	江苏	山东	四川	福建	河北
综合评分	0.5512	0.5511	0.4770	0.4494	0.3733	0.3155	0.2806	0.2781
省区市	湖北	河南	江西	陕西	新疆	广西	辽宁	重庆
综合评分	0.2638	0.2409	0.2294	0.2149	0.1998	0.1613	0.1294	0.1081

数据来源：根据熵值法计算而来。

从表5-10可以看出，2022年样本省市高职教育发展水平综合得分中，北京位列榜首，广东紧随其后，且得分十分接近；随后是浙江、江苏、山东、四川等省份，综合得分在0.3~0.5之间；而福建、河北、湖北、河南、江西、陕西、新疆等省（自治区）得分居中；广西、辽宁和重庆排名靠后。总体来看，东部沿海省份时尚类相关高职教育发展具有一定领先优势，中部地区相对居中。另外，除四川外，西部和东北地区的时尚类相关高职教育发展水平相对滞后，综合评分差距与其他地区相比较为明显，一定程度上反映出我国高职教育发展区域不平衡现状。

与职业教育综合发展水平指标的计算过程类似，本章计算出2022年各省区市区域时尚产业综合发展水平的得分，计算结果见表5-11。

表5-11　样本省、自治区、直辖市区域时尚产业发展水平综合得分

省区市	浙江	江苏	福建	广东	山东	北京	湖北	江西
综合评分	0.8523	0.5951	0.5438	0.3981	0.2817	0.2415	0.2359	0.2013
省区市	新疆	河南	河北	四川	重庆	广西	辽宁	陕西
综合评分	0.1802	0.1434	0.1391	0.1192	0.0873	0.0844	0.0773	0.0619

数据来源：根据熵值法计算而来。

从表5-11可以看出，2022年样本省市区域时尚产业发展水平综合得分计算结果显示，浙江以0.8523高分领先于其他省份，江苏、福建紧随其后，得分高于0.50，位列第二、第三；其次为广东、山东和北京；湖北、江西、新疆、河南、河北和四川等省份排名居中；而重庆、广西、辽宁和陕西排名较为靠后，综合得分在0.10以下。由此可见，东部地区时尚产业发展水平具有一定的领先优势，特别是浙江省，遥遥领先于其他省份；包括湖北、江西、四川等在内的中西部地区相对东部地区较为滞后，而新疆、广西、辽宁等西部和东北地区则明显落后。整体而言，时尚产业发展与区域经济繁荣度紧密相连，需加强区域合作与资源调配，推动全国时尚产业均衡发展。

二、耦合度解析

根据上述高职教育与区域时尚产业耦合度的计算公式，对全国各重点省区市2022年的耦合度进行相关计算，得到如表5-12的计算结果。

表5-12　样本省、自治区、直辖市高职教育与区域时尚产业耦合度计算结果

省区市	江苏	浙江	新疆	江西	福建	湖北	辽宁	山东
耦合度C	0.998	0.996	0.988	0.978	0.976	0.975	0.945	0.934
省区市	广东	河南	广西	河北	重庆	北京	四川	陕西
耦合度C	0.918	0.886	0.841	0.822	0.791	0.785	0.709	0.387

2022年样本省区市高职教育与区域时尚产业耦合度结果显示，样本中的大部分省份表现出高度耦合或较高耦合，一定程度上说明时尚类高职教育与区域时尚产业发展有积极的相关协同作用。具体来看，西部地区陕西计算结果为0.387，介于0.3～0.5之间，为较低耦合等级，表现出较低的融合度。如江苏、浙江、福建、山东、广东、江西、湖北等大部分东部和中部省份耦合度接近或超过0.9，甚至趋于1，表明高度融合；其中，北京耦合度低于0.8，但高于0.7，表明较高融合度。西部省份中，新疆、广西表现为高度融合，而重庆、四川、陕西等西部省份耦合度介于0.7～0.8之间，为较高融合。最后，东北地区的辽宁省则表现为较高融合。然而，耦合度C虽为重要指标，却非衡量高职教育与区域产业匹配度的唯一标准，还需结合区域发展背景、高职教育质量等多维度进行深入分析，以确保两者协调共进，实现双赢发展。

三、耦合协调度解析

根据耦合协调度的计算公式，分析各样本省区市在2022年的高职教育与区域时尚产业的耦合协调度，得到表5-13的耦合协调度计算数值。

表5-13　样本省、自治区、直辖市耦合协调度计算数值结果

省区市	浙江	江苏	广东	福建	北京	山东	湖北	江西
协调度D	0.951	0.846	0.806	0.698	0.693	0.641	0.532	0.475
等级划分	10	9	9	7	7	7	6	5
省区市	河北	四川	河南	新疆	广西	陕西	辽宁	重庆
协调度D	0.449	0.441	0.429	0.427	0.264	0.223	0.202	0.143
等级划分	5	5	5	5	3	3	3	2

从表5-13可以看出，2022年样本省区市耦合协调度结果显示，浙江、江苏、广东等东部省份协调度领先，达到高级别水平耦合协调，尤其是浙江在0.9以上，达到优质协调；福建、北京和山东等东部省份表现为初级协调。中部省份中，仅湖北为勉强协调，江西和河南为濒临协调。西部省份耦合协调度总体趋于失调阶段，仅四川和新疆表现出濒临协调，广西和陕西为中度失调，而重庆则为严重失调。最后，东北地区辽宁省为中度失调。耦合协调度结果表明，高职教育与区域时尚产业融合在东部地区表现趋向于协调发展，中部地区接近协调发展，而西部和东北地区大部分趋于失调发展状态。整体而言，除东部地区外，其他各地区省份在推动时尚类高职教育与区域时尚产业耦合协调方面需因地制宜，精准施策，促进双方协调发展迈上新台阶。

四、匹配程度解析

根据上述章节给出的高职教育与区域时尚产业的匹配程度P指数的计算公式，样本省区市2022年的高职教育与区域时尚产业的匹配程度计算结果，如表5-14所示。

表5-14 样本省、自治区、直辖市高职教育和区域时尚产业发展匹配程度

省区市	福建	浙江	江苏	新疆	湖北	江西	重庆	山东
匹配程度 P	1.94	1.79	1.32	0.90	0.89	0.88	0.81	0.75
同步类型	高职教育滞后型	高职教育滞后型	高职教育滞后型	同发展型	同发展型	同发展型	区域产业滞后型	区域产业滞后型
省区市	广东	辽宁	河南	广西	河北	北京	四川	陕西
匹配程度 P	0.72	0.60	0.60	0.52	0.50	0.44	0.38	0.29
同步类型	区域产业滞后型	区域产业滞后型	区域产业滞后型	区域产业滞后型	区域产业滞后型	区域产业滞后型	区域产业滞后型	区域产业滞后型

由上表5-14的2022年样本省市高职教育与区域时尚产业发展匹配程度显示，仅新疆、湖北和江西三个省份匹配度较高，表明时尚类高职教育的发展与该地区时尚产业发展相匹配。以新疆为例，尽管在高职教育和区域时尚产业发展水平中表现较为居中（表5-10、表5-11），但结果表明，新疆的时尚类相关高职院校投入和发展水平与当地的时尚产业发展是相匹配的。值得注意的是，除东部省份的福建、浙江、江苏为高职教育滞后型外，其余省份均为区域时尚产业滞后型，表明当前福建、浙江和江苏的时尚类相关高职教育发展滞后于这些地区的时尚产业发展。以浙江为例，其时尚产业发展综合得分（表5-11）相较于其他省份有明显的领先优势，但其高职教育方面虽然处于领先位置，但综合得分相对区域产业得分较弱，与其他

省份相比的领先优势也相对较小。而全国范围内其他省份的区域时尚产业发展相对滞后于高职教育的发展。未来，各省份需根据自身实际情况，加强高职教育与区域时尚产业的深度融合，促进两者协调发展，实现共赢。

本章重点对样本省区市高职教育和区域时尚产业的耦合度、耦合协调度、匹配程度进行评价。样本省市高职教育与区域时尚产业发展的匹配度、协调度、耦合度如图5-1所示。首先，结合各样本省市高职教育和区域时尚产业在2022年的相关数据，计算得到高职时尚教育和区域时尚产业的发展水平指标权重及其结果分析；其次，本章对各省份高职教育和区域时尚产业的耦合协调度进行评价，包括了两者的耦合度、耦合协调度以及匹配程度，并在此基础上分析时尚类高职教育和区域时尚产业发展的耦合类型。

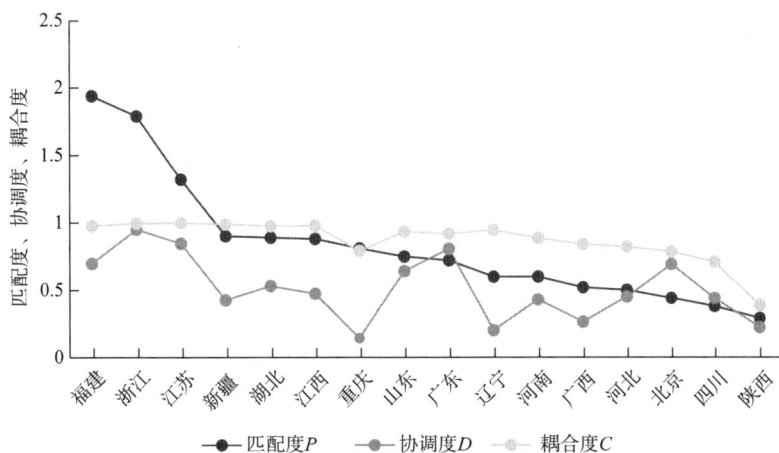

图5-1　样本省、自治区、直辖市高职教育与区域时尚产业发展匹配度、协调度、耦合度

第五节　主要研究结论

本书根据地区分布，选取时尚产业相关高职教育全国重点且具有代表性的省份，研究时尚类相关高职教育专业结构和区域时尚产业结构的协调性，主要的研究结论如下。

首先，通过总结相关高职教育和区域时尚产业发展水平评价指标，结合各地区重点省份实际数据，构建全国高职教育与区域产业发展水平的评价指标体系。其次，通过收集各样本省市2022年的高职教育与区域时尚产业相关数据，实现对全国各地区重点省份高职教育和区域时尚产业发展水平的定量评价。全国各高职教育和区域时尚产业发展水平在2022年期间，东部地区大部分省份无论在高职教育方面还是时尚产业方面均处于全国领先水平，特别是浙江、江苏、广东和山东的时尚类高职教育和区域时尚产业发展水平方面位居全国前列。

其次，在分析相关匹配程度理论、耦合协调度理论的基础上，结合全国重点省份高职教育与区域时尚产业发展的相关数据，构建了两者发展的耦合度、耦合协调度以及匹配程度评定模型。结合2022年高职教育和区域产业耦合度、耦合协调度、匹配程度测量数值，研究结果显示：

（1）除陕西外，2022年高职教育与区域产业的耦合度数值均在0.7以上，表明选取的重点省份高职教育与区域产业的耦合目前基本处于较高水平。

（2）从耦合度协调水平来看，各省份在2022年耦合度协调水平各地区差异较大，东部地区表现趋向于协调发展，中部地区接近协调发展，而西部和东北地区大部分趋于失调发展状态。

（3）从高职教育与区域时尚产业的耦合度匹配程度来看，2022年，全国各地区重点省份高职教育发展迅速，相对而言区域时尚产业发展相对滞后。结合时尚产业发展水平结果来看，我国目前时尚产业发展存在地区差异化现象较为严重，特别是东部地区的浙江、福建、江苏的时尚产业发展优势较为明显；新疆、湖北、江西尽管在高职教育和时尚产业方面发展水平较为居中，但两者达到协同发展的平衡状态；而北京、广东等省份在高职教育方面领先全国，时尚产业发展水平排名也在位居全国前列，但其产业优势远不如高职教育明显，与浙江、江苏和福建的差距较大，因此表现为区域产业滞后型。最后，本书针对样本省市2022年高职教育和区域时尚产业发展相关评价结果，提出了相关对策思路。

第六章

国外职业教育与时尚产业协同发展的先发经验

第一节　国际五大时尚之都时尚产业发展分析

时尚以人们的精神和文化需求为基础，时尚产业的突出表现为引领时尚消费，其中不仅是物质层面的消费，时尚发展至今，更多的是引领时尚消费群体对于多元化的文化价值观的认可以及推动社会潮流的不断创新、丰富和发展。每一个国际时尚中心城市的时尚产业都具有各自的特色，并涌现一批代表性的时尚品牌、设计师以及独特的经营管理方式，进而形成时尚产业的核心。伦敦、巴黎、米兰、纽约、东京被公认为世界五大国际时尚之都，本章通过对巴黎、伦敦、米兰、纽约和东京五大时尚之都时尚产业的产业发展条件、发展特点、模式选择、政策支持、发展趋势等方面进行梳理，以期归纳时尚产业发展的典型模式和一般规律，供区域时尚产业发展借鉴参考。

一、五大时尚之都时尚产业的发展路径

国际五大时尚之都之所以享有时尚之都的美誉，是因为其既有典型的时尚发展共性，又有鲜明的时尚发展个性。每个城市都有其独特的时尚特色和风格，这些特色和风格反映了区域文化、历史和社会背景。例如，巴黎和米兰以其高级定制和经典时尚著称，伦敦则是街头风格和独立设计的代表，而纽约则以其休闲运动风格和大众市场的定位脱颖而出。

（一）法国巴黎——高级定制助推时尚产业发展

在1852~1870年法兰西第二帝国时期，伴随贵族文化的渗透，巴黎成为世界艺术和时尚之都，包括高级时装在内的定制服装业与时尚产业与品牌在全世界都享有极高声誉。巴黎高级时装最早的开拓者是19世纪的查尔斯·弗雷德里克·沃斯（Charles Frederick Worth），随后众多设计师在法国建立自己独立的工作间，巴黎逐步成为繁荣的时尚中心。法国高级定制被复制并传播到世界各地，高级时装业的发展影响世界时尚风向标长达半个世纪，直至"二战"爆发。1910年法国时装协会开始举办巴黎时装周。法国时装协会成立于19世纪末，协会的最高宗旨是将巴黎作为世界时装之都的地位打造得坚如磐石，随着巴黎时装周的兴起，法国巴黎被誉为

"服装中心的中心"（图6-1）。

图6-1　巴黎时装秀（1949年）

　　法国把时尚产业作为支柱产业，巴黎在实施的2015～2020年五年计划中向时装产业注入5700万欧元，制定实施时尚产业发展国际化战略。研究表明，法国时尚产业的发展壮大与高级定制产业链的成功运作、健全的法律保护条例以及特色的高级定制时装品牌密切相关。

　　1. 高级定制产业链的成功运营促进时尚产业发展

　　巴黎的高级定制产业链构成非常完整，涵盖服装、香水、化妆品和工业设计等多个环节，从原料、产品设计、生产制作到推广营销，均有其高级定制的印记。值得一提的是，巴黎高级定制产业的分销和零售集聚现象突出，但高级时装制造却较为分散。然而，在各部门长期极高的配合度与信任度条件下，尤其是在面料中间商的出现后，高级时装业发展迎来了强大的后备保障，面料商为时装设计师们提供随用随拿、分期付款等一系列便利条件，并会根据时装设计师的要求对面料进行二次加工和研发，以保证设计师生产出满意的时装。在定制市场环境的推动下，使得产业的集中度升高，规模效益明显，形成时尚产业与市场的互动。法国的高级定制产业链的成功运作捍卫了法国不可动摇的时尚界地位。

　　2. 健全法律保护助推时尚产业发展

　　高级时装被视为法国的国宝，法国政府也把这一国宝看作是本国宝贵的文化遗产，对高级时装实施完善的保护与扶持计划。1973年成立法国高级时装公会，保护时装业设计产权，并下设高级时装协会、高级成衣设计师协会和高级男装协会。与此同时，为防止时装设计的抄袭行为，法国高级定制时装设计师及其行业协会，呼吁依据1793年的著作权法律对原创时装设计进行保护，同时推行授权模式，将时装设计授权给国内外时装生产商进行生产，再将授权生产商生产出来的服装授权给当地百货公司或精品店进行销售。

3. 高级定制时装品牌引领法国时尚

由法国高级定制产业与高级时装屋演化而来的高级时装品牌在诞生到演变过程中，形成一种独特的文化现象，不仅一直影响着世界服装业，而且还不断引领与衍生出其他相关时尚行业。法国享誉世界的高级时装品牌数不胜数，而品牌与时尚产业之间的关系也有着属于法国文化的特点。在法国，从高级定制诞生之时，其时装品牌就多为设计师品牌。设计师通过成立个人工作室来设计、制作、营销极具特色的高级时装，并大多创立了个人同名品牌，如设计师路易威登（Louis Vuitton）、克里斯汀·迪奥（Christian Dior）等。随着产业发展，法国高级时装品牌已涉及多个时尚产业领域，并逐步形成世界著名时尚品牌，如爱马仕（Hermès）、思琳（Celine）、纪梵希（Givenchy）等，这些高级时装品牌由于附加值高，为法国经济注入了持久生命力。

（二）英国伦敦——创意文化助推时尚产业发展

英国是有着千年历史的文明古国，其时尚产业风格融合了历史与现代，传统与前卫。18世纪英国国内的社会革命带动了经济的发展，提高了人们的工资收入，同时刺激了国民的消费欲望，服饰消费开始从"生活"向"时尚"转变，图6-2展示了当时的服饰风格。事实上，英国资产阶级革命以前，时尚在英国仅限于贵族阶级的奢靡生活，至18世纪末，工业革命使英国经济在生产领域和社会关系方面引发根本性转变，时尚产业也由单一的只为贵族阶层服务，逐渐转向兼顾服务于新兴资产阶级群体。20世纪以来，英国政府在本国时尚产业经历两次世界大战及多次经济危机时期力挽狂澜，出现了针对时尚产业细分领域的政策设计，例如政府和行业为推动伦敦时装产业的进一步规范化，投资纺织贸易学校的发展，1914年，巴雷特街贸易学校（Barrett Street Trade School）开业，主要为皇室贵族和大型百货公司培训时装裁缝。20世纪90年代以后，英国政府进行了大刀阔斧的经济产业结构调整，英国创意产业在这样的背景下应运而生。通过在全国范围内开展创意文化宣传活动，受到了各级政府、产业协会组织、创意文化企业以及民众的鼎力支持。在得到了良好的社会反响之后，英国政府实施了相应的扶持措施，包括政府主办的创意文化产业从业人员的免费技能培训、创意类企业税收减免、文化产品出口扶持补贴等。

图6-2 18世纪英国妇女服饰

1. 创意文化产业链的高效运行提升时尚产业发展

英国的创意文化产业通过将教育、设计、生产、销售、推广等环节有机结合，建立起一条完整而又相互联系、相互制约的商业化的产业链。英国创意文化产业中各组织通过供应商和零售商连接形成产业结构网络，并在生产活动中创造以最终消费者所得到的产品和服务为表现形式的价值。除了制造供应商和零售商之外，政府部门、教育机构、模特公司、媒体、各类公关公司和推广机构也在英国创意文化产业链上占据着重要的环节。伦敦设计节是英国创意文化产业中典范。在政府、设计部门和领先设计企业的支持下，伦敦设计节作为传播设计思想的平台，既体现了英国设计对传统与创新精神的传承，又体现了商业与人文价值，促进了城市的创造力，将英国伟大的思想家、实践者、零售商和教育工作者聚集在一起，为国外的来访者举办百余个特别的设计创意集市和相关活动，充分展现了英国作为世界创意中心的地位。

2. 有效的政府管理和产业政策助推时尚产业发展

为了加快英国成为全球创意和时尚中心的步伐，英国政府联合英国文化传媒与体育部及其他机构共同进行管理，旨在保障创意产业和时尚产业的高质量发展。英国政府突破专制的局限性，积极与各行业合作，规划发展战略，制订创意产业发展政策，还与多家公共和私人机构、团体合作，通过形式多样的手段参与创意产业发展，有效提高了政府管理的效率，促进了区域经济高速发展。

此外，相关的政策设计也成为助推时尚产业发展的重要力量，表6-1整理了英国时尚产业的政策设计，这些举措不仅促使创意人才打破禁锢，更为创意产业的未来发展指明了方向。例如，1909年，《制衣业最低工资原则》通过了贸易议会法，标志着英国服装产业制度的日益成熟。1935年，在英国政府的扶持下，英国高级定制服装设计师联合组建"伦敦时装集团"，旨在推广其组织内的时装产品，复兴英国时尚产业。

表6-1 英国时尚产业政策设计整理

过程历程	时间阶段	相关政策	核心内容
萌芽阶段	19世纪	举办"水晶宫博览会"	1851年英国在伦敦海德公园举行了世界上第一次国际工业博览会，由于博览会是在"水晶宫"展览馆中举行的，故称之为"水晶宫博览会"，博览会囊括了服装及面料展区
发展阶段	1900年代	出台"制衣业工资法案"	建立制衣业最低工资原则
	1910年代	成立巴雷特街贸易学校	为皇室贵族和大型百货公司培训时装裁缝
	1930年代	组建"伦敦时装集团"	推广其组织内的时装产品
	1940年代	推出"实用服饰计划"	严格控制纺织品制造，提高生产标准化
	1950年代	成立"伦敦时装屋集团"	通过开展一系列活动以振兴英国时尚产业
	1960年代	设立"服装出口理事会"	助力英国时装品牌拓展海外市场
	1970年代	重组"工业设计委员会"	规定在英国男性和女性工资平等，开展设计教育活动
	1980年代	推广"设计中心甄选产品"	建立提升设计教育水平的政策，推出设计中心甄选"创新针织品"
转型阶段	1990年代	发表"创造性的未来"报告（1993）、成立"英国创意产业特别工作小组"（1997）、出台《英国创意工业路径文件》（1998）	规划国家文化发展战略，界定创意产业，使其成为振兴英国经济的重要手段。推动英国创意工业发展，为创意工业提供全面的支持和发展方向，成为英国经济发展的重点之一
	2000年代	出台《创意产业：行业协议》（2018）、《创意英国——新人才创造新经济计划》（2008）、《英国创意工业路径文件》（2001）	规划创意产业将如何从政府和产业支持中受益，以保持英国创意产业的全球领先地位；明确列出26项承诺和举措，彰显政府采取行动促进创意产业发展的决心和恒心；针对当前英国设计政策和创意产业的发展现状提出了具体可实施的意见

3. 创意设计品牌引领英国时尚

创意设计是将富于创造性的思想、理念以设计的方式予以延伸、呈现与诠释的过程或结果，创意作为设计重要思维输出，在融合高超的制作技艺与商业层面的运作下，形成创意设计作品。英国的设计师与品牌之间的关系与其他时尚中心国家不同，许多才华横溢的设计师会先就职一些世界各国顶级品牌，而后在达到一定程度后，他们才会选择回国创立自己的品牌。例如，曾任迪奥的设计总监约翰·加利亚诺（John Galliano）、曾任纪梵希设计师亚历山大·麦昆（Alexander McQueen）等，也正因为这种宝贵的经历，再加自身优秀的设计才能，英国涌现出了一批优秀的全球创意设计品牌：博柏利（Burberry）、约翰·加利亚诺（John Galliano）、登喜路（Dunhill）、Top shop等。

（三）意大利米兰——高级成衣助推时尚产业发展

意大利的时尚历史可以追溯到中世纪，当时不同城市有专门从事自己的工艺、面料和奢侈品，并有着截然不同的衣着品位。在文艺复兴时期，意大利各地区和城市相继成为艺术与创新的中心。新思潮活跃在社会各领域，追求奢华富有的风气日益繁荣，以服饰为外在表现形式的"时尚"概念应运而生。直至"二战"后，以马歇尔计划为转折点，意大利时尚得以转型发展，意大利进入全球时尚市场。在20世纪50年代，意大利因为创造了许多引领时尚界潮流和流行于世界的高级成衣品牌恢复了其在世界时尚界的地位。意大利的高级成衣业以生产舒适、高雅、高品质、富于想象的时尚服饰品闻名，进而奠定了意大利时尚风格。意大利人喜欢购买风格永存、舒适度高、质量好的服装，导致意大利成衣产业链的特征与法国、美国和英国有些不同，意大利的时装设计师在创造实用性和功能性的服装和配饰方面有着出色的表现，对生产服装所用的原材料有着严格的要求。例如，米兰在18世纪成为丝绸生产中心，通过吸收中国先进的丝绸技术和创新，生产出精美的丝绸面料，如图6-3所示，满足了当时欧洲上流社会的奢华和时尚需求。

图6-3 意大利18世纪丝绸生产车间

18世纪时尚产业在米兰迅速崛起，成为当地新的产业之一。米兰的时尚产业包括时装制造、设计工坊、服装生产流程，给这座城市带来了巨大的经济和文化影响力。米兰作为意大利北方工业城市，拥有良好的制造业网络，随着成衣系列的激增，汇集了许多设计师，逐渐成为时尚之都。特别是1961年后，*Vogue*意大利版的总部迁至米兰，进一步巩固了该城市的时尚声誉。米兰的时尚地位在20世纪下半叶得到了进一步的提升，尤其是乔治·阿玛尼（Giorgio Armani）和詹尼·范思哲（Gianni Versace）等设计师的大受欢迎，为米兰巩固了其作为时尚之都的地位。此外，米兰时装周的确立，使得这座城市获得了尖端时尚的声誉，吸引了全球的时尚媒体和买家。

1. 高级成衣产业链的艺工结合提升时尚产业发展

意大利的高级成衣相较于法国的高级时装，虽没有特别强调艺术和定制，但更注重本民族的传统，注重艺术与工艺技法的结合。意大利设计的夸张用色，大胆利落的剪裁，加上精致的传统手工艺，成就了意大利高级成衣产业链的鲜明特点。一是设计独具风格，意大利成衣设计师善于进行小规模手工制作生产，设计出品质精良、高制作工艺水准的成衣；二是生产不断创新，企业之间相互作用，分工明确，大、中、小型企业合作共存、协调发展；三是销售网络完善，以展示中心为基础的意大利高级成衣销售网络遍布全球，日趋成熟的米兰时尚会展业也吸引了全世界的媒体和买手。

2. 完善的政府管理与行业协会助推时尚产业发展

意大利的时尚产业管理有其自身的特点，政府、行业协会在时尚产业的发展中起到了保障作用。意大利政府注重时尚产业与时尚品牌培育，结合区域时尚产业特征制定意大利时尚产业发展规划，形成了完备的时尚产业政策管理体系。意大利政府并不直接干预国家时尚产业的发展，政府通过专项资金资助及制定相关政策支持商会对于时尚产业的管理，例如以政府出资在国外为意大利本国设计师举办时装发布会，助力传播意大利时尚文化。同时，意大利的时尚行业协会承担着某些政府职能，为企业提供咨询、信息交流、中介等服务，有效促进了政企间的交流互信。米兰的商会和行业协会也是意大利时尚产业发展的重要一环。在米兰，不同形式的企业合作组织和行业协会非常齐全，主要协会机构有：米兰商会、意大利纺织服装产业联合会、意大利国家服装协会、意大利奢侈品制造商协会等。

3. 高级成衣品牌引领意大利时尚

意大利的高级成衣品牌及相关企业作为传播时尚的媒介，为时尚产业的可持续运作提供了支撑。意大利的时尚品牌云集、历史悠久，而且这些品牌与设计师之间有十分密切的联系，使得在意大利大多数品牌是以设计师的名字来命名的。从此，知名设计师、高级成衣品牌成为意大利时尚产业的发展特点之一。意大利主要的高级成衣品牌有：阿玛尼（Armani）、古驰（Gucci）、范思哲（Versace）、阿尔伯特·菲尔蒂（Alberta Ferretti）、普拉达（Prada）等品牌。这些高级成衣品牌通过设计语言的转化将意大利的历史文化融入时装中，使得消费者不仅可以从时装中看到现代的风格，而且还可以感受到艺术文化所带来的精神层面享受，这也是意大利被称为"成衣王国"最重要原因之一。

（四）美国纽约——大众成衣助推时尚产业发展

美国时尚产业的发展历程可以追溯到19世纪，经历了从生产男装到大众消费、再到成为全球时尚的引领者和大本营的转变。美国制造是"大规模""开阔空间"和"远大理想"的代名词，"美国制造"的特点是产品属于大众消费领域，注重功能性。伴随"二战"爆发，大量高级时装屋被迫关闭，时尚活动无法顺利开展，欧洲设计师艾尔莎·夏帕瑞丽（Elsa Schiaparelli）、萨尔瓦多·达利（Salvador Dalí）等众多艺术家、设计师为逃避战乱，相继移居美国。得益于各类产业人才的涌入与支持，加之美国政府大力鼓励发展本土时尚教育，为时尚产业的发展储备了必要的人才资源，促进了美国本土设计与当代艺术崛起，促使美国时尚产业逐渐完成了自跟风效仿到自主发展的转型。

19世纪50年代上半期，以中产阶级为主的大众服装市场在工业化的过程中开始成长起来。布鲁克斯兄弟（Brooks Bothers）是最知名的现代男装零售商之一，它也是美国最早的服装生产商之一。布鲁克斯兄弟公司成立于1818年，它最初只是一间裁缝店，到1857年，它已经雇用了75名裁缝和1500名工人。1845年，埃利亚斯·豪（Elias Howe）发明了史上第一台缝纫机，这为成衣服装业的工业规模化发展铺平了道路。这项发明被美国胜家缝纫机公司作为工业用途使用，并与富足的移民劳动力一道支撑着美国服装行业的经济增长。伴随着大众生产的不断发展，大众分销开始出现，百货公司和专卖店开始为服装销售腾出大量空间，人们对于舒适工作服的需求推动了美国服装行业的发展，如19世纪末美国开始流行布袋型西装，如图6-4所

图6-4　19世纪末美国开始流行布袋型西装

示。数据显示，大众成衣业占了美国时尚产业的绝大部分，尤其是纽约大众成衣业产值高达980亿。根据纽约经济发展组织的报告显示，有超过1000个服装公司将设计中心设在纽约，纽约政府为了扶持当地时尚产业发展，自2010年启动"时尚纽约2020计划"，指出时尚产业发展的核心在于产品设计与设计师，并于2012年出台了"创新设计保护法案"对设计师的作品授予版权保护，通过立法与司法上的努力对时尚产业有一定的保护作用。

1. 大众成衣产业链创新促进时尚产业发展

美国的大众成衣产业链分为三个环节：第一个环节是原料，包括纤维制造、羊毛培育、棉花种植；第二个环节是服装制造，纽约曾是服装制造中心，虽然近年来大量生产加工外移，但是许多服装生产公司的总部与设计中心还是设立在纽约；第三个环节是产品营销，纽约拥有庞大的时尚消费群体与时尚消费市场，被视为世界时尚消费集聚中心，奠定了纽约成为世界时尚之都的重要基础。除此之外，众多材料研发部门、设计部门、时尚组织机构、时尚媒体、营销部门、文化设施、商店和服务设施等产业链中的各个相关环节都集聚于纽约，共同推动美国时尚产业的发展。

2. 成熟的时尚教育体系助推时尚产业发展

时尚教育机构为时尚产业的发展储备了必要的人才资源，美国的时尚教育虽然起步较晚，但通过对欧洲时尚教育体系的传承式发展，美国现已成为世界上时尚教育体系较为完整的国家。美国纺织学校多于19世纪后期建立，主要有位于纽约市第五大道的帕森斯设计学院（Parsons School of Design），第七大道的纽约时装技术学院（Fashion Institute of Technology）。其中成立于1944年的纽约时装技术学院（FIT）专注于与时装业相关的艺术、商业、设计、大众传播和技术，为美国时尚产业输送了大批精英人才。

3. 大众成衣品牌引领美国时尚

"二战"期间，美国的设计师群体趁机崛起，将创意和带有美国文化气息的元素融入成衣设计中，为美国纽约的成衣形成了自己的特色并奠定了美国时尚产业风格的基调。"二战"以后，虽然巴黎重夺时尚主导权，但美国已逐渐成长起了一批本土设计师，美国设计师们开始登上时尚舞台，如海蒂·卡内基（Hattie Carnegie）、比尔·布拉斯（Bill Blass）、保妮·卡什（Bonnie Cashin）等。这些本土设计师们从不将自己定位为女装设计师，而宣称是成衣生产者，并通过零售店的形式出售给消费者。伴随美国大众市场经济的发展，涌现出许多享誉世界的美国成衣品牌，比如有卡尔文·克莱恩（Calvin Klein）、拉尔夫·劳伦（Ralph Lauren）、寇驰（Coach）、安娜·苏（Ann Sui）、亚历山大·王（Alexander Wang）等众多时尚成衣品牌。这些品牌独具匠心的创意和带有美国文化气息的设计，使得美国逐步走向世界时尚的中心，树立了全球美式时尚风向标。

（五）日本东京——接纳到输出的时尚产业发展路径

日本时尚产业的发展可以追溯到19世纪末，当时日本开始接触西方的时尚潮流并逐渐形成独特的风格。20世纪初，随着日本经济的快速发展，时尚产业也开始崭露头角。20世纪20～30年代，随着日本服装设计和制造业的发展，时装秀也开始在本土兴起。回顾日本时尚的演变和时尚体系建构历程，以明治维新、第二次世界大战爆发为契机，先是对"美式服装"的接纳吸收，特别是20世纪80年代日本开始进入泡沫经济，人们对时尚的追求空前高涨，又加上欧美流行的影响，当时最流行的就是一种叫青藤风格（Ivy Look）的潮流，大家都想看起来是从美国常青藤名校出来的精英一样，如图6-5所示。而后，日本发挥了民族文化优势、人才聚集效应，以提升文化影响力为目的，不断强化时尚设计的民族性标签，逐步形成了传统侘寂文化与青年亚文化并存的双重时尚特征，完成"日式风格"的反向输出。可以说，日本时尚产业以时尚保障、教育、传播、生产、文化为要素，融合时尚文化研发与产业技术创新，从低附加值的劳动密集型生产集群向高附加值的技术纺织和时尚文化生态发展，逐步构建了时尚体系，实现了时尚梯度的跨越。日本作为世界第三大时尚产业市场，时尚产业综合发展已汇集全球40个国家，与美国、法国、英国和意大利共同领跑全球时尚产业。

图6-5　日本常青藤精英装示意

自20世纪末日本提出"文化立国"这一战略构想后，日本的时尚产业开始迅猛发展。日本纺织服装产业作为日本时尚产业发展的基础产业，拥有良好理念的长久传承，例如有300多年历史的森林（MORIRIN）纤维株式会社专注于提供"无可替代的产品"的企业理念，也有坚持为消费者提供"低价良品、品质保证"经营理念的优衣库（UNIQLO），他们都时刻体现着日本纺织服装企业对于"精良"的追求。20世纪70年代的日本纺织产业面临萎缩和衰退，但在政府援助政策下复苏后，日本纺织服装产业氛围依旧优良，为今后日本时尚产业发展奠定了基石。

1. 产业研发理念前卫，注重质量与客户体验

日本作为技术创新领跑国，早在20世纪60年代，日本纺织服装产业对于技术升级与创新便高度重视。20世纪50年代日本生产的纤维质量高、输出广，大力发展合成纤维产业，使纺织服装产业得到优化升级，竞争力大幅提升。再历经20世纪60年代的纤维产业升级调整，促使日本纺织服装产业在20世纪70年代和80年代开始向高端化发展。日本纺织服装业对于服装的实用性和环保理念关注较早，也是亚洲地区较早将人与自然共生的理念带入时尚业的践行者。日本纺织服装产业对于科技创新的追求、结合、应用，以及对于人文环保理念的坚持，使日本纺织服装产业不断流入新鲜血液，也铸就日本纺织服装产业的鲜明特色，与20世纪80年代日本出现的一批世界级设计师一同使日本时尚产业在全球范围内占据一席之地。

由于日本民族历来注重工匠精神，作为时尚产业大国的日本也极其注重纺织服装产品的质量。日本时尚界设计师们对于服装选材要求十分苛刻，体现了日本纺织服装企业对于客户体验满意度的重视。同样，日本大多服装企业都有其完善且独特的产品供应链体系，而完善的供应链也是为了提高客户消费及使用体验的程度，供应链体系的末端也注重客户的回馈，可为企业产品的改进提供诸多建议。

2. 政策保障体系推动时尚产业发展

1885年，日本起草《专卖专利条例》并不断颁布完善法提升对外观设计的保护，为时尚产业的发展提供了有力的政策支撑；1948年，"日本纺织经济研究中心"成立，致力于纺织设计和制造的技术研究；1985年，时装设计师协会成立，以三宅一生、川久保玲为首的日本先锋设计师们开始在日本东京聚集，东京时装发布会从此诞生，东京也同巴黎、米兰、伦敦、纽约一起被列为世界五大时装之都；1988年，由日本政府和民间共同出资打造的"艺术文化振兴基金推进委员会"成立，形成对艺术文化创造和普及进行资助的规范政策；20世纪末，日本时尚产业的发展也依托于日本政府的政策倾斜与扶持力度。从1996年日本开始推行"文化立国"开始，日本先后颁布《振兴文化艺术基本法》《创意产业振兴政策》《数字创意产业振兴战略》《新经济成长战略》《文化艺术振兴基本法》和《关于文化艺术振兴的基本方针》等法律及战略政策，明确了时尚产业发展的重要性，为日本时尚产业的发展创造了良好的社会环境。

2005年，"服装战略委员会"成立，确保每年两次的"东京时装周"（JFW）时尚展览活动顺利开展。据日本制造工业局纺织服装科时尚政策室数据显示，日本全国具有多达130家纺织生产中心，各个地区形成了具有区域特色的纺织中心。以时尚产业的发展和东京时装周的建立为基础，国家的政治和经济实力保障了产业良性运转，时尚教育为日本时尚产业的发展储备了必要的人才资源，日本传统艺术和街头亚文化的发展为日本时尚产业提供了思想基础与文化根基，新兴时尚媒体的出现加快了时尚传播与商业化的融合，日本从制造业中心重新定位为时尚之都。

3. 日式风格反向输出形成特色时尚文化

日本的时尚产业大多有着较为明显的特征，即带有本国价值观念和政治、文化思维。例如纺织服装行业致力于材料舒适、服饰简约的整体风格，动漫行业追求原创，化妆品行业体现为精益求精和高度自律，这些都体现着日本的工匠精神，展现宣扬着日本的文化。

自19世纪末明治维新时期现代化改革开始，日本服装业已从小定制服装店模式发展为具有创新能力纺织品的尖端服装产业，拥有大规模定制及供应链管理系统，建构了相对完备的时尚产业链。日本从明治维新到完成近代化改革的一百多年的时间，也是日本时尚产业从"美国化"到追求东方美学趣味的过程。20世纪70年代，以川久保玲（Kawakubo Rei）为代表的日本第一代设计师开始在西方时装界崭露头角，随后众多设计师不谋而合地向以欧洲为中心的时尚界发起挑战，设计师们将日本传统美学思想与西方高定时装完美融合，同时在时装设计手法、材料运用、T台呈现方式等多方面进行革新，以黑白色彩为基调，通过前卫大胆的剪裁颠覆了西方美学对于完美对称结构的惯用思维，迅速占领欧洲时尚市场。1970年，高田贤三（Kenzo Takada）成为首位以亚洲身份参展巴黎时装秀的日本设计师，自此日本设计师开始在以西方时尚为主流的领域，利用融合日本文化特色的时尚风格获得法国认可，立即席卷了整个欧洲时尚圈。日本时尚经历了从效仿西方至融合日本传统美学的转型进程，立足欧洲市场打响了知名度，推动了日本经济的发展以及时尚产业的转型升级。高田贤三、山本耀司、川久保玲及三宅一生等设计师站在国际舞台，用更高的文化审美，将具象的初级形态赋予某种符号属性以表现日本传统的"侘寂"美学。动漫、街头时尚等多元青年亚文化形态也蓬勃发展，在多元化的背景下，日本时尚文化显现出青年亚文化与传统侘寂文化并存的双重特征。

综上所述，国际五大时尚之都拥有得天独厚的城市人文地理背景、积极的时尚产业政策规划、扎实的时尚产业基础、过硬的时尚品牌、完善的时尚产业配套体系、有力的法律保障、耀眼的时尚文化以及较好的时尚人才基础等。为了方便理解，表6-2梳理了国际五大时尚之都的一些时尚发展优势和基础。

表6-2　国际五大时尚之都时尚经济发展基础分析表

要素	具体内容	巴黎	伦敦	米兰	纽约	东京
城市人文地理背景	自然条件	冬暖夏凉、四季分明，北纬：48度	温带海洋性气候，北纬：51度	气候四季鲜明，北纬：45度	四季分明，北纬：41度	气候温和，北纬：35度
	城市背景	2000多年城市历史、法国的经济和金融中心、便利的陆海空交通运输条件	英国首都、世界金融资本汇聚之地和交易中心、重要的国际航空交通站和国际港口	2000多年城市历史、欧洲交通枢纽、意大利的"经济首都"	世界金融和经济中心、全球和欧美的交通中心、典型的移民城市	四通八达的交通网、日本的政治、经济、文化中心
时尚产业政策规划	政策规划	纺织服装业的政策措施、高级时装的保护和扶持政策、其他纺织品补助政策	设计师扶持政策、金融危机后的伦敦时尚产业扶持政策	政府资金支持和补贴产业收入；贷款便利化呼吁欧盟实施原产地强制标识	建立服装创业园区；为新秀设计师提供房租、融资渠道	经济产业省已确定了针对时尚产业的重点支持领域
时尚产业基础	时尚创意产业园区	左岸艺术区	伦敦创意产业园区、霍克斯顿创意园区、SOHO区、老啤酒厂、布里克巷	维罗纳时尚区	曼哈顿的SOHO区	日本杉并（Suginami）时尚产业中心
	时尚制造产业集聚区	巴黎北部郊区制造基地	伦敦制造业卫星城	普拉多纺织工业区等纺织服装工业区	纽约制衣区	京滨叶工业区
时尚品牌	知名品牌	香奈儿（Chanel）、爱马仕（Hermès）、高田贤三（Kenzo）	博柏利（Burberry）、登喜路（Dunhill）、蕾德莉（Radley）	乔治·阿玛尼（Giorgio Armani）、詹尼·范思哲（Gianni Versace）、普拉达（Prada）	蔻驰（Coach）、卡尔文·克莱恩（Calvin Klein）、唐可娜儿（DKNY）、马克·雅可布（Mac Jacobs）、安娜·苏（Ann Sui）	东京风格（TOKYO STYLE）、BAPE、OFUNO、Porter、优衣库（UNIQLO）
时尚产业配套体系	快速反应系统	时尚买手制	时尚买手制	时尚买手制	由大规模生产向定制和快时尚转变	快速反应系统（QRS）和丰田缝纫体系（TSS）
	时尚流通业、消费业	九月四日大道、春天百货公司、拉法叶百货公司、香榭丽舍大道	哈洛德百货公司、玛莎百货公司、牛津街、杰明街、塞维尔街	维托伊曼纽二世拱廊、蒙提拿破仑街等	麦迪逊大道、珠江百货公司	松屋百货、银座商业区、涩谷商业区、23区

要素	具体内容	巴黎	伦敦	米兰	纽约	东京
时尚产业配套体系	时尚会展业	巴黎时装周、巴黎成衣展、女装设计展、第一视觉面料展	伦敦时尚周、伦敦珠宝周、英国伯明翰国际服装服饰博览会、伦敦成衣博览会	米兰时装周、米兰设计周、米兰家具设计展、米兰国际博览会	纽约时装周、美国时装设计师协会大奖、美国纽约面料、辅料及成衣展	日本时装周、日本电子展、日本通信博览会
法律保障	知识产权著作权	知识产权法典	著作权、产品设计和专利法、英国知识产权局（UKIPO）	版权法、知识产权法庭	版权法、兰哈姆法、专利法、国际知识产权联盟	知识产权基本法
时尚文化	时尚文化特色	贵族气质、时尚花都	英伦风格：保守的绅士与激进的青年	意式浪漫、名牌效应	休闲、简约、个性	东西方文化交融
时尚人才基础	时尚创意人才培养机构	巴黎国立高等美术学院、ESMOD巴黎高级时装设计学院、法国时装学院	圣马丁学院、皇家艺术学院、伦敦时装学院、伦敦大学金史密斯学院	米兰大学、布雷拉美术学院、马兰欧尼学院、多莫斯学院、欧洲设计学院	纽约时装学院、纽约大学、纽约视觉艺术学院	日本东京艺术大学、文化服装学院、MODE学园
	时尚工会组织	法国高级时装工会、法国工业面料联合会、法国服装联合会、法国鞋业协会、法国香料生产企业协会	英国时尚与纺织协会（UKFT）、伦敦格林街珠宝协会（GSJA）、英国珠宝协会（BJA）	意大利国际时尚协会、意大利奢侈品制造商协会、意大利国家服装协会	美国服装设计师协会（CFDA）、纽约时装技术学院、普瑞特艺术学院	东京设计师协会、社团法人电子信息技术产业协会、日本珠宝设计师协会

二、五大时尚之都时尚产业的共性特征

据权威机构研究分析，国际时尚之都（伦敦、巴黎、米兰、纽约、东京）是在国际时尚领域具有相当影响力，策源时尚流行、引领时尚潮流、荟萃时尚品牌、集聚时尚企业、推动时尚传播的城市。纵观国际时尚之都的发展，有以下特点。

1. 制定科学的时尚产业发展规划，形成时尚产业的集聚效应

从产业发展历程来看，五大时尚之都大多通过对时尚产业发展的科学规划，实现了时尚产业的集群式发展。伦敦出台了多达30项时尚创意方面的政策规划，促进了伦敦创意产业园、制造业卫星城等时尚产业集群的形成。米兰的维罗纳时尚区、普拉多纺织工业区，巴黎的北部郊区制造业基地，纽约的曼哈顿SOHO区，东京的杉并时尚产业中心、京滨叶工业区，这些时尚园区都是在科学的发展规划下才得以形成，并蓬勃发展。

2. 整合完善时尚产业链，形成扎实的时尚产业基础

从产业链角度来看，五大时尚之都均具有发达的时尚制造业、会展业、流通业、消费业、传媒业，促进了时尚相关产业的有效衔接和整合，形成了扎实的时尚产业基础。例如：巴黎大区的时尚展览会每年接待72.5万名参观者和2万家参展企业，每年两次的纽约时装周直接创收46.6亿美元，每年举办的时装秀共计250多场，收入77.3亿美元，伦敦、米兰、巴黎的时尚买手制打造了先进的时尚产业链前端采购驱动体系，纽约的麦迪逊大道、珠江百货公司等消费平台为时尚产品的市场化搭建了良好的平台。

3. 开发众多的国际时尚品牌，提升国际时尚竞争力和潮流话语权

从品牌建设角度看，品牌的汇聚为五大时尚之都的时尚产业带来了丰厚的产业利润，创造了强劲的市场需求，形成了其成为时尚之都的国际核心竞争力，提升了国际时尚潮流话语权。伦敦拥有博柏利（Burberry）、登喜路（Dunhill）、蕾德莉（Radley）等多个国际知名品牌，是公认的男装中心，米兰和巴黎则拥有乔治·阿玛尼（Giorgio Armani）、普拉达（Prada）、香奈儿（Chanel）、爱马仕（Hermès）等众多奢侈品牌，巴黎以优雅的高级女装著称，强调时装的艺术性，米兰是公认的成衣之都，众多品牌为大家所熟知，纽约的蔻驰（Coach）、卡尔文·克莱恩（Calvin Klein）、唐可娜儿（DKNY）等品牌畅销各国，出色的便装和运动休闲风格，被众多消费者所喜爱，三宅一生是东京的品牌骄傲。

4. 形成丰富独特的时尚文化，提供时尚创意的文化源泉

从文化塑造层面来看，五大时尚之都均有丰富独特的时尚文化风格，构筑了国际时尚之都的内在驱动力，形成浓厚的创意灵感氛围，夯实时尚产品的文化底蕴。巴黎的时尚文化体现了抽象的高雅风格；伦敦时尚既有绅士风格，又有反叛激进风潮；米兰的时尚热烈而富有幻想、华丽而追求品质；纽约是一个相对年轻的移民城市和商业城市，多元化、实用化、娱乐化成了纽约时尚文化的精髓；东京则是东西方文化通融的典型，其时尚文化将东西方文化、前卫与传统、艺术和品质融合为一体。

5. 配套完备的法律体系，保障时尚产业健康发展

从法律体系层面看，五大时尚之都均具备完善的时尚产业法律保障体系。英国的著作权和专利法、法国的知识产权法典、意大利的版权法、美国的专利法、日本的知识产权基本法等，都为五大时尚之都时尚产业发展提供了法律保障，促进了时尚创意与知识创新。

6. 培养高水平的时尚人才，构筑时尚经济发展的智力支撑

从人才培养角度看，五大时尚之都拥有众多高水平的时尚设计师和时尚买手的培养院校机构，是世界设计师的摇篮，为全球培养了众多视角敏锐、品位独特的时尚买手，目前伦敦的中央圣马丁艺术与设计学院、皇家艺术学院，米兰的米兰大学、欧洲设计学院，巴黎的巴黎国立高等美术学院，纽约的纽约大学、纽约视觉艺术学院，东京的日本东京艺术大学，这些时尚产业的科研与人才培养机构为五大时尚之都的时尚产业发展提供了源源不断的智力支持。

三、五大时尚之都时尚产业的典型模式

通过对五大时尚之都的比较分析，我们发现时尚产业发展的主要模式主要有三大类。

（1）制造型时尚产业体系模式。以米兰和伦敦为例的国际时尚之都依靠其在制造业（如服装工业、面料工业等领域）强大和精湛的工艺根基和技术设备，不断推出创新产品，引领时尚消费的不断进步，并逐步带动其他相关产业的发展，形成完善的高技术、高附加值的时尚产业结构。而制造驱动模式要求在纺织产业基础方面有绝对的竞争优势，例如意大利男装、英国的羊毛制品。

伦敦——18世纪末，英国爆发的工业革命极大地解放和发展了生产力，同时劳动生产效率也得到了大大提高，使时装业从单件加工到规模生产成为可能，并由此发展成为大批量生产的成衣服装市场。英国创造的棉制品时尚，使其棉纺厂原棉使用数量提升。在此初级创造力的驱动下，维多利亚时期的伦敦使时尚在欧洲甚至全世界首屈一指，现代时尚产业开始萌芽。

米兰——作为文艺复兴的起源地，米兰拥有众多艺术古迹和悠久的艺术文化氛围。新艺术运动、新古典主义运动以及现代设计运动等对意大利的工业发展产生了巨大影响。20世纪初，米兰逐渐成为欧洲工业设计和制造中心，其纺织业发达，特别是皮革制品、羊毛针织品、丝织品等闻名于世，这些面料是米兰时尚设计师设计时尚产品的基本元素，也为其发展成为时尚之都奠定了基础。

（2）消费型时尚产业体系模式。以巴黎、纽约和首尔为典型代表，依靠终端消费时尚的强大需求和购买力，吸引各地厂商和设计人员聚集开展产品研发、销售和制造，逐步延伸拓展至关联产业，其中销售服务和市场推广是关键因素。

巴黎——巴黎消费驱动发展模式的形成离不开14世纪法国贵族对于服装、饰品、珠宝以及香料制品的需求。法国贵族的这些需求推动了时尚产业的快速发展，从而带动了手工时尚制造阶层的产生，该阶层根据贵族对时尚产品的需求导向进行产业的发展。随着法国经济的发展和人均消费水平的不断进步，时尚消费阶层不断

扩大，从而继续引领时尚产业的发展。

纽约——最初，纽约并没有属于自己的时尚产业，欧洲的生活方式和时尚品位是纽约上流社会所向往的，从而形成了美国最初的时尚消费模式。当时美国多数本土设计师仅将欧洲时尚模式带回本土，对其进行模仿。"二战"后，美国的经济实力进一步增长导致美国消费者的购买力进一步增强，而当时欧洲的时尚业因战争的影响而遭受沉重的打击，巴黎、伦敦以及米兰时尚品牌的最大客户群都是美国人，因此在强大市场需求的推动下，美国形成了一批本土设计师，他们独立寻找属于美国的时尚，从而形成了属于美国的纽约时尚。

（3）政府导向型时尚产业体系架构模式。与其他时尚之都不同，日本采用的政府导向型的发展模式。东京的时尚产业与其他国际四大时尚之都相比起步最晚，但企业学习能力极强，并善于利用其自身的特点与优势，充分发挥独特的技术能力和产业能力。日本产业政策的发展是由"扶持—失灵—辅助"的模式构成。在20世纪70～80年代之前，日本产业政策一直扶持着各类产业的发展，到了20世纪90年代后政策的扶持作用开始减弱和失灵，之后所进行的一系列调整也收效甚微。因为一部分优势产业已经成熟，政策又无法确定新的扶持方向。由此，日本各行业发展开始走上了企业相互协助、政策相辅助的道路。另外，日本还结合制造驱动模式，在电子消费品和动漫方面有着绝对优势。

第二节　国内外职业教育与时尚产业协同发展经验借鉴

从世界职业教育发展的现状来看，目前德国、美国和日本的职业教育发展较为典型。因此，了解这些国家职业教育与产业协同发展的历程和经验，对探索和完善我国职业教育与产业协同发展道路具有较强的借鉴意义。

一、德国职业教育与产业协同发展经验

（一）德国职业教育典型模式

在职业教育领域，德国的"双元制"职业教育模式是世界职业教育与经济产业互动发展的典范模式。德国"双元制"职业教育是指职业学校和企业两大体系同时对学员进行系统培养的过程，德国"双元制"充分体现了企业与职业学校紧密结

合，实践与理论相互衔接的双元特点。德国"双元制"中的学员大部分是完成九年义务教育后而不再升入高等学校的青年，他们在完成九年义务教育之后，有从事职业教育的意愿，就可以向意向企业或当地政府提交愿意接受职业教育的申请，达成意向后可以签订职业教育合同。其在进入企业成为正式技术工人之前，必须在职业学校中接受2~3年的准职业化训练。训练通常由企业和职业学校共同实施，而具体在企业接受实践操作的时间和在职业院校内接受理论学习的时间可以由企业和职业学校共同商定。

德国的"双元制"职业教育模式是其教育体系中的一个核心组成部分，这种模式融合了理论学习和实践操作，被视为是德国制造业先进水平和世界强国地位的重要支撑，它覆盖了从基础职业到高技术行业的广泛领域，每个职业都有相应的培训体系，为德国制造业和服务业培养了大量技术精湛的职业人才。德国的"双元制"职业教育模式获得了国内外的广泛认可，甚至被欧盟提出应成为全欧洲培训体系和职业教育的支柱。同时，实行这一制度的其他国家如奥地利、丹麦和瑞士的经济基础也较为坚实。

（二）德国职业教育与产业协同发展的历程梳理

德国"双元制"职业教育的萌芽最早可以追溯到12世纪的同业工会对工匠师傅的培养机制，距今已有近千年的历史。以时间为脉络，将德国职业教育与产业协同发展的脉络划分为古典萌芽、基本形成、逐步成熟、调整完善四个发展阶段，如图6-6所示。

（三）德国职业教育与产业协同发展的特征分析

德国"双元制"职业教育在德国经济的高速发展中发挥了很大作用，德国能在战后一片废墟上仅用30~40年时间建成一个经济高度发达的工业化国家，"双元制"职业教育是其生产发展的关键，经济起飞的武器。数据显示，"双元制"职业教育对德国经济、就业市场有很大的促进作用。据欧洲共同体1988年统计资料显示，在意大利没有经过"双元制"培训的25岁以下青年失业率高达54%，在德国这一比例为19%，不仅远低于意大利，也同时低于欧洲共同体平均38%的青年失业率水平。总结德国"双元制"职业教育发展经验，我们发现德国职业教育"双元制"具有如下特征。

1."双元制"功能职责清晰、目标明确、培养质量较高

德国"双元制"职业教育的培养目标十分明确，从小学开始一直到大学，是一

（1）市场需求和政府政策的共同作用，"双元制"两大基础企业培训和职业教育学校培训初步建立。
（2）由行会、城市和产业组织开设行业进修学校，为"双元制"原型，1920年改称职业学校。
（3）法制化制度化建设仍在探索，发展方向和建设思路还未明确。

（1）1948年颁布《对历史和现今的职业培训和职业学校教育鉴定》，正式使用"双元制"称谓。
（2）1951年西柏林实施《职业教育和青年劳动比例调解法》。
（3）1953年出台综合性职业培训条例。
（4）1960年联邦政府颁布青年劳动保护法。
（5）1969年颁布《职业教育法》，正式从法律上确立以"双元制"为标志的联邦德国职业教育制度模式，促进了德国"双元制"职业教育的迅速扩建。

古典萌芽阶段

基本形成阶段

中世纪　　　　　20世纪20年代　　　　　　　　　　　20世纪60年代
　　　　　　　　　　　　　20世纪70年代

调整完善阶段

逐步成熟阶段

（1）逐步向高等教育领域的延伸，应对90年代以来世界经济结构性变革趋势不断调整发展战略。
（2）2001年，联邦教育部发布《2001年职业教育报告》，明确提出德国职业教育体系目标：建立一个专业化、个性化、面向未来、机会均等、体制灵活而且相互协调的高质量职业教育体系，为德国职业教育的新世纪改革指明发展方向。
（3）2009年各州教育部长联席会议颁布《无高校入学权的有职业资格者进入大学的通道》，促进"双元制"大学发展。
（4）2015年，联合国教科文委员会颁布《2015+可持续发展教育未来战略》，强调重视和发展职业教育，保持持续培养专业技术人才能力。
（5）2013年正式提出职业教育4.0概念，2016年颁布《职业教育4.0—适应未来数字劳动的专业人才资格与能力》报告，"双元制"职业教育不断成熟完善。

（1）1972年颁布企业宪法，规定有青年工人代表参加组成的企业管理咨询委员会对企业职业培训有参与决策权。
（2）1976年"双元制"职业教育开始重视职业教育培养效率和质量。
（3）1981年联邦政府颁布《职业教育促进法》，对1969年颁布的《联邦职业教育法》有效补充和完善。颁布《职工培训促进法》对职业教育规划、统计、报告和研究咨询等方面做出具体规定。
（4）联邦政府陆续颁布《青年劳动保护法》《职业教育促进法》《实训教师资格条例》等职业教育法律，不断完善法制建设。
（5）职业教育得到快速发展，截至1983年各类职业学校共有9200所，在校生达260万，占全国中小学生总数的34%。

图6-6　德国"双元制"职业教育与产业协同发展脉络

个教育培养目标与功能定位清晰的双元教育体系。在德国，在基础教育阶段有平行的、培养目标明确的初级职业学校和高级职业学校，且其具有600多年历史的大学，已发展成为事实上功能清晰的4类学校，即综合大学（UN）、工业技术大学（TU）、应用科学大学（FH）和艺术大学（KI）。UN基于传统办学模式致力于纯学术领域研究，其人才培养的功能定位是学术培养；TU工业技术大学则致力于理科和工程学科建设，工科大学成了德国事实上的工程技术锻造中心；FH专科学校或职业技术学院就是瞄准工作和职业生涯的学校；KI艺术院校则执着于艺术的追求。整个德国职业教育体系的目标非常清楚，是保障青年人掌握一种胜任经济社会发展和工作需要的技能，为年轻人开设一条成功的职业道路。同时，"双元制"职业教育的培养过程十分严格，尤其重视培养质量。德国"双元制"职业教育教学质量评估框架反映了社会的需求、政府和法律的要求，综合了教师、学生、家长和企业等教育利益相关者的诉求，并考核了教学论和相关科学的定位，以及教学资源利用情况，尤其注重教学论、系统化和专业化的特点。其中，德国"双元制"职业教育质量体系源于全面质量管理理论，该理论是德国政府于20世纪末引入职业教育领域，并逐渐发展成为德国"双元制"职业教育培养体系中的重要一环。德国"双元制"有了明确的培养目标和高水平的培养质量才保证了培养的学员符合企业发展需要，也是企业深度参与的动力所在。

2. 职业教育体系具有鲜明的"立交互通"结构

德国职业教育具有"立交互通"的特征，主要表现为：首先，职业教育与传统意义上的大学教育体系的"立交"。进入职业教育体系的学生事实上具有转到传统大学教育体系的多次选择机会，例如在FH接受职业教育的学生理论上可以到大学继续深造，在实际操作中各门课程达到一定优异成绩的学生可被接收到大学进行学习。其次，教育与职业培训实现了很好的共建和融合。在德国，约有超过60%的中学毕业生毕业后选择350多种职业培训中的一种接受职业培训，之后走上职业生涯。这种青年人进入职业生活的独特方式有别于其他国家的校内职业教育。再次，学校理论教育与企业生产和管理实践互通。职业教育相对于一般意义上的大学教育有更加严格的成体系化的课程学习和实践计划，除了有相当于国内的课程实习、毕业实习和论文实习外，部分学校甚至每周有3～4天在企业中接受实践教育，仅有1～2天在职业学校进行专业理论学习，培训时间持续两年到三年半。综上，这样一个"立交互通"的职业教育体系，使德国职业教育成为受教育者在理论与实践自我认知的反复过程中可多向选择的教育体系，学生的学校学习与企业实践良性互动，素质培养过程中的知识与技能有机结合，人才培养过程中的教育与就业自然连通。

3. 职业教育体系与产业多层次、紧密性结合

据统计，在德国大型的企业多数参与了职业教育体系，其中500人以上的大型企业中参与职业教育培训的企业就占到总数的80%以上。德国职业教育事实上由国家（各州）和产业界共同承办，这不仅体现在法律责任、教育教学实施、办学经费构成等方面，还表现在很多看似细小的教育环节中。例如，在FH学习的学生可以自主选择以下任何一种形式的毕业论文：一是在学校教授的指导下完成偏重于理论的毕业论文；二是紧密结合实习，在企业指导下完成实践型毕业论文。与产业界紧密结合的职业教育体系保障了手工业者和专业工人较高的素质，其对于支撑德国成为世界制造业强国的作用不可低估。反过来，德国产业界不仅积极地参与职业教育，提供了宽领域、多层次、形式多样的实践场所，还提供了经费等方面的保障。同时，我们也注意到，近年来，德国职业教育适应世界教育改革和发展形势，不断调整和深化自身改革，保障职业教育与经济社会发展协调互动。

4. 职业教育发展过程中具有完备的法律制度体系

德国"双元制"成功的关键因素之一在于具有完备的法律制度体系，法制健全、政策配套、执法严肃，"双元制"构建了一个法治化背景下的校企合作办学模式。从德国职业教育发展经历来看，职业教育实施效果是"双元制"职业教育立法的永恒动力。以2013年为例，欧盟统计的失业率情况（25岁以下），欧盟整体失业率高达23.5%，而其中希腊为62.5%，西班牙为56.4%，葡萄牙42.5%，与之成为鲜明对比的是德国失业率却在10%以下，而失业率控制好的秘诀在于德国实施的"双元制"职业教育体系。"双元制"职业教育体系能够有效地降低失业率，促进德国经济发展。

5. 具有深厚的社会基础和浓厚的社会氛围

职业教育成果不仅直接产生于学校，更与经济、社会、文化基础息息相关。德国人守时重信，讲究逻辑与精确、务实、条理，这些文化传统不仅使得职业教育的主体—学生在选择学校类型、完成理论学习和实践任务时求实认真、一丝不苟，而且使得职业教育体系自身"不急不躁"。在德国，普遍存在重视技术、崇尚技术，而不盲目迷信学历、不盲目崇拜大学教育的社会观念，这种社会观念也可以说是德国"双元制"职业教育取得成功的思想基础。浓厚的社会氛围也是社会各方积极参与"双元制"职业教育体系的典型特点。同时，德国"双元制"职业教育还具有重视职业教育师资的培养、职业教育和普通中学衔接紧密的特点。这些特点都根植于德国深厚的职业教育文化沃土之中，是几十年来甚至上百年来慢慢积累而形成的，不是一朝一夕的成果，因此应当审慎借鉴。

（四）德国职业教育与产业协同发展的启示

近年来，我国已将发展职业教育上升到战略层面，但是目前教育体系中职业教育认可度不高等问题仍制约着我国职业教育的发展。而德国的"双元制"职业教育却受到德国民众的广泛欢迎，德国职业教育发展过程以它自身的特点及独到之处也受到各国的普遍认可，这些都给我国职业教育与经济互动发展提供了有益经验和启示。

1. 根据产业发展需要设置职业教育课程体系

随着经济发展，产业转型升级带来的岗位技能要求不断变化，职业教育需要适应这种变化，加强对职业教育中适应不同岗位变化能力、可持续学习能力、跨专业的"软能力"培养，实现人才培养与就业岗位的有效衔接，从而使职业教育与产业协同发展。德国对300家样本企业调查的数据显示，专业能力的重视程度由1999年的77%下降为2005年的75%，社会能力的重视程度则由1999年的30%上升到2005年的40%。

2. 重视职业教育发展中的政策制度建设

职业教育发展过程中要依法治学，德国职业教育发展的一个特点就是制度规范，依法治学。因此，结合我国实际，在职业学校关键能力建设、产教融合、职普融通、投入机制、制度创新、国际交流合作等方面改革突破，制定支持职业教育的金融、财政、土地、信用、就业和收入分配等激励政策，形成有利于职业教育发展的制度环境和生态，推动形成同市场需求相适应、同产业结构相匹配的现代职业教育结构和区域布局。

3. 职业教育需进一步加强校企合作

德国"双元制"职业教育的成功之本就是校企合作，重视学校理论培养和企业实践锻炼同步对学生进行有效培养，以提升职业教育培养效果，可以说企业的深度参与是职业教育能否成功的关键环节。因此，我国职业教育发展过程中要进一步加强校企合作，围绕深入实施区域协调发展战略、区域重大战略等，国家主导推动、地方创新实施，打造市域产教联合体和行业产教融合共同体，努力实现教育与产业和就业的相互衔接，发挥校企双方在职业教育中的重要作用。

4. 强化"双师型"教师队伍的培养

德国职业教育从开始就十分重视教师队伍的培养，目前已经形成完善的"双师型"教师队伍培养体系，德国职业院校的教师不仅学历高，入职门槛高，企业经验也非常丰富。对于职业教育教师的选聘和评估都由各联邦州文教部制定明确的标准，保证了教学质量，且大部分的教师来源于企业，不但有利于将最先进的科学和技术引入课堂，同时促使校企合作更加密切。德国"双师型"培养体系主要包括完善的教师在职培训体系、独具特色的师资校本培训、高度融合的校企合作培训以及完备的外部制度保障等几个方面。与之相比，我国职业教育体系中的"双师型"教师队伍培养还存在对"双师型"概念的认识不清、校本培训的优势发挥不足、缺乏企业的有效参与、法律支持薄弱等问题。鉴于此，应结合我国国情，积极借鉴德国"双师型"教师培养经验，明确"双师型"教师的准入制度，创新校本培训形式，增强教师培养的校企合作力度，完善培养条件保障机制，建立科学合理的评价考核机制，激发职业教育教师群体自我提升的动力。

5. 加强职业教育过程中的组织管理工作

完善的组织管理工作则是德国"双元制"职业教育取得成功的重要保障。"双元制"职业教育有完善的组织管理体系，并不完全取决于行政命令和法律规定，而是注重引导作用，尤其是积极引导企业的自觉自愿参与。同时，"双元制"职业教育在培养操作技能的同时，也强化组织管理工作，引导企业和职业教育院校对学员的理论知识学习和公民道德教育。但是目前德国"双元制"职业教育体系也面临的一个重大挑战，即企业提供的培训岗位呈下降趋势，因此，如何加强组织管理工作，积极引导企业的自觉自愿参与已成为"双元制"有效实施的关键。

二、美国职业教育与产业协同发展经验

（一）美国职业教育典型模式

美国独立之前，受英国职业教育发展影响，美国职业教育的形式一直以"学徒制"为主。美国独立之后，随着生产力水平的不断提升，产业革命和"西进运动"的推动，使整个国家对产业工人的劳动技能和劳动数量的需求迅速增加，传统的学徒制职业教育培养模式已经不适应现实需要。依托于高度发达的工业体系，美国职业教育快速发展并形成了完备的职业教育政策体系，为其职业教育的发展提供了依据和保障，而高度发展的职业教育体系又为美国经济的腾飞提供了可持续的人才资源。

目前美国职业教育发展具有"合作制"的特点，其"合作制"职业教育运营主要是政府主办，工商界广泛参与，院校和企业充分合作运行，具有"合作职业教育"的发展特点。美国不仅将职业教育视为青年通过教育及培训拓展未来职业生涯之路，也将其视为极大满足经济发展需要的一种教育模式，实现了职业教育与经济产业发展互促共进。以美国现代学徒制为例，2018年比2013年增加23.8万名学徒，增长56%，2018年新增学徒制项目7.2万个，58%的雇主参与了现代学徒制课堂教学，94%的学徒顺利实现了年均薪资超7万美元的高就业率，超出未参加学徒制培养者年均薪资的一倍。行业认可学徒计划的推出，使得许多知名企业深度参与现代学徒制，既为企业培养了优秀人才，也使员工获得了高薪工作，确保了职业教育与产业发展协同共进。

（二）美国职业教育与产业协同发展的历程梳理

纵观美国职业教育发展历程，我们发现美国职业教育的演变经历了以高等职业教育为主的创建阶段、以开展中等职业教育为主的发展阶段、以关注弱势群体均等教育需求为导向的完善阶段、以重视质量与效率为根本的成熟阶段，如图6-7所示。

所处阶段	主要内容

创建阶段

以高等职业教育为主，美国职业教育的发展为这一阶段经济腾飞奠定了人才基础

（1）美国建国后，随着生产力的发展，1814~1824年间，美国开办了农工学校（波士顿）、机工学校(纽约州)、农业学校（缅因州）、机械工讲习所（宾夕法尼亚州）、农业工业劳动学校（康涅狄格州）等一批处于萌芽状态的职业技术学校。
（2）1862年颁布《莫雷尔法案》，这是美国职业教育制度确立的起点，是美国第一部支持职业教育发展的法律。
（3）1895年成立"全国制造商协会"，是美国第一个支持职业教育开展的全国性行业协会。
（4）1905年"道格拉斯委员会"报告使职业教育在美国引起强烈反响。
（5）1917年颁布《史密斯-休斯法案》，规定联邦拨款在中学建立职业教育课程，标志美国职业教育体系开始形成，联邦职业教育委员会的成立即由该法案所决定，并授权其统一领导全国的职业教育工作开展。

发展阶段

杜威为代表的实用主义思想指导，重点发展中等职业教育

（1）1920~1936年联邦政府出台《史密斯-费斯法案》（1920）、《乔治-埃利泽法》（1934）、《乔治-迪恩法》（1936）等法律，提高对职业教育的重视程度并加大对职业教育的资金支持。
（2）受1929年大危机的影响，这一阶段职业教育成为政府抑制经济衰退和解决就业问题的重要工具。
（3）《美国职业教育法》（1963）和《美国职业教育修正案》（1968）的出台，更是将职业教育提高到人的全面发展的高度，而非只是为单纯地满足劳动力市场对人力资源的需求。

完善阶段

以关注弱势群体的均等教育需求为导向

（1）这一阶段，美国贫富差距问题所引发的系列问题逐渐引起政府的关注，而职业教育作为能够缓解贫困差距的有效手段，使政府越来越重视职业教育的发展，尤其是更多关注弱势群体对职业教育的需求问题。
（2）1965年政府颁布的《初中等教育法》强调教育公平，尤其增加贫困群体的接受职业教育机会。
（3）随后又颁布《美国高等教育法》（1965）、《美国职业教育修正案》（1968）、《综合雇佣和训练法案》（1973）、《青年就业和示范工程法案》（1977）等法律，将接受职业教育对象的重点放在了弱势群体上，力图通过为弱势群体增加更多接受职业教育的机会，从而阻止乃至从根本上解决这类人群的贫困代际传递问题。

成熟阶段

以重视质量与效率为根本，逐步提高职业教育质量和层次，强化校企合作和各类职业教育衔接

（1）伴随知识经济的到来与发展，美国社会对劳动力的需求已由量的满足转向质的提升，要求职业教育不能只是一味强调教育公平，而是要培养行业企业所需的高素质劳动者。
（2）20世纪80年代以来，"新联邦主义"思潮影响着职业教育法案的修正，1984年出台帕金斯职业教育系列法案，标志着注重质量和效率的职业教育人才培养导向的转变。
（3）1990年出台《卡尔·D.帕金斯职业与应用技术教育法案》，提出整合学术性课程和技术性课程，资助中学引入"技术准备教育"。
（4）1994年《从学校到工作机会法案》更加强调学术教育与职业教育融合，注重职业教育质量培养。
（5）1998年出台《卡尔·D.帕金斯职业与技术教育法案》重新确立"职业技术教育"概念，首次明确中等教育和中等后教育如何有效衔接。
（6）2006年出台《卡尔·D.帕金斯生涯与技术教育提升法案》，确立将职业教育作为服务人的发展为第一要义的思想，要求职业教育必须突出个人发展的立法精神。
（7）2018年出台《加强21世纪生涯与技术教育法案》进一步强调职业教育一定要服务于人的可持续发展，特别是要支持受教育者人格的完善与创造力的发挥。

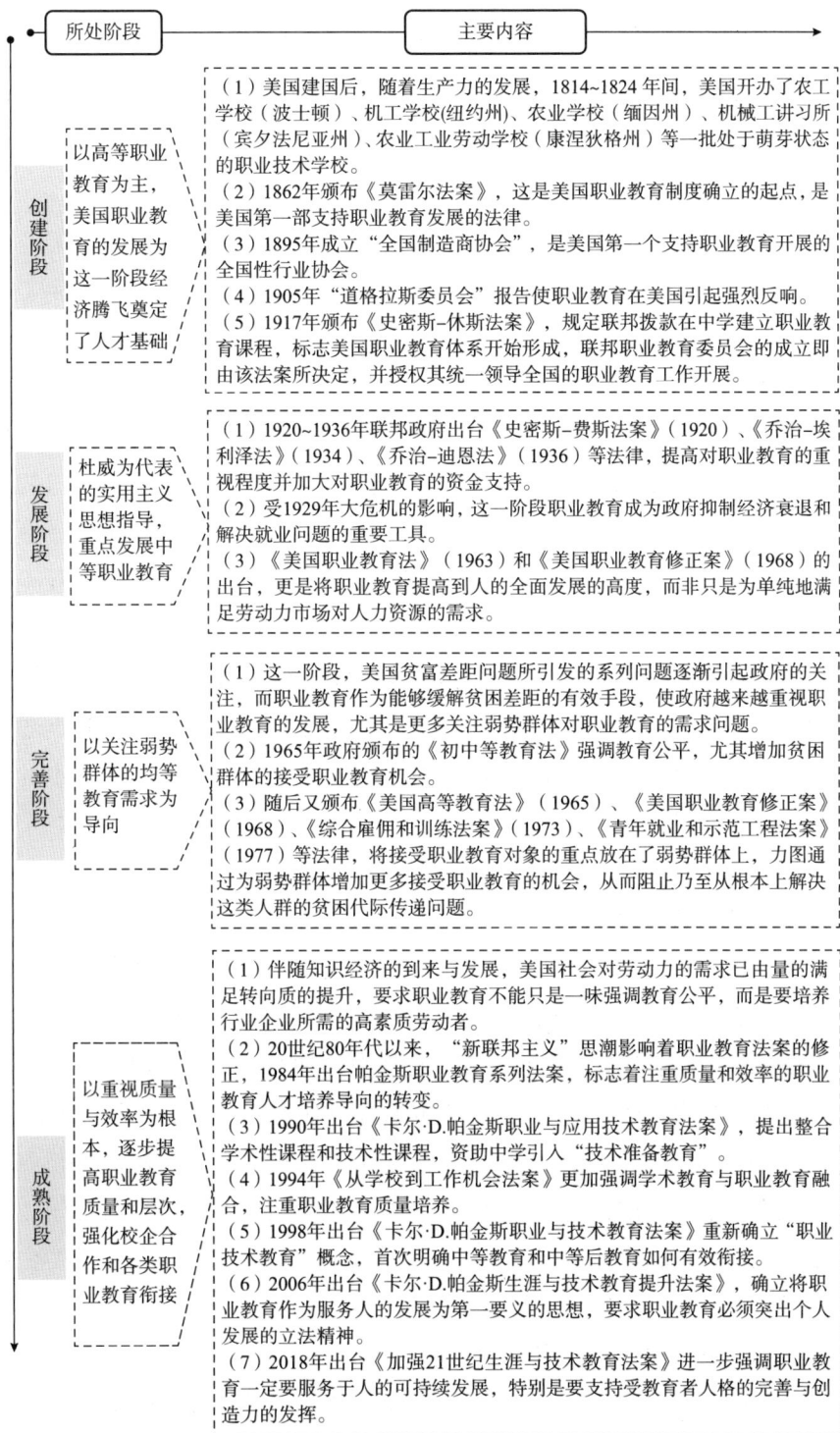

图6-7　美国职业教育与产业协同发展脉络

161

（三）美国职业教育与产业协同发展的特征分析

通过对美国职业教育与经济互动发展的历程回顾，发现美国职业教育发展具有如下特点。

1. 美国职业教育发展具有政府主导的特点

在"合作制"职业教育模式下，尽管联邦政府、州及以下政府、行业组织、企业、社区学院等都是职业教育的参与主体，都以多种形式参加了职业教育，但由于中等职业教育属于12年义务教育，所以中等职业教育是由政府主办和实施的。高等职业教育即高中后的职业教育，虽然也有基金会、非营利性机构等社会组织提供了办学经费，但政府财政拨款始终是发展高等职业教育的重要保障。例如，"田纳西承诺计划"，田纳西州从州政府管理的捐赠基金和特别储备资金中设立基金会，通过州政府的非经常性拨款保障项目的资金需要。可以说，无论是中等职业教育还是高等职业教育，由于政府扮演了主要投资者的角色，所以美国职业教育政府主导的特点非常突出。

2. 美国职业教育与劳务市场的需求高度契合

在美国"合作制"的职业教育模式下，职业教育课程设计和开设科目都与现行的劳动力市场需求紧密相关，灵活多样、应用性较强。美国工商业企业通过直接参与培养、直接购买培训、参与实习培养等不同形式深入参与职业教育人才培养，不断提升职业教育培养质量。

3. 美国职业教育发展过程以立法手段为发展基础

美国职业教育发展的不同阶段都是以出台标志性的法律制度来为职业教育发展提供法治基础，美国"合作制"职业教育更是建立了完善的职业教育制度体系。纵观美国职业教育立法历程，1862年《莫雷尔法案》开创了政府扶持职业教育先例，1963年《美国职业教育法》明确要求对职业教育增加经费支持，1994年《从学校到工作机会法案》中明确规定投入大量财政预算实施职业教育改革计划，到2018年出台的《加强21世纪生涯与技术教育法案》规定，给予各州、各学区及社区学院13亿美元的职业技术教育创新资金，使得美国职业教育迈入了全民生涯教育、参与群体趋向多元化、教育和培训更有针对性的新阶段。显而易见，职业教育法治体系的完备是美国"合作制"职业教育成功的关键环节。

4. 美国职业教育发展与普通教育协调统一

美国"合作制"职业教育模式能够搭建职业教育与普通教育的桥梁，其职业教育与普通教育相互渗透和相互融合，重视培养质量及促进个人发展，拓宽职业教育学员成长路径。通过加强融合，使接受职业教育的学员们能够同时接受职业教育、普通教育和大学预科教育，构建职业教育多方成长路径，使学员们能够根据自身特点选择合适的职业发展道路。

5. 美国职业教育发展过程中重视产教融合

从美国职业教育与产业协同发展历程看，较好实现了三个协同。宏观上，美国职业教育与不同时期的国家经济发展战略能保持高度一致和有效协同。中观上，美国教育的分权性使得美国职业教育服务地方的特征非常突出，各州职业教育与区域经济发展水平协同。微观上，美国不仅实现了职业教育与企业生产经营管理对接，职业教育与职业培训相结合，而且企业办学在美国也蔚然成风，对授课教师的资格要求也需具有一定的工作实践经验，以确保所培养的人才具有职业性特征，实现学与做之间的高度融合。

（四）美国职业教育与产业协同发展的启示

美国职业教育取得了卓有成效的成绩，尤其是在高等职业教育领域培养了大批的高技能技术人才，为美国奠定全球经济领先地位提供了人力资本支撑。总结美国职业教育与产业协同发展经验，对我国职业教育与产业协同发展具有一定的借鉴意义。

1. 着力培养适应经济发展和企业需要的职业技能人才

美国职业教育与经济发展和产业需求高度契合，这启示我国职业教育作为培养技术技能人才的主阵地，要与产业发展具有高度同构性，当前更要充分发挥职业教育在培养新质生产力所需的高素质技术技能人才中的主体作用，牢固树立专业对接岗位的发展理念，大力提升人才培养质量。要以对接市场人才需求、服务社会经济发展为依托，在更广范围、更深程度、更高水平上融合创新，通过专业课程的升级和数字化改造，让学生掌握新知识、新技术、新技能，为高端的产业链、价值链、供应链培养高素质技术技能人才。

2. 重视人才的多维培养以提升职业教育培养质量

纵观美国高职教育的发展历程，我们发现高等职业教育要与本国社会文化相适应，美国社会文化背景成为美国高等职业教育产生与发展的文化根源。同时，高等职业教育要与学术教育融合，在高等职业教育培养过程中不仅仅是要努力向学生提供职业技能技术，而且要赋予其全面发展能力，可以说融合职业教育与学术教育是美国高等职业教育改革的发展方向。

3. 建立较完备的法律制度体系保障职业教育发展

法律制度体系的完备是美国职业教育能够取得成就的关键环节。纵观我国职业教育制度建设，仍一定程度上存在职业教育制度体系不健全、不完善、立法滞后、执行过程中"实践异化"等问题，因此如何建立起适应我国社会经济发展的多层结构的职业教育法律体系仍任重道远。

4. 实现职业教育课程与普通教育有效衔接

美国职业教育与普通教育能够做到有效衔接，是我国职业教育学习的重点。目前我国职业教育体系与普通教育体系还未有效衔接，职业教育与普通教育作为教育体系的重要组成部分，尽管两者在教育体系中各有侧重，但在实际运作中，职业教育与普通教育的协调发展面临着一些挑战，尤其是在课程设置、教学资源共享、师资队伍建设以及校企合作等方面。例如由于"精英教育"思想的长期存在，使进入职业教育体系的学生被排斥在"精英教育"体系之外，导致社会普遍认为只有学习成绩不佳的学生才进入职业教育院校接受职业教育培养。社会上这种思想认识严重制约了我国职业教育发展，职业教育课程与普通教育有效衔接，拓宽职业教育学生发展路径将是未来深化教育体制改革的重点内容。

三、日本职业教育与产业协同发展经验

（一）日本职业教育典型模式

日本是全球制造业强国，同时还是世界上职业教育高度发达的国家。日本现代职业教育体系类似德国的"双元制"，职业教育在日本教育体系中与普通教育具有同等重要的地位，其实施主要集中在高中的职业科（如工业科、商业科、农业科）、高等专门学校、短期大学、专门职业大学、专修学校、专门大学、职业能力开发学校等教育机构。

目前日本的职业教育体系主要包括两大基本系统和三大基本部分。两大基本系统是指学校系统内部的职业技术教育和学校系统外的职业教育与培训。其中，学校的职业教育体系主要为未就业的青少年提供职业技术培训和为已经就业的企业员工提供岗位技能培训。而学校系统外的社会训练接收对象则是为一些社会弱势群体，如失业者或转换工作者提供再就业培训。三大基本部分是指学校内的职业技术教育、企业内教育与培训以及公共职业训练。其中学校系统内的职业技术教育归属文部科学省管理，企业内职业技术教育以及公共职业训练由厚生劳动省管理。日本的职业教育体系经历了经济高速增长期、经济稳定增长期、"泡沫经济"期以及"泡沫经济"崩溃后的"失去的30年"，为日本制造业培养了一批又一批具有专业知识和实践技能的中坚技术人员，支撑了日本制造业的发展。

（二）日本职业教育与产业协同发展的历程梳理

日本堪称世界上职业教育最发达的国家之一。日本的现代职业教育始于明治维

新时期，从出现最早的近代职业教育学校到将其正式纳入学制系统，使职业教育制度得到确立，日本仅仅用了不到30年的时间。短短的30余年，日本职业教育迅速从落后的学徒制发展成为先进的现代职业教育体系，并为社会提供了各级各类技术、管理人才和熟练劳动力，使日本的经济在战后得以迅速恢复和发展，一跃成为世界第二经济大国。日本经济发展的奇迹让人们在现实层面深刻地感受到了职业教育的威力。日本职业教育与产业协同发展大致经历了三个阶段，如图6-8所示。

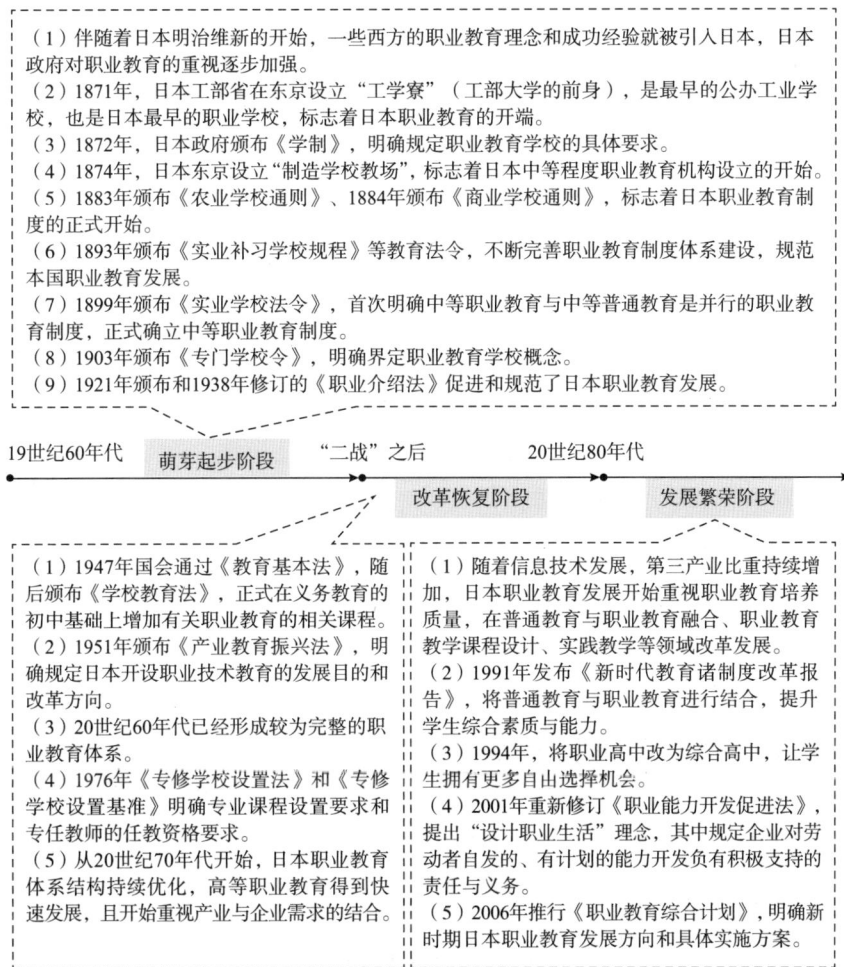

（1）伴随着日本明治维新的开始，一些西方的职业教育理念和成功经验就被引入日本，日本政府对职业教育的重视逐步加强。
（2）1871年，日本工部省在东京设立"工学寮"（工部大学的前身），是最早的公办工业学校，也是日本最早的职业学校，标志着日本职业教育的开端。
（3）1872年，日本政府颁布《学制》，明确规定职业教育学校的具体要求。
（4）1874年，日本东京设立"制造学校教场"，标志着日本中等程度职业教育机构设立的开始。
（5）1883年颁布《农业学校通则》、1884年颁布《商业学校通则》，标志着日本职业教育制度的正式开始。
（6）1893年颁布《实业补习学校规程》等教育法令，不断完善职业教育制度体系建设，规范本国职业教育发展。
（7）1899年颁布《实业学校法令》，首次明确中等职业教育与中等普通教育是并行的职业教育制度，正式确立中等职业教育制度。
（8）1903年颁布《专门学校令》，明确界定职业教育学校概念。
（9）1921年颁布和1938年修订的《职业介绍法》促进和规范了日本职业教育发展。

19世纪60年代　**萌芽起步阶段**　"二战"之后　20世纪80年代
改革恢复阶段　**发展繁荣阶段**

（1）1947年国会通过《教育基本法》，随后颁布《学校教育法》，正式在义务教育的初中基础上增加有关职业教育的相关课程。
（2）1951年颁布《产业教育振兴法》，明确规定日本开设职业技术教育的发展目的和改革方向。
（3）20世纪60年代已经形成较为完整的职业教育体系。
（4）1976年《专修学校设置法》和《专修学校设置基准》明确专业课程设置要求和专任教师的任教资格要求。
（5）从20世纪70年代开始，日本职业教育体系结构持续优化，高等职业教育得到快速发展，且开始重视产业与企业需求的结合。

（1）随着信息技术发展，第三产业比重持续增加，日本职业教育发展开始重视职业教育培养质量，在普通教育与职业教育融合、职业教育教学课程设计、实践教学等领域改革发展。
（2）1991年发布《新时代教育诸制度改革报告》，将普通教育与职业教育进行结合，提升学生综合素质与能力。
（3）1994年，将职业高中改为综合高中，让学生拥有更多自由选择机会。
（4）2001年重新修订《职业能力开发促进法》，提出"设计职业生活"理念，其中规定企业对劳动者自发的、有计划的能力开发负有积极支持的责任与义务。
（5）2006年推行《职业教育综合计划》，明确新时期日本职业教育发展方向和具体实施方案。

图6-8　日本职业教育与产业协同发展脉络

（三）日本职业教育与产业协同发展的特征分析

1. 构建现代职业教育体系并不断改革深化

从日本职业教育与产业协同发展历程可以看出，日本构成了多层次、多类型并与产业协同发展的职业教育体系。其中，多类型是由社会和学校两种系统类型对学生进行培养，多层次是初等职业教育、中等职业教育和高等职业教育多个培养层次。同时，日本政府一直致力于职业教育的改革，包括提高教育质量、培养创新能力、适应技术发展等方面。政府加强与行业的合作，鼓励企业参与职业教育，同时提供资金支持和奖励措施。

2．设计与普通高校学位相衔接的高职教育学位制度

20世纪90年代开始，日本的学位制度开始改革，逐步建立与普通高校学位相衔接的高职教育学位制度。不断健全高职院校与应用型本科院校之间的沟通与衔接，通过1991年逐步探索"准学士"学位，1995年开始授予"专门士"学位，2005年又增设了"高度专门士"的称号，逐步完善学位制度，不断为高职学生继续深造提供发展路径。

3．加强职业学历证书与职业资格证书"双证"之间衔接

日本职业教育发展的重要特征之一是使职业资格和就业密切联系。通过加强职业学历证书与职业资格证书"双证"之间的有效衔接，使日本职业教育人才培养与社会经济发展需求有效匹配，也使日本职业教育和劳动力市场密切联系。同时，企业深度参与职业资格认定，从源头上确保职业教育培养的人才符合企业和产业发展需要，从而确保了日本职业教育人才培养质量和岗位适应性。

4．采取开放型的师资培养体系

日本职业教育重视"双师型"教师的培养和引进，这些教师既具备扎实的专业知识，又有丰富的实践经验和教学能力，能够更好地引导学生将理论知识转化为实际应用。如对职业教育教师的录用采取严格的录用制度，并建立多样化的在职培训制度，多渠道引进师资和给予优厚待遇等方式完善师资培养体系。

5．建立了完善的法律法规保障

经过100多年的发展，日本已建成较为成熟完善、法规健全的现代职业技术教育体系，日本政府在职业教育和产教融合方面制定了一系列严格的法律和法规，保障了职业教育的质量和产教融合的有效实施。

（四）日本职业教育与产业协同发展的启示

1．强调应用型人才的实践能力培养

日本形成具有多层次、多类型、系统化、产学互动融合等鲜明特色的职业教育体系，社会对职业教育认可度和接受度均较高。日本职业教育注重培养学生的实际应用能力，通过实践课程和项目驱动的学习方式，使职业教育与社会需求和就业需求衔接较好，职业教育的课程根据社会需求每年都进行调整，而且一些一线岗位的

职员也到职业教育机构兼职教学，教授的知识技能更有针对性和实用性。还通过产学合作等方式，为学生提供更多的实践机会，帮助他们更好地掌握实践技能。

2. 重视与行业企业合作构建产学合作

日本的职业教育非常注重与行业的合作，学校与企业之间建立了密切的联系，包括联合开设课程、实习计划、企业委员会和产业学习中心等。这种合作可以确保学生接触真实的工作环境和技术，增加他们就业的竞争力。日本通过产学合作，加强了学校与产业界的联系，使得学校能够更好地满足产业界的需求，培养出适应社会和企业需要的人才，实现教育资源的优化配置，提高人才培养的质量和效率。

3. 贯彻终身学习理念，"双证融合"值得借鉴

日本建立了一套明确的技能标准和认证体系，以确保职业教育培养的学生具备行业所需的技能。这些认证标准由行业组织和职业教育机构共同制定，并由政府认可。除了学校教育，日本的企业也积极投资员工培训和职业发展，即企业提供内部培训计划，帮助员工提升技能并适应不断变化的市场需求。日本政府通过颁布相关法律，如《终身职业能力开发促进法》，明确提出终身职业训练及终身技能评价是职业教育的根本方向，这表明日本非常重视职业教育与培训的持续性和终身性，为我国职业教育的发展提供了新的思路。

4. 加快建设职业技术教育法律法规体系

日本职业教育通过系统的职教立法，为职业教育促进产业发展保驾护航，可以说，职业教育法律法规体系健全和完善是日本职业教育能够取得诸多成绩的重要保障。在职业教育发展的各个阶段，日本政府能够结合社会经济发展需要，不断地对职业教育法律法规进行调整和修订，使职业教育法律法规能够促进日本社会经济发展。日本职业教育的法律法规体系完整和可操作性强，这对我国职业教育的法治建设具有重要启示。

综上所述，本章一方面从时尚产业发展的视角，分析伦敦、巴黎、米兰、纽约、东京世界五大国际时尚之都的产业特点、产业模式、发展趋势等，归纳时尚产业发展的模式和一般规律，其中也注意到人才资源对时尚产业发展的巨大贡献。另一方面，从职业教育与产业发展协同的视角，分析德国、美国、日本的高职教育办学模式和与产业发展的协同特征，注意到它们各具特色，各有所长，秉承扎根于本土、服务于地方经济的宗旨，取得了丰硕成果。上述分析较系统地梳理了国外职业教育与时尚产业协同发展的先发经验，为研究职业教育与时尚产业协同发展提供有益借鉴和参考。

第七章

高职教育与区域时尚产业协同发展的典型范本

改革开放使得中国经济站在新的历史节点，"新常态"下的中国经济正面临着前所未有的结构性分化，中国40余年的改革开放史，某种意义上也是一部波澜壮阔的产业转型升级史，产业的转型升级正是现代经济增长的实质内容和主导动力。位于中国东部沿海的浙江省的产业转型升级具有显著区域特征，其中以"宁波装，妆天下"闻名的宁波时尚产业更是具有鲜明特色。宁波作为全国重要的先进制造业基地，职业教育与时尚产业协同发展研究极富代表性、示范性和推广性。高等职业教育内生于产业需求，为经济发展服务，产业转型升级必定要求产业人才结构与之相匹配。近年来，宁波职业学校立足地方、面向国际，针对区域现实基础和特色优势，紧密对接产业发展布局专业结构，注重专业设置与区域产业布局的协同性，形成了具有鲜明特色的政府为主导、行业参与、院校为主体的职业教育运行机制，较好地支撑了区域经济产业发展需求，为市域经济社会发展贡献了重要力量。鉴于此，本章选择宁波作为高职教育与区域时尚产业协同发展的典型范例进行深入剖析，旨在更好应对时尚产业的变迁发展，提升产业支撑高职教育发展新水平，同时提高高职教育对区域产业经济的适应性，支持产业体系建设提供高素质技术技能型人才。本章对宁波时尚产业的界定既有广义内涵，如包括纺织服装、智能家电、文娱体用品等，又有狭义内涵，即纺织服装产业，指代狭义内涵时本章直接使用纺织服装产业。

第一节　宁波时尚产业发展现状

宁波时尚制造产业门类较全、产业链相对完整、产业规模体量较大，拥有纺织服装、智能家电、文娱体用品三大千亿级产业集群，是全市经济发展的重要支柱产业。

一、发展规模

作为时尚产业核心的纺织服装产业，宁波市纺织服装产业规模以上企业数量近5年整体呈现逐年增加的趋势，2023年规上企业共860家，较上年增加11家，主要是纺织业增加了5家，纺织服装、服饰业增加了3家。伴随企业数量增加的同时，宁波市纺织服装产业从业人员呈现逐年递减的趋势，2023年行业平均用工人员155910人，较2022年减少9.14%，较2018年减少18.2%，单位企业平均人数呈递减趋势，2023年较2018年减少26.38%，近六年宁波市纺织服装产业规模以上企业数量及从业人数等基本情况如表7-1、图7-1所示。

表7-1　2018～2023年宁波市纺织服装产业规上企业基本情况

指标	2018年	2019年	2020年	2021年	2022年	2023年
企业单位数（家）	771	810	789	831	849	860
其中：纺织业（家）	247	252	255	253	260	265
纺织服装、服饰业（家）	471	498	468	512	520	523
化学纤维制造业（家）	53	60	66	66	69	72
平均用工人数（人）	190605	189818	171831	174523	171589	155910
其中：纺织业（人）	51093	49761	45723	43012	41872	38491
纺织服装、服饰业（人）	131865	131066	117498	122269	121083	108552
化学纤维制造业（人）	7647	8991	8610	9242	8634	8867
企业平均人数（人）	247	234	218	210	202	182

数据来源：2018～2022年数据来自宁波市统计局，2023年数据来自宁波市经信局。

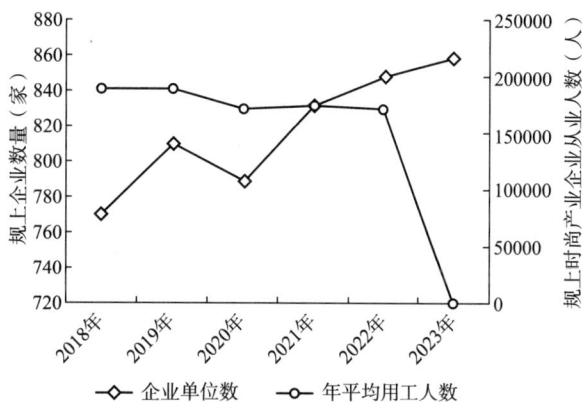

图7-1　2018～2023年宁波市纺织服装产业规上企业数量及从业人数

　　根据宁波市统计年鉴与宁波市经信局数据显示，宁波市纺织服装产业规上企业工业总值2018～2023年波动较为明显，2020年因为疫情的影响，纺织服装产业总产值较2019年有所下降，但2021年很快摆脱疫情影响，总产值较2020年增长了15%，2022年在2021年较大增长的情况下小幅上升，但2023年又有较大幅度的下降，如图7-2所示。

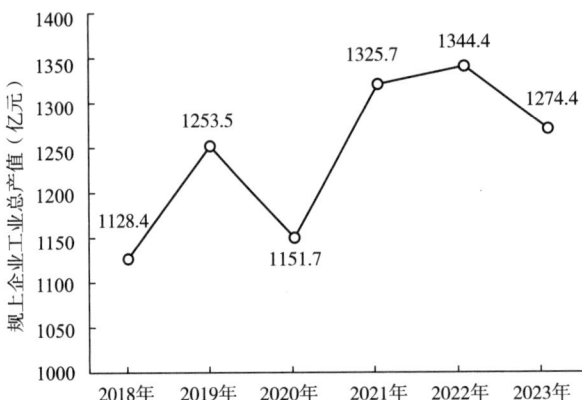

图7-2 2018～2023年宁波市时尚产业规上企业工业总产值趋势
数据来源：2018～2022年数据来自宁波市统计局，2023年数据来自宁波市经信局。

二、发展水平

由宁波市统计年鉴与宁波市经信局数据可知，2018～2023年宁波市纺织服装产业规上企业营业收入呈现先小幅上升后下降再上升的趋势，2023年较2022年有小幅下滑，2023年营业收入较2018年增加22.75%，如图7-3所示。

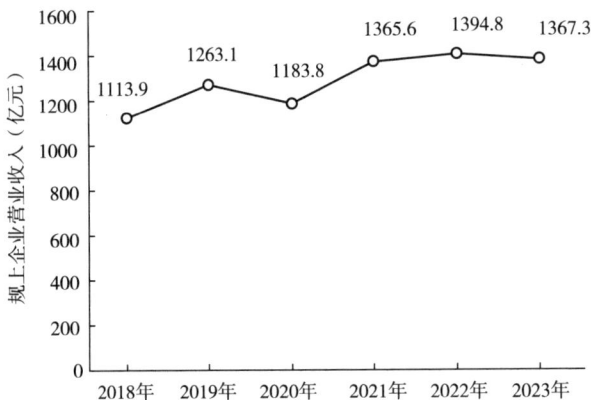

图7-3 2018～2023年宁波市时尚产业规上企业营业收入趋势
数据来源：2018～2022年数据来自宁波市统计局，2023年数据来自宁波市经信局。

2018～2023年宁波市纺织服装产业规上企业利润总额整体呈现下滑趋势，2018～2020年宁波市纺织服装产业规上企业利润总额快速下降，2020～2021年上升之后至2022、2023两年又有较大幅度的下降，2023年宁波市纺织服装产业规上企业实现利润总额37.7亿元，利润总额弱于全国纺织行业（全国纺织行业利润总额同比增长6.67%），较2018年企业利润下降了50.46%，如图7-4所示。

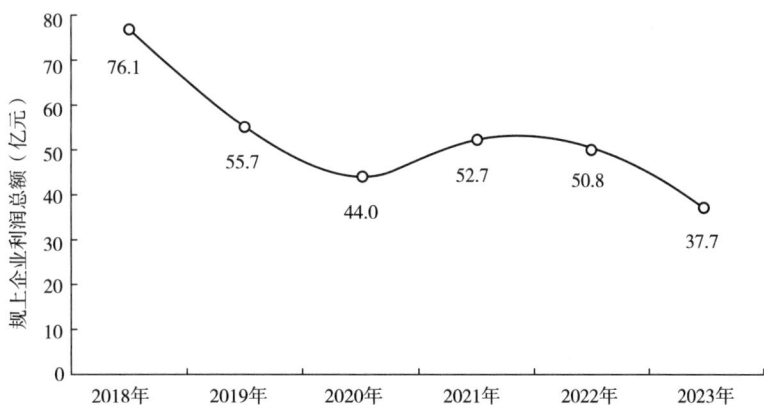

图7-4　2018～2023年宁波市时尚产业规上企业利润总额趋势

数据来源：2018～2022年数据来自宁波市统计局，2023年数据来自宁波市经信局。

　　2018～2023年宁波市纺织服装产业规上企业利税总额整体呈下降趋势，2018～2020年受疫情及其他因素影响，利税总额下降速度较快，2021年较2020年虽有较为明显提升，但是2023年在2022年已经小幅下滑的基础上再次明显下降，2023年利税总额较2018年下降37.55%，纺织服装产业的利税能力下降较为明显，如图7-5所示。

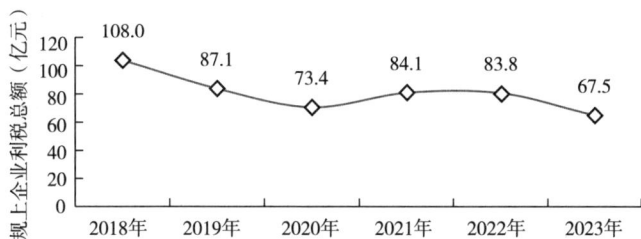

图7-5　2018～2023年宁波市时尚产业规上企业利税总额

数据来源：2018～2022年数据来自宁波市统计局，2023年数据来自宁波市经信局。

三、发展能力

　　宁波市纺织服装产业规上企业的营业收入增长率在2018～2023年间波动较大，在2018～2019年间有较明显的增加，2020年营业收入增长率下降6.3%，对行业的冲击较大，2021年较2020年又有较明显提升，但是2022～2023年间下滑，2023年营业收入增长率下降2%。可见宁波市纺织服装产业规上企业的营业收入增长率在2018～2023年期间较为不稳定，市场占有能力与业务拓展能力下滑，如图7-6所示。

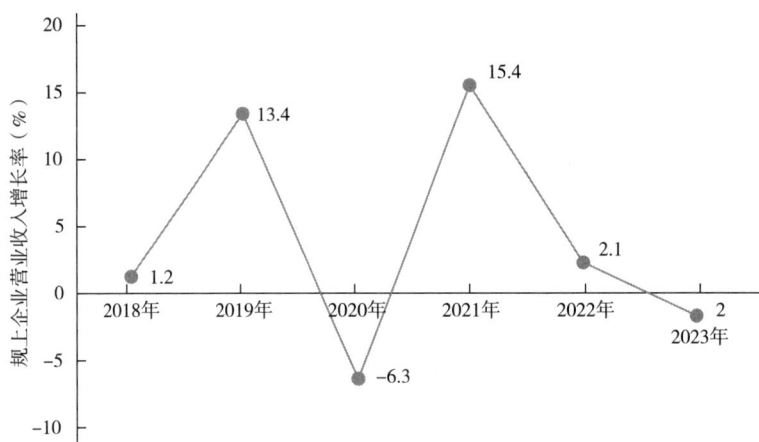

图7-6   2018~2023年宁波市时尚产业规上企业营业收入增长率趋势
数据来源：2018~2022年数据来自宁波市统计局，2023年数据来自宁波市经信局。

宁波市纺织服装产业规上企业总资产增长率自2019年从负转正后一直大于零，2022年为3.5%，在2021年增长率较高的情况下下降较为明显。拉长时间轴，可以得到宁波市纺织服装产业规上企业三年总资产增长率2018~2021年呈现持续增长，2022年有所下降，但仍保持在10%之上，发展能力和发展趋势较为稳定，如图7-7所示。

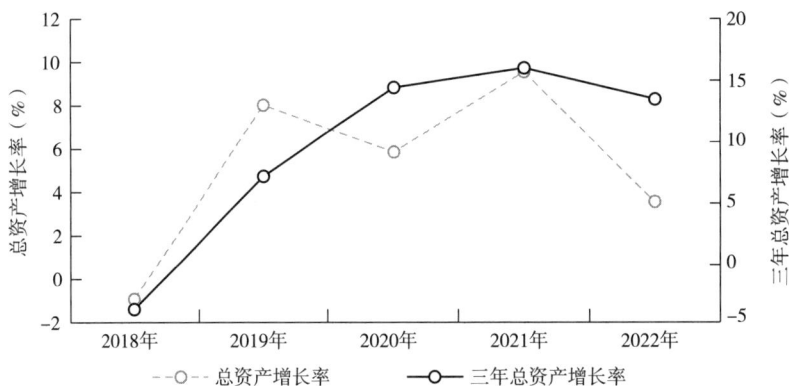

- - ○ - - 总资产增长率   ——○—— 三年总资产增长率

图7-7   2018~2022年宁波市时尚产业规上企业资产增长率趋势
数据来源：宁波市统计年鉴。

为避免同行业中数据重复统计，本书中的R&D经费指宁波市统计年鉴中R&D经费内部支出。从2018~2022年宁波市纺织服装产业规上企业科技投入情况来看，见表7-2、图7-8，宁波市纺织服装产业规上企业R&D经费投入强度从2019年下降至0.62%后2020年小幅上升至0.9%，2021~2022两年均有小幅下降，2022年R&D经费投入强度为0.76%。

表7-2　2018～2022年宁波市时尚产业规上企业科技投入情况

项目	2018年	2019年	2020年	2021年	2022年
R&D经费支出（亿元）	12	7.8	10.7	11	10.6
R&D经费投入强度	1.08%	0.62%	0.90%	0.81%	0.76%

数据来源：宁波市统计年鉴。

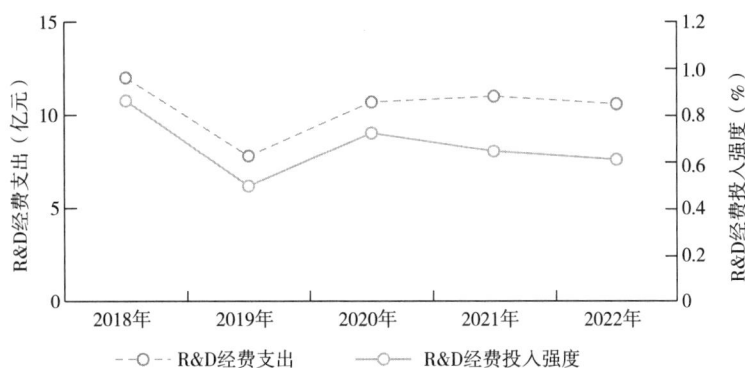

图7-8　2018～2022年宁波市时尚产业规上企业科技投入情况趋势
数据来源：宁波市统计局。

四、特征趋势

（一）产业生产制造规模不断壮大

2023年，宁波时尚产业集群产值规模在2023中国（广州）国际时尚产业大会开幕式上正式发布《中国时尚都市指数报告》公布的全国十大时尚都市中，宁波纺织服装、服饰业产业规模排名第1，纺织业和文教、工美、体育和娱乐用品制造业的产业规模排名第2，对比如表7-3所示。

表7-3　宁波与全国十大时尚都市时尚产业规模对比

行业	宁波规模（亿元）	产值在全国十大时尚都市中的排名	排名前三的城市（亿元）
纺织业	329.3	2	杭州（625.4）、宁波、上海（167.8）
纺织服装、服饰业	742.7	1	宁波、深圳（284.4）、广州（261.7）
文教、工美、体育和娱乐用品制造业	569.2	2	深圳（1521.4）、宁波、上海（546.0）
家具制造业	138.5	4	广州（374.9）、上海（283.4）、成都（210.3）

以纺织服装产业为例，纺织服装是宁波市制造业的重要组成部分，是宁波创建"全球智造创新之都"不可或缺的重要领域，拥有国内最大的色纺纱生产基地、提

花织造基地、涤纶短纤维、针织品和服装生产基地，涤纶短纤维产量已超全国1/4，男装综合实力居全国同类城市前列。宁波始终将纺织服装产业作为全市重点培育的优势产业之一，不断从传统制造向智能制造迭代升级，如太平鸟集团有限公司建设了全国服装行业自动化水平最高的数字物流中心，采用交叉带分拣系统，节省新品发运60%的人工成本，并通过AGV自动导航优选系统和WMS物流信息系统，实现物流仓储的可视化。又如，康赛妮集团有限公司和德国西门子股份公司联合开发的智能化数字化无人"黑灯工厂"，采用智能化粗纺生产线及配套智能化仓库，建造了中国纺织行业第一家全智能化无人车间，投产之后生产效率提升50%，库存周转率提升100%，交货周期缩短50%。2023年，宁波纺织服装产业年产值近1300亿元，形成了纺织纤维、高档面料、服装服饰、机械装备等门类齐全、规模领先、技术先进的产业体系，综合实力稳居全国第一方阵。根据《关于促进浙江省纺织产业高质量发展的实施意见》，宁波纺织服装产业争取到2025年规上工业总产值突破1600亿元，持续增强创新能力，不断壮大主体培育，彰显品牌建设成效，力争创建国家先进制造产业集群。

（二）产业结构优化力度加大

经过多年的发展，宁波逐步构建制造业较完整的产业体系，已成为全国重要的先进制造业基地。2019年和2020年，宁波连续两年在浙江传统制造业综合评估指数排行居首位，2020年先进制造业城市发展指数居全国第9。"十三五"以来，宁波加大力度淘汰落后产能、持续推动高耗能行业节能减排、综合提升城市绿色低碳发展水平，单位工业增加值能耗下降超10%，传统制造业质效的提升保持良好势头。宁波时尚产业集群拥有中国500强企业2家、中国制造业500强企业9家、浙江制造百强榜企业6家。累计培育出国家级制造业单项冠军企业16家、国家级专精特新"小巨人"企业6家、浙江省隐形冠军企业6家。拥有雅戈尔、申洲、太平鸟等16家上市公司。年总产值过百亿的企业4家（申洲针织、雅戈尔、得力、奥克斯），超十亿的企业37家（文体7家、家电15家、服装15家）。头部企业数字化、绿色化全面推进，截至2023年底，康赛妮智能工厂等6个项目列入国家级智能制造试点示范工厂揭榜单位和优秀场景，时尚产业领域共有12家国家级绿色工厂和4家国家级绿色供应链管理企业。聚焦纺织服装产业，宁波纺织服装产业继续谋求产业链空间布局优化，产业结构不断优化，涌现纺织服装制造业"大优强"培育企业9家，骨干企业19家，具体名单如表7-4和表7-5所示。

表7-4 纺织服装制造业"大优强"培育企业名单

序号	企业名称	备注
1	雅戈尔集团股份有限公司	千亿级培育企业
2	宁波博洋控股集团有限公司	
3	太平鸟集团有限公司	
4	宁波申洲针织有限公司	五百亿级培育企业
5	中哲控股集团有限公司	
6	百隆东方股份有限公司	百亿级培育企业
7	罗蒙集团股份有限公司	
8	狮丹努集团股份有限公司	五十亿级培育企业
9	康赛妮集团有限公司	

表7-5 纺织服装制造业骨干企业名单

序号	企业名称	2021年产值（亿元）	2022年产值（亿元）	备注
1	宁波申洲针织有限公司	195.04	221.84	2022中国制造业500强、2022中国品牌价值500强，其中申洲针织为行业内拥有全球技术先进规模最大的服装制造企业
2	宁波大千纺织品有限公司	63.79	69.72	国家级制造业单项冠军（第六批）
3	宁波图腾服饰有限公司	49.69	43.73	—
4	宁波雅戈尔服饰有限公司	41.52	43.60	2022中国制造业500强、2022中国品牌价值500强（雅戈尔股份有限公司）
5	雅戈尔服装控股有限公司	26.29	27.62	—
6	宁波大沃科技有限公司	29.18	27.48	—
7	宁波林林针织有限公司	30.67	26.13	—
8	宁波太平鸟时尚服饰股份有限公司	34.09	24.22	2022中国制造业500强（太平鸟集团有限公司）
9	百隆东方股份有限公司	33.01	22.64	国家级制造业单项冠军（第五批）
10	宁波华星科技有限公司	15.09	20.01	—
11	余姚大发化纤有限公司	18.86	18.86	—
12	雅戈尔服装制造有限公司	19.43	18.53	—
13	宁波凯信服饰股份有限公司	17.01	18.51	2021年浙江省省级新一代信息技术与制造业融合发展试点示范企业（个性化定制方向）
14	宁波申蝶时装有限公司	5.51	17.64	
15	康赛妮集团有限公司	13.02	14.76	国家级制造业单项冠军（第二批）
16	宁波罗蒙制衣有限公司	6.46	12.69	
17	宁波博洋家纺集团有限公司	12.87	11.78	2022中国制造业500强
18	宁波大发化纤有限公司	10.72	10.67	
19	宁波泉迪化纤有限公司	15.31	10.10	—

（三）产业集群效应明显

在宁波市政府的持续推动下，宁波市产业基础优势明显，已逐步形成产业集群，在国内属领先城市。宁波产业集群特别是新兴产业集群加速崛起，伴随着"全国最大的石化产业基地和新材料产业基地""全国四大家电生产基地""三大服装产业基地之一"等全国性产业基地称号，宁波在绿色石化、装备制造、新材料、汽车制造、纺织服装等领域彰显了十足的硬实力，推动了宁波支柱产业的纵向一体化发展。

纺织服装产业是宁波传统优势产业，是宁波重点培育的六大千亿级产业之一，对宁波经济社会发展具有重要支撑作用。"十三五"以来，宁波强化对时尚纺织服装产业发展的统筹谋划，突出区域特色，加快推动产业转型升级，形成以海曙、鄞州、奉化为重点，其他各区县（市）特色产业园区协同的发展格局。目前，已形成纺织纤维、印染布、高档面料、家纺、服装服饰、纺织机械装备等门类较为齐全的产业体系。据不完全统计，截至2022年12月，宁波拥有国家级纺织服装创意设计示范园区（平台）5个，具体名单见表7-6，省级及以上纺织服装产业创新平台30个，具体名单见表7-7，纺织服装产业集群效应愈发显著，形成了产业特色明显、空间布局合理、创新要素丰富、分工协作高效的产业集群。

表7-6　国家级纺织服装创意设计示范园区（平台）

序号	产业载体名称	2022年产值（亿元）	主导产业	所在区（县、市）
1	创客157创业创新园	11.78	纺织品、服装鞋帽	海曙区
2	宁波智尚国际服装产业园	3	纺织服装、服饰业	海曙区
3	云裳谷时尚科技园	1.99	纺织服装、服饰业	鄞州区
4	前洋26创业园	11.78	纺织品、服装鞋帽	江北区
5	太平鸟时尚园区	24.22	服装服饰零售、服装服饰批发、服装制造	高新区

表7-7　省级及以上纺织服装产业创新平台

序号	类型	创新平台名称	企业名称	重点领域	所在区（县、市）
1	国家实验室（CNAS）认证	宁波凯信服饰股份有限公司测试中心	宁波凯信服饰股份有限公司	服装制造、服饰制造、面料纺织加工	鄞州区
2		博洋家纺集团有限公司检测中心	博洋控股集团	纺织原料、服装面料及制品	海曙区
3		雅戈尔纺织品服饰检测中心	雅戈尔集团股份有限公司	服装制造、针纺织品	海曙区

序号	类型	创新平台名称	企业名称	重点领域	所在区（县、市）
4	国家级企业技术中心	雅戈尔集团股份有限公司技术中心	雅戈尔集团股份有限公司	服装制造、针纺织品	海曙区
5	省级企业研究院	浙江省慈星纺机自动化研究院	宁波慈星股份有限公司	针织机械制造、纺织制成品设计及制造	慈溪市
6		浙江省舒普服装智能装备企业研究院	舒普智能技术股份有限公司	缝制机械制造、缝制机械销售	鄞州区
7	省级高新技术企业研究开发中心	宁波纺织工程省级高新技术企业研究开发中心	宁波维科精华集团股份有限公司	纺织品、针织品、服装的制造、加工	海曙区
8		宁波服装辅料省级高新技术企业研究开发中心	宁波宜科科技实业股份有限公司	服装辅料	鄞州区
9		宁波服装工程省级高新技术企业研究开发中心	雅戈尔集团股份有限公司	服装制造、针纺织品	海曙区
10		裕人电脑针织机械省级高新技术企业研究开发中心	宁波慈星股份有限公司	针织机械制造、纺织制成品设计及制造	慈溪市
11		德昌紧密纺装置省级高新技术企业研发中心	宁波德昌精密纺织机械有限公司	时尚纺织服装	高新区
12		润禾环保型织物整理剂省级高新技术企业研发中心	宁波润禾化学工业有限公司	有机硅新材料、纺织、印染助剂的研发、制造、加工，自产产品的销售	宁海县
13		先锋新材高分子复合新材料省级高新技术企业研究开发中心	宁波先锋新材料股份有限公司	PVC玻纤高分子复合材料的制造	鄞州区
14		康赛妮特种纱线省级高新技术企业研究开发中心	宁波康赛妮毛绒制品有限公司	羊绒制品、羊绒混纺制品及相关辅料、服装制造、加工	江北区
15		双盾精细纺纱省级高新技术企业研究开发中心	奉化双盾纺织帆布实业有限公司	高分子纺织材料的技术开发	奉化区
16	省级企业技术中心	宁波维科精华集团股份有限公司企业技术中心	宁波维科精华集团股份有限公司	纺织品、针织品、服装的制造、加工	海曙区
17		宁波宜科科技实业股份有限公司技术中心	宁波宜科科技实业股份有限公司	服装辅料	鄞州区
18		宁波市裕人针织机械有限公司企业技术中心	宁波慈星股份有限公司	针织机械制造、纺织制成品设计及制造	慈溪市
19		宁波狮丹努集团有限公司企业技术中心	宁波狮丹努集团有限公司	纺织品、针织品及原料、服装、鞋帽的批发与零售	海曙区
20		百隆东方有限公司企业技术中心	百隆东方有限公司	工程用特种纺织品、纺织品、纺织服装生产	镇海区
21		宁波雅戈尔毛纺织染整有限公司企业技术中心	宁波雅戈尔毛纺织染整有限公司	服装制造、针纺织品	鄞州区

续表

序号	类型	创新平台名称	企业名称	重点领域	所在区（县、市）
22	省级企业技术中心	宁波先锋新材料股份有限公司企业技术中心	宁波先锋新材料股份有限公司	PVC玻纤高分子复合材料制造	海曙区
23		宁波华艺服饰有限公司企业技术中心	宁波华艺服饰有限公司	针织品、坯布、服装、服饰、鞋帽制造和加工	鄞州区
24	省级服务型制造示范单位（平台）	宁波博洋家纺集团有限公司	宁波博洋家纺集团有限公司	纺织原料、服装面料及制品	海曙区
25		宁波太平鸟时尚服饰股份有限公司	宁波太平鸟时尚服饰股份有限公司	纺织服装、服饰业	海曙区
26		宁波纺织服装云平台	宁波创艺信息科技有限公司	纺织服装及纺织品的设计	镇海区
27		搜布—纺织面料产业互联网交易平台	宁波搜布信息科技有限公司	纺织服装行业面辅料采购O2O应用	鄞州区
28		纺织服装综合服务平台	宁波云裳谷时尚科技有限公司	服饰研发、服装服饰批发、服装服饰零售、服装辅料销售	鄞州区
29		康赛妮集团有限公司	康赛妮集团有限公司	羊绒制品、羊绒混纺制品及相关辅料、服装制造、加工	江北区
30		舒普智能技术股份有限公司	舒普智能技术股份有限公司	缝制机械制造、缝制机械销售	鄞州区

（四）智能化改造初见成效

统计数据表明，"十三五"期间宁波实施智能化改造计划，有405家规上工业企业实施了10764个技术改造项目，累计建成74个市级以上数字化车间、智能工厂，培育市县级智能制造工程服务公司215家。聚焦纺织服装产业，行业龙头企业率先做出示范，头部企业60%的投资用于技术研发和设备改造，重点企业全部实施智能化工厂改造。例如，宁波大发化纤有限公司开发填充用再生涤纶短纤维等绿色设计产品登上工业和信息化部2022年度绿色制造企业"绿色工厂"榜单；浙江省"未来工厂"雅戈尔集团股份有限公司5G智能车间入围"2020年国家工业互联网试点示范项目"，龙头企业的示范较好引领了行业发展，推进了产业转型。

分领域来看，一是在技术融合与应用方面：人工智能技术与物联网、云技术和大数据技术深度融合，构建了人—网—物的互联体系和泛在的智能信息网络。骨干企业已将先进控制技术的应用普及率提升至85%以上。这一数据标志着行业在自动化和智能化领域的成熟度。宁波象山县试点打造的纺织服装产业示范样本，试点的生产+市场（M+M）模式，利用智能化手段优化生产与市场对接，提升供应链的灵活性和响应速度；二是在智能制衣装备方面：宁波制造的智能制衣装备在国内外市场上广受欢迎，体现了行业的技术创新能力。雅戈尔采用"数字孪生"技术，通过构建物理实体的虚拟模型，实现生产过程的实时监控和优化。瑞晟智能等企业通过提升客户企业的信息化、智能化和自动化水平，推动了整个行业的技术进步，瑞晟智能的解决方案覆盖了从生产计划到物流配送的各个环节，助力企业降本增效；三是在智能制造标准制订方面：宁波服装企业参与制订服装智能制造标准，研发全自动智能整烫机等设备，甚至将宇航服技术民用化。四是在智能分销系统方面：旦可韵公司建立了智能分销系统和庞大的设计数据库，利用大数据分析优化生产和销售策略。宁波国际服装智能制造博览会展示了最新的智能制造技术、设备和服务，为行业内的企业和供应商提供了一个交流和合作的平台。参展的智能装备和解决方案，如全自动智能整烫机，展示了宁波乃至中国纺织服装行业在智能制造领域的最新成果。

宁波时尚纺织服装行业在智能制造的征途上取得了显著成就，这不仅映射了中国制造业转型升级的整体趋势，也是行业创新精神的生动体现。借助智能生产和智慧管理，不仅仅实现自身产品及服务智能化，也有力推进了产业链上下游企业的智能化进程，随着智能制造的持续深化应用和全面推广将更好地为实现"工业4.0"保驾护航。宁波的纺织服装企业正在形成一个智能制造的生态圈，促进产业链上下游的协同创新和资源优化配置，这些变化充分展示了智能制造对于提升行业竞争力、实现可持续发展的重要作用。智能制造不仅帮助宁波纺织服装企业实现了从传统制造向现代制造的转变，也促进了整个行业向更高层次的创新发展。目前，制造业作为宁波市的立市之本，正向着全球智造创新之都加速迈进，通过巩固提升优势产业集群，培育壮大特色产业集群，抢占新兴和未来产业新赛道，不断增加宁波制造的含"绿"率，逐梦"新"舞台，向"高"端化跃升，以"大优强、绿新高"的新姿态，全面提升产业竞争力，增强产业链供应链韧性与安全水平。

（五）努力培育"小巨人"企业和单项冠军企业

产业基础高级化的标准除产业规模效应显著、集群优势明显外，"专精特新"企业、"冠军"企业众多亦是其主要考量因素之一。自2016年工信部启动全国范围内的制造业单项冠军遴选，到2017年公布首批国家级制造业单项冠军企业名单，再到2022年评选结果发布，宁波国家级单项冠军企业有83家，列全国之首，且连续5年保持全国第一。在专精特新领域，2022年宁波新增专精特新"小巨人"101家，累计国家级"小巨人"企业数量达283家，仅次于北上深，是实力强劲的"第四城"。

然而，据统计，宁波纺织服装制造业领域国家级单项冠军企业只有6家，如表7-8所示，国家级专精特新"小巨人"企业只有3家，如表7-9所示，表明对纺织服装产业而言，需要提高专精特新发展水平，这也是纺织服装企业高质量发展的必由之路。

表7-8　宁波纺织服装制造业国家级单项冠军企业

序号	企业名称	产品名称	属地	类别	批次
1	宁波德鹰精密机械有限公司	缝纫机旋梭	鄞州区	国家级制造业单项冠军示范企业（第一批）	2017年度（2019年复核）
2	康赛妮集团有限公司	粗梳羊绒纱线	江北区	国家级制造业单项冠军示范企业（第二批）	2017年度（2020年复核）
3	宁波慈星股份有限公司	电脑针织横机	慈溪市	国家级制造业单项冠军示范企业（第二批）	2017年度（2020年复核）
4	百隆东方股份有限公司	色纺纱	镇海区	国家级制造业单项冠军示范企业（第五批）	2020年度（2017年度第二批国家级培育企业升级）
5	宁波大发化纤有限公司	再生涤纶短纤维	杭州湾	国家级制造业单项冠军示范企业（第六批）	2021年度
6	舒普智能技术股份有限公司	智能特种工业缝纫机	鄞州区	国家级制造业单项冠军示范企业（第六批）	2021年度

表7-9　宁波纺织服装制造业国家级专精特新"小巨人"企业

序号	公司名称
1	宁波先锋新材料股份有限公司
2	舒普智能技术股份有限公司
3	宁波宏大纺织仪器有限公司

（六）品牌和标准化建设持续推进

宁波时尚产业自主品牌培育取得较好成效。截至2023年底，宁波时尚产业领域中国驰名商标、"品字标浙江制造"品牌企业分别达到53家、26家。纺织服装领域现有20个中国名牌和10个国家重点培育百家品牌，居全国总量的近10%。申洲上榜"2023亚洲品牌500强榜单"，雅戈尔上榜"2023中国品牌500强榜单"，太平鸟上榜"2023年中国500最具价值品牌榜"。龙头企业收购海外品牌，投资建设加工基地、研发机构和营销网络，创建一批具有国际影响力的知名品牌。如雅戈尔成功收购哈特马克斯、UND.HH等海外品牌，维科集团收购日本毛毯品牌"KOYO"，全盘接手该品牌运营，成功将"KOYO"品牌打入美国市场。

在品牌培育的同时，时尚产品质量标准不断提升。如雅戈尔获首届中国质量奖提名奖和省政府质量管理创新奖，康赛妮、博洋等获市政府质量奖。近年来，宁波加快推进"标准化+"行动，截至2023年底，宁波时尚产业领域累计主持或参与国家标准超过100个、"浙江制造"标准超过70个，仅2023年就有《粗梳山羊绒机织纱》等15个项目入选"浙江制造"标准认定清单。

第二节　宁波时尚产业发展绩效对比分析

近年来，全球时尚格局正从"西方主导、欧美独大"转变为"东西方齐头并进、各自展现魅力"，共同引领全新时尚潮流。为更好接轨全球时尚前沿，更多展现亚洲文化特别是中国文化特色，本书选取《全球时尚城市指数》《亚洲时尚城市名录——中国新时尚之都活力榜》《中国城市时尚指数报告》《中国时尚都市指数》《中国新时尚之都指数报告》等五个时尚之都评价报告作为参照对象，对标分析宁波时尚之都的建设水平。

从主导机构看，这些榜单有国际一线时尚媒体发布的，如《亚洲时尚城市名录——中国新时尚之都活力榜》《中国新时尚之都指数报告》；有行业协会牵头的，如《全球时尚城市指数》；还有社会和高校智库从准政府视角进行分析的，如《中国城市时尚指数报告》《中国时尚都市指数》。

从评价重点看，各指数报告都对时尚产业和时尚消费进行了量化分析，同时更加关注时尚的引领力、传播力、创新力和可持续发展能力，个别报告还将数智赋能、文化氛围、公共服务等列作时尚之都建设的重要因素。

从评价结果看，上海、深圳、香港已跻身国际一线时尚之都；北京、成都、广州、杭州、苏州等是国内一线时尚之都；厦门、重庆、西安、武汉、长沙、南京等城市被较多认定为新时尚之都，近年来崛起势头强劲（表7-10）。

表7-10　五大时尚指数报告概况

名称	发布机构	2023榜单入围城市
全球时尚城市指数	深圳市时装设计师协会、中国纺织服装教育学会等	巴黎、纽约、伦敦、深圳、东京、米兰、香港、悉尼、上海、洛杉矶、北京、柏林、多伦多、罗马、首尔、巴塞罗那、哥本哈根等
亚洲时尚城市名录——中国新时尚之都活力榜	国际时尚特讯（WWD）	亚洲时尚城市：上海、成都、杭州、香港、苏州、东京、大阪、首尔、京畿道、仁川、曼谷、达卡、胡志明、新加坡市、迪拜、多哈、孟买、新德里
		中国新时尚之都：上海、杭州、深圳、广州、厦门、苏州、成都、香港、海口

续表

名称	发布机构	2023榜单入围城市
中国城市时尚指数报告	浙江纺织服装职业技术学院、宁波时尚经济研究所	北京、上海、广州、深圳、苏州、杭州、南京、重庆、宁波、武汉、成都、青岛、天津、西安、厦门、福州、济南、哈尔滨、大连、珠海
中国时尚都市指数	广州促进民营经济发展研究院等	上海、广州、深圳、北京、杭州、成都、重庆、武汉、长沙、厦门
中国新时尚之都指数报告	时尚商业（Vogue Business）	成都、重庆、深圳、西安、沈阳、杭州、武汉、南京、长沙、厦门、天津、青岛、大连

从五大时尚榜单看，宁波仅在《中国城市时尚指数报告》上榜且列第9位，但考虑到该榜单是宁波发布的，宁波时尚之都的综合竞争力不容乐观。综合评价指标，时尚综合竞争力包含时尚产业和时尚消费两大"显性"竞争力，以及时尚策源和时尚文化两大"隐性"竞争力。显性竞争力和隐性竞争力互相赋能，缺一不可。

一、时尚产业竞争力

如表7-11所示，产业规模方面，2022年宁波时尚产业产值5066亿元，列国内城市第3位，但距离上海、广州两个标兵较远，追兵很近；时尚零售百货产值约1500亿元，列第17位，约为上海的九分之一。产业结构方面，雅戈尔、奥克斯、均胜电子等3家企业入选了时尚龙头企业，但整体呈现偏小、偏重的状态，而且缺少像抖音、百度、小米这样的平台型、科技型企业。

表7-11 时尚产业竞争力主要指标与宁波排名情况

一级指标	二级指标	领先城市					宁波排名
产业规模	时尚产业产值（亿元）	上海	广州	宁波	苏州	重庆	3
		9389	7549	5066	4944	4669	
	时尚零售百货产值（亿元）	上海	北京	广州	成都	杭州	17（1500）
		12645	9388	5432	3944	3927	
产业结构	中国企业500强中时尚企业数量（个）	北京	深圳	杭州	上海	广州	6（3）
		19	12	12	9	4	

注：（1）数据来源。各城市2023年统计年鉴、各城市2023年国民经济和社会发展统计公报、2023年中国企业500强等。（2）时尚产业产值统计范围为纺织业、纺织服装、服饰业，皮革、毛皮、羽毛及其制品和制鞋业，家具制造业，文体用品制造业，汽车制造业。

二、时尚消费竞争力

如表7-12所示，消费规模方面，2022年宁波时尚产品销售额6021亿元，列国内城市第10位；时尚消费占居民可支配收入的23%，列第18位，低于宁波的GDP排名（2022年，第12位）和城乡居民人均可支配收入排名（2022年，第8位）。消费吸引力方面，2022年国际奢侈品门店数量和销售综合水平列第13位；中国首店数量4家，列第13位；泛三江口商圈列2023全国商圈第24位；这几年，宁波更大力度推进相关工作，但商圈实力、吸引力和品牌集群效应与领先城市仍有不小差距，落后于国际开放枢纽之都定位。

表7-12　时尚消费竞争力主要指标与宁波排名情况

一级指标	二级指标	领先城市					宁波排名
消费规模	时尚产品销售额（亿元）	上海	北京	深圳	杭州	广州	10（6021）
		35513	32155	15268	13724	13035	
	时尚产品消费占居民可支配收入比	上海	北京	南京	杭州	广州	18（23%）
		64%	56%	48%	45%	38%	
消费吸引力	中国城市国际奢侈品指数排行	上海	北京	成都	杭州	深圳	13
	中国首店数量（家）	上海	杭州	成都	北京	深圳	13（4）
		115	52	46	38	26	
	代表性商圈实例（全国商圈TOP30）	北京CBD商圈	上海陆家嘴张扬路商圈	南京新街口商圈	成都春熙路商圈	长沙五一商圈	24（泛三江口商圈）

注：（1）数据来源。各城市2023年统计年鉴、各城市2023年国民经济和社会发展统计公报、2023年中国城市国际顶级品牌指数、2023年全国首店城市分布数量、2023全国商圈商业实力TOP30排行榜等。
（2）时尚产品消费统计口径为服装、鞋帽、针织品，化妆品，金银珠宝类，体育和娱乐用品，家用电器和音像器材类，文化办公用品，家具类，通讯器材类，汽车类。

三、时尚策源竞争力

时尚品牌方面，2022年太平鸟、得力、帅康、奥克斯、火星人集成灶等5个时尚品牌入围中国品牌500强，列国内城市第8位，但总计价值仅列第13位。时尚人才方面，受到纺织服装、家电、文具等优势产业带动，宁波时尚行业从业人数全国第一，但平均创造产值仅列第16位。以纺织服装行业为例，一直被视为宁波时尚之都建设的重要基石，但全市仅有两所高校开设了纺织服装相关专业，其中宁波大学在2023年中国大学服装设计专业排名中列290所大学第40名。宁波时尚形象不清晰，龙头品牌不突出，时尚人才创造价值偏低，客观反映出城市时尚经济还处于价值链中低端，策源能力有待大幅提升（表7-13）。

表7-13　时尚策源竞争力主要指标与宁波排名情况

一级指标	二级指标	领先城市					宁波排名
时尚品牌	中国品牌500强中时尚品牌数量（个）	北京	上海	深圳	广州	青岛	8 （5）
		46	22	15	15	12	
	中国品牌500强中时尚品牌价值（亿元）	北京	深圳	上海	杭州	广州	13 （1543）
		43560	14889	11303	7566	6485	
时尚人才	时尚行业从业人员数（万人）	宁波	重庆	广州	上海	深圳	1
		44.4	34.7	34.4	30.4	27.6	
	时尚行业人员平均创造产值（万元/人）	北京	苏州	上海	广州	南京	16 （116.3）
		371.2	331.2	308.9	219.5	196.9	
	开设纺织服装相关专业的高校数量（所）	广州	重庆	北京	武汉	成都	19 （2）
		22	17	14	12	11	
	国家级纺织服装创意平台示范点数量（个）	宁波	上海	广州	北京	深圳	1
		3	2	2	2	2	

数据来源：各城市2023年统计年鉴、各城市2023年国民经济和社会发展统计公报、2023年中国500最具价值品牌、2023软科中国大学专业排行、中国教育在线等。

四、时尚文化竞争力

从外部影响力看，宁波时尚传媒龙头品牌、头部MCN机构等时尚平台偏少，致使中国城市海外网络传播力仅列国内城市第45位；民间时尚曝光度因时尚相关词条搜索数量不够，甚至未进入排名。从内部氛围看，文艺演出、时尚艺术展、品牌发布等时尚活动偏少，特别是缺少脱口秀、音乐展演空间（livehouse）等新型演出业态，但长三角仅有杭州一市进入全国十大演出城市排行，列第10位。有利于激发时尚经济活力、引领时尚文化潮流的夜经济方面，宁波经过多年努力，仍只排名第26位（表7-14）。

表7-14　时尚文化竞争力主要指标与宁波排名情况

一级指标	二级指标	领先城市					宁波排名
时尚传播	中国品牌500强中时尚传媒品牌数量（个）	北京	广州	南京	上海	成都	无品牌入围
		9	6	4	2	1	
	国内50强MCN机构数量（个）	北京	杭州	深圳	成都	上海	并列6 （1）
		10	10	6	6	4	

一级指标	二级指标	领先城市					宁波排名
时尚传播	中国城市海外网络传播力排行	上海	北京	杭州	深圳	重庆	45
	城市民间时尚曝光度排行	成都	杭州	重庆	上海	长沙	未进入排名
时尚生活	夜经济繁荣度排行	北京	成都	重庆	广州	杭州	26
	十大演出城市排行	广州	成都	上海	北京	天津	未进入排名

数据来源：各城市2023年统计年鉴、各城市2023年国民经济和社会发展统计公报、巨量引擎城市研究院、2023年中国500最具价值品牌、2023中国MCN机构排行TOP50、2023中国城市海外网络传播力排行、2023年中国城市夜间经济发展报告、2023中国演出行业消费者洞察报告等。

第三节　宁波高职教育与时尚产业人才培养现状

一、宁波高职教育与产业对接情况

宁波职业教育体系发展完善，2010年获国家级开展地方政府促进高等职业教育发展综合改革试点城市、2015年获评国家现代职业教育开放示范区、2019年纳入首批国家产教融合型城市试点建设范围。宁波高职教育生源相对丰富，师资队伍较雄厚，截至2023年，全市共有高职高专院校7所（含职业本科院校1所），其中，国家"双高计划"建设院校1所，浙江省高水平职业院校和专业（群）建设校6所，高校数量全省第二，占地面积376.6万平方米，在校生人数为7.4万人（全省第二），专任教师3253人。

在市委市政府的高度重视下，宁波职业教育围绕"246""225"等产业集群，持续优化专业布局，增设相关专业，加大产业急需人才培养力度，服务区域和产业发展的能力不断提升。根据宁波市教育局统计数据，2023年宁波高职院校共开设专业150个，专业点214个，覆盖19个专业大类中的17个，占比89.47%。2021～2023年共调整专业点68个（其中新增人工智能技术、数字化设计与制造技术、汽车智能技术等44个专业点），近三年年均专业点调整率为11.50%。从高职教育与产业对接方面看，宁波高职专业点数对接一二三产业比例分别为0.93%、29.44%和69.63%，如表7-15所示，在宁波高职院校发挥自身资源优势和专业特色，积极与区（县）市主干产业对接，合作办学，基本实现区域特色产业和县区办学的全覆盖，如表7-16所示。

表7-15　宁波高职专业与产业对接情况

按产业分类	专业数（个）	专业点数（个）	专业点数占比	在校生数（人）	在校生数占比
第一产业	2	2	0.93%	1255	1.69%
第二产业	54	63	29.44%	20795	28.05%
第三产业（服务业）	94	149	69.63%	53347	71.95%
与"361"产业集群对应	107	149	69.63%	56580	76.31%

数据来源：宁波市教育局。

表7-16　在甬高职院校主干专业与区域主要产业对接布局

院校名称	所在区(县)	主干专业（群）	对接主要产业
浙江纺织服装职业技术学院	江北区	纺织品设计、服装与服饰设计	时尚（纺织服装）产业
浙江工商职业技术学院	海曙区	应用电子技术（智能家电）、市场营销（数字商务）	模具、智能家电
宁波城市职业技术学院	鄞州区	旅游管理与服务专业、计算机网络技术	现代服务业
宁波卫生职业技术学院	鄞州区	护理、老年保健与管理	护理服务产业
宁波职业技术学院	北仑区	应用化工技术、模具设计与制造	绿色石化、高端装备制造
浙江药科职业大学奉化校区	奉化区	药学类、健康护理类专业	生物医药
宁波城市职业技术学院奉化校区	奉化区	园林技术	园林园艺
浙江工商职业技术学院宁海校区（机电学院）	宁海县	模具	现代制造业
宁波幼儿师范高等专科学校	杭州湾新区	学前教育	幼教产业

二、宁波时尚产业人才培养模式

时尚产业是浙江省八大万亿产业之一，宁波作为浙东北时尚产业带核心，是浙江省时尚产业重要组成板块。近年来，宁波市深入实施人才强市战略，大力推进时尚产业人才培育和引进，时尚产业人才在规模总量扩充、能力素质提升、发展平台建设、政策环境优化等方面取得较大成效，逐步完善高校+企业+机构主体"多元"时尚人才培育体系，为加快推进时尚产业发展提供了有力支撑。

（一）高校培养

宁波共有高校16所，其中普通本科高校8所，高职高专院校7所，成人高校1所，另有宁波东方理工大学（暂名）在建，全市共有全日制普通高校在校生约20.81万人。宁波大学、浙江万里学院、宁波财经学院等本科院校设置了与时尚创意相关的艺术设计、产品设计等专业；浙江纺织服装职业技术学院、宁波职业技术学院、宁波城市职业技术学院等三所高职院校设立时尚纺织服装、工艺美术等专业，合计年均招收时尚产业相关专业学生3000余人。时尚创意类相关专业基本对接宁波时尚产业领域岗位需求，按毕业生留宁波就业50%比例估算，宁波高等院校年均可提供1500名左右的创意设计相关专业的基础人才。

（二）企业培育

在人才培育方面，产业头部企业发挥重要作用。申洲、雅戈尔、博洋、太平鸟、培罗成等企业建立企业管理学院，以企业培育＋薪资激励方式培育、提拔、留用人才。博洋157、云裳谷、智尚国际等平台采用培训＋孵化方式育才。目前，企业育人才成效明显，申洲、博洋、太平鸟等企业80%人才是从企业基层成长起来的。

（三）协会机构培育

行业协会与社会机构开展技能指导、培训、认定等活动，多维度培育、提升人才知识和技术技能水平。如宁波市服装协会举办设计大赛、制版师培训与技能大赛、职业资格考试认定等活动，宁波市皮革行业协会举行推进企业参与行业标准培训、成本管理培训、技能竞赛、专业技能培训等活动，积极推动时尚产业人才成长。

（四）国际化合作人才培育

近年来，宁波高校先后与法国、英国、美国、意大利等国家的相关院校建立了教育合作关系。宁波大学与法国昂热大学联合建立国际学院，浙江纺织服装职业技术学院积极服务国家"一带一路"倡议，与罗马尼亚杨库学校合作成立了"丝路工匠学院"，建设宁波市"一带一路"特色人才培养重点项目和中国－中东欧国家职业院校产教联盟。

三、教育视角下宁波时尚产业人才建设存在的问题

（一）时尚核心产业相关高职院校和专业设置数量有待提升，时尚产业人才发展平台和机制不够

时尚核心产业是纺织服装产业，据统计，在宁波32所中职院校中仅有5所院校开设与轻工纺织相关的专业；高校方面，仅浙江纺织服装职业技术学院1所高职院校和宁波大学1所本科院校开设与纺织服装相关的专业。宁波纺织服装院校数量与广州（22所）、重庆（17所）、北京（14所）、杭州（8所）等时尚产业发展较好城

市相比甚少。时尚核心相关专业数量少，不利于向社会输送高技术技能人才，从而影响宁波的时尚产业发展。时尚产业人才发展平台不够丰富，从终身教育理念看，缺少可供学生随时学习的网络课程资源，目前宁波高职院校在中国大学生慕课网上建设的在线精品课程仅有61门，其中涉及时尚相关专业的课程只有29门。

同时，宁波也欠缺影响力更大、层次更高的时尚产业国际性人才交流平台，以及世界级、高水平的创意设计中心等人才发展载体，引才聚才用才的平台建设力度还需进一步加强。从时尚产业人才发展机制建设上看，一方面，院校培养缺乏对时尚人才的数字化培养机制，如在数字化技术应用于时尚产品的销售领域中，"直播带货"是十分新颖的展现形式，但在高校进行相关课程的创设过程中，存在很大一部分教学内容只让学生拿着产品按流程走个过场，缺失直播带货过程中与线上观众的真实互动、数据变动的实时监控等环节。另一方面，时尚产业人才发展机制创新不够，缺乏专门扶持时尚产业人才发展的政策措施，人才评价认定机制创新不够，发现人才、培育人才、引用人才的精准服务、精准管理还需进一步提高。

（二）时尚产业研发设计能力不强，高端设计人才缺乏

宁波时尚产业虽制造基础较好，但时尚创意设计层级不高，缺乏引领时尚产业发展、具有国际影响力的时尚引领者，高层次人才规模还需进一步扩大，对本地时尚产业支撑不足。调研发现，宁波纺织服装产业以OEM为主，研发设计主要集中在少数骨干企业，广大中小企业创新创意能力较弱，制造企业产学研合作的意愿不强，与高校、设计师团队合作开展研发设计和产学研转化比例不高。"设计师微博影响力2023年榜单"以微博发布数量、内容热度、搜索热度等综合指数进行排名，前20名的时尚设计师和中国国际时装周闭幕式暨中国时尚大奖2023年度颁奖典礼颁发的中国十佳服装设计师均来自北上广深，宁波无一人入选，仅雅戈尔的田云龙获得"全国十佳服装制版师"。同时，宁波纺织服装产业相关院校仅2家，数量远落后于广州、杭州、苏州、武汉等城市，如表7-17所示，且学科专业设置相对传统、单一，对本土时尚企业的支撑不足。调研中发现，宁波大部分时尚企业选择与北京服装学院、东华大学、武汉纺织大学等知名时尚类高校合作，这也一定程度上印证了时尚人才支撑的不足。

表7-17　典型区域开设纺织服装相关专业高校及相关专业情况表

城市	院校数量（所）	相关专业
宁波	2	家用纺织品设计、服装设计、环境与家居设计

续表

城市	院校数量（所）	相关专业
杭州	8	服装设计与工程、服装与服饰设计、纺织品艺术设计、文创产品设计、时尚产品设计、数字艺术设计
广州	22	工艺美术品设计、旅游工艺品设计与制作、染织艺术设计、服装与服饰设计、服装设计与工程、纤维艺术设计、数字媒体艺术设计、陶瓷艺术设计、包装设计、智能交互设计、智能工程与创意设计
武汉	12	服装与服饰设计、染织纤维艺术设计、珠宝设计、纺织智能制造、纺织品检验与贸易、纺织品时尚设计、产业用纺织品设计、服装艺术设计、服装制版设计、针织服装设计、服装形象设计、数字媒体艺术设计
苏州	9	装饰艺术设计专业、服装设计、艺术设计学、服装设计与工艺、工艺美术品设计、雕刻艺术设计

（三）仍存在产品同质化和时尚引领力不足问题，重要产业节链人才紧缺

宁波时尚企业中，外贸为主的企业占比超过一半，多以外向型、OEM为主，多数企业受限于认知、规模、技术、资金、人才等多种因素影响，仍以价值链中低端市场为主，产品同质化严重，柔性化、定制化生产模式不足。同时，虽然宁波时尚产业涌现出一批国内外知名品牌，但面向"她时尚""Z世代"热门消费群体的"网红潮牌"和"爆款产品"不多，时尚的引领带动效应未能充分凸显，时尚引领力相对不足。根据海豚社新茅榜发布的2022年中国消费品牌500强榜单中，宁波仅占6席，与广州、杭州、长沙差距明显。另据中国连锁经营协会（CCFA）发布的2022 CCFA时尚零售与时尚消费TOP100榜单中，宁波仅太平鸟、雅戈尔、慕尚三家上榜，落后于广州、温州等城市。这些问题的存在与时尚产业链重要节点的人才紧缺密切相关，如时尚创意设计、时尚买手、时尚管理、时尚品牌运营、市场拓展等节链需要的人才供给储备不足。调研表明，"设计师"和"时尚管理"是企业最紧缺的人才，制版师和工艺技师等高技能人才占总需求超过60%。

（四）互联网营销发展相对滞后，新业态新模式人才不足

截至2023年底，宁波已连续举办27届宁波国际服装节（宁波时尚节），搭建静态展览、动态发布、交流对接、商贸洽谈、资源汇聚的平台，推进时尚品牌的推广和培育，曾获评"中国最具国际影响力十大节庆"之一。但除国际服装节外，宁波缺少有知名度和影响力的时尚展会活动。根据第一展会网数据，2023年宁波时尚展会数量为18个，与深圳、广州、青岛、杭州等城市相比差距较大。此外，宁波虽拥有宁波（前洋）直播中心、智尚国际服装产业园、亮剑互娱等时尚产业相关直播电商基地和MCN机构，初步形成了互联网营销聚焦发展态势，但相较杭州、成都、长

沙等"网红"城市，互联网营销主体数量、层级均存在较大差距。根据网经社电子商务研究中心发布的"2023年直播带货MCN机构'百强榜'"，宁波无一家入选，杭州26家排名第一，图7-9列出了主要城市MCN百强机构数量。

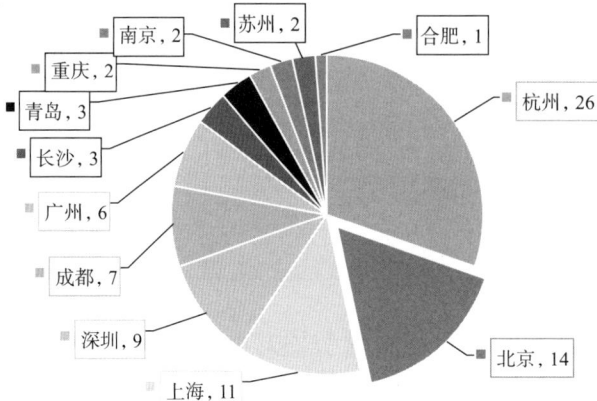

图7-9 城市MCN百强机构数量

这些问题的背后反映出宁波适应产业转型升级的新业态新模式人才相对不足。宁波是制造大市，各类制造业企业超过12万家，大部分仍深耕在传统制造业领域，急需向高质量转型。新冠肺炎疫情发生后，不少产业链、供应链加速重构，许多新产业、新技术、新业态、新模式脱颖而出，一些新型消费、升级消费异军突起，为推动产业转型升级带来重大机遇。从2023年宁波市十大重点产业人才紧缺情况分析来看，如表7-18所示，紧缺度高的产业主要为装备制造和新兴产业，排名前15中大专需求占比最高的31个紧缺人才岗位中，各类工程师人员占比58.1%，缺口较大，与时尚产业相关的时尚纺织服装产业中，服装/纺织/皮革工艺师、贸易跟单、面料辅料开发等为需求较高的紧缺人才岗位，开设专业数、专业点数及学生规模占比均不高，亟须加大培养力度。

表7-18 2023年宁波市十大重点产业人才紧缺情况分析

序号	宁波重点相关产业	行业划分	紧缺指数	排名前15中大专需求占比最高的紧缺人才岗位	涉及的高职主要专业大类
1	化工新材料产业	石油/石化、化工、化学纤维制造业、化学原料/化学制品、橡胶和塑料制品	0.48	化学分析、技术支持工程师、自动化工程师	装备制造大类（11个专业）、生物与化工大类（5个专业）、电子与信息大类（14个专业）
2	稀土磁性材料产业	钢铁和有色金属冶炼及加工、金属制品业	0.45	工业设计、环境/健康/安全工程师、机械制图	
3	高端模具产业	加工制造（原料加工/模具）	0.45	CAD设计/制图、机械工艺工程师、冲压工程师、PLC工程师	

续表

序号	宁波重点相关产业	行业划分	紧缺指数	排名前15中大专需求占比最高的紧缺人才岗位	涉及的高职主要专业大类
4	光学电子产业	计算机硬件、电子设备制造	0.44	电子/电器设备工程师、机械设备工程师、电气工程师	装备制造大类（11个专业）、生物与化工大类（5个专业）、电子与信息大类（14个专业）
5	机器人产业	工业自动化、人工智能、物联网	0.36	设备维护工程师、PLC工程师、机械结构工程师	
6	节能与新能源汽车产业	汽车制造、汽车零部件电力/水力/热力/燃气、新能源、燃料资源加工制造	0.32	机械制图、汽车质量工程师、工业设计	
7	时尚纺织服装产业	服饰/纺织、皮革、纺织业/服饰产品加工制造	0.3	服装/纺织/皮革工艺师、贸易跟单、面料辅料开发	
8	智能成型装备产业	仪器仪表制造、电气机械/器材制造、专用设备制造、通用设备制造	0.29	生产技术员、机械制图、电子技术研发工程师	
9	特色工艺集成电路产业	电子技术/半导体/集成电路	0.27	生产组长/拉长、电子工程师、技术支持工程师	
10	智能家电产业	家电	0.24	模具设计、工业工程师、结构工程师	

注：（1）紧缺指数=供需差额（归一化）×0.4+供需比率（归一化）×0.6。（2）通过需求量减去简历投递量（需求量−简历投递次数），计算出供需数量的供需差额；通过需求量除以简历投递量（需求量/简历投递次数），计算出供需数量的供需比率。

第四节　高职教育赋能区域时尚产业发展的宁波实践

高职院校如何才能深化供给侧改革，更积极有效地融入区域和产业发展战略，实现内涵式高质量发展？本节以全省唯一一所以时尚纺织服装职业教育为特色的高职院校——浙江纺织服装职业技术学院为例，分析其与区域时尚产业的协同发展状况，以期以点带面彰显高职教育赋能区域时尚产业发展的宁波实践。

浙江纺织服装职业技术学院是由宁波市人民政府举办的全日制普通高等职业院校，有40余年的办学历史。作为国内纺织服装专业体系最完整、规模最大、办学历史最悠久的高职院校之一，学校立足行业特色，紧抓新时代职业教育发展关键机遇，聚焦立德树人，围绕浙江和宁波"两个先行"奋斗目标，以关键能力提升为抓手全面融入区域经济社会发展，精准服务现代纺织服装产业体系建设，构建服务区域与服务产业深度融合新格局，走出一条行业特色高职院校高质量发展之路。学校秉持"修德、长技、求真、尚美"的校训，践行"敢为人先、精于技艺、诚信重诺、勤奋敬业"的红帮精神，始终坚持立德树人、为党育人、为国育才，坚守时尚纺织服装行业特色办学定位，依托和服务宁波乃至全省产业发展，不断深化产教融合、校企合作、工学结合、知行合一，成为在全国纺织服装行业内具有重要影响的高水平高职院校。

一、赓续"红帮精神""五育并举"，构建匠艺相生育人体系

纺织服装是最能影响大众生活的文化载体。"敢为人先、精于技艺、诚信重诺、勤奋敬业"的"红帮精神"是宁波纺织服装产业永不褪色的文化印记，更是文化自信自强的生动教材，转化纺织服装的文化价值，构建有传统底蕴、当代表达和世界影响的校园文化育人体系，既是职责所在，更显育人担当。

聚焦立德树人，传承发扬"红帮精神"。学校提出"匠心匠艺"育人理念，锻造"匠艺课堂"品牌，开发红帮校本课程，系统推进"评展鉴赛""卓越技师"教学改革，以特色本土产业文化凝聚人、引导人、激励人、塑造人，构建起"匠艺相生、五育并举"的高素质高技能人才培养体系，形成了"红帮精神修德、匠艺课堂长技、通识教育求真、专业素养尚美、劳体教育固本"为内涵，具有鲜明行业特色的"'五位一体'大思政"育人模式。

学校红帮文化育人案例获全国高校校园文化建设优秀成果二等奖并入选教育部社会主义核心价值观教育典型案例。《红帮裁缝评传》等4部专著成为国务院"中国之窗"推荐书目并入选"剑桥大学机构收藏库"。校地合作助力"红帮裁缝技艺"入选国家级非物质文化遗产代表性项目名录。"经纬廉洁服饰文化馆"成为具有宁波辨识度的廉洁文化建设亮丽名片。40多年来，学校已为社会输送近6万名高素质技术技能人才，涌现出一大批行业技能大师和红帮工匠。

二、专业链对接产业链，打造"时尚纺织服装+"产教融合共同体

纺织服装是我国率先进入制造强国梯队的现代化产业。中国纺织工业联合会提出，到2035年要将我国建成"世界纺织科技的主要驱动者，全球时尚的重要引领者，可持续发展的有力推进者"。浙江省将现代纺织列入十大标志性产业链，着力打造世界级现代纺织与服装产业集群。宁波将时尚纺织服装产业纳入"246"产业集群，并将打造全球智造创新之都、东方滨海时尚之都作为建设"六个之都"行动

重要组成部分。

聚焦产业链现代化，建设产教融合共同体。瞄准纺织服装集聚化、集群化发展需求，学校明确了"强链做强、补链补短、延链延展"思路，精准对接产业链组建七个"时尚纺织服装+"专业群，如图7-10所示，实现由"以群建院"向"以群强院"跨越。学历教育与职业培训并举，学校先后成为宁波市安全生产培训中心、浙江省示范性继续教育（社会培训）基地，是全国纺织行业职业技能鉴定金牌示范鉴定单位。

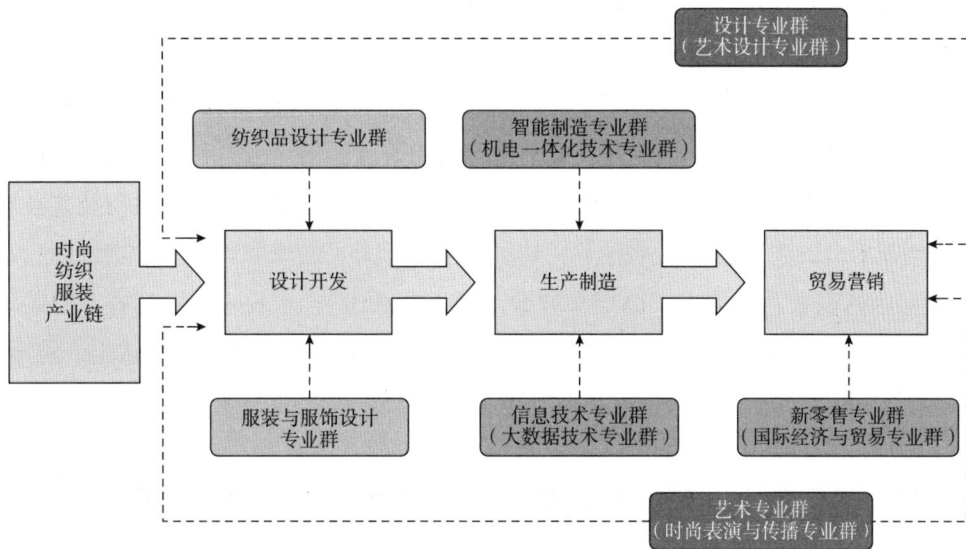

图7-10　专业链对接产业链，构建"时尚纺织服装+"七大专业群

学校牵头研制宁波时尚纺织服装产业集群发展规划及产业链提升行动方案，成为宁波时尚服装产业链建设促进机构；与中国纺织工程学会、宁波国家级服装产业园共建"纺织服装技术创新研究院"和"现代纺织服装产业学院"；与头部企业校企共建"博洋产业学院""太平鸟电商运营基地""慈星'星智造'现代学徒制基地"；与雅戈尔集团等企业合作培养新零售人才的创新实践成果获国家教学成果一等奖、浙江省教学成果一等奖。毕业生在浙江就业比例超90%，留宁波比例最高达60%。学校获得中国纺织工业联合会"服装产业推动奖"和宁波市政府"教育服务经济贡献奖"。

三、培育"金纺领军"工匠之师，建设精技善教"四双"师资队伍

培育"大国工匠"，先要有"大国良师"。学校始终把师资队伍建设作为各项工

作的重中之重，把促进教师的专业发展作为第一使命和第一任务，瞄准产业技术前沿，以"高层次＋高技能"人才队伍和高层次师资发展平台为牵引，全面深化新时代教师队伍建设改革。

聚焦"双师"重点，建设"四双"师资队伍。以全国高校样板支部培育与建设为引领，发挥"纺服党员名师服务团队""纺服锋领党员工作室"先锋模范作用，推动党建与业务融通创新，实现"双带头人"支部书记全覆盖。实施纺服特色高水平"双师型"教师标准，培养具有"行业有权威、业内有影响"的"双影响力"名师和"双师双能"骨干教师。

国际化与本土化资源优势互补，打造高水平"双语双能"教师队伍。学校教师发展中心与雅戈尔、博洋、申洲、太平鸟等纺织服装头部企业合作共建国家级职业教育"双师型"教师培训基地，固化校企双师互聘合作；搭建技术攻关与技艺技能传承创新平台，建立企业技术骨干、基层管理骨干为主的兼职教师人才资源库；牵头宁波19所高校共同成立"高层次教育人才发展联盟"；牵头主持浙江省"服装设计与工艺专业中高职一体化课程改革"重大规划课题；《"双师型"教师认定、聘用、考核改革》项目入选浙江省深化新时代教育评价改革试点。

四、强化数字赋能，加快驱动专业转型升级和办学治理变革

学校紧跟纺织服装产业数字化转型，服务纺织服装向新产业、新技术、新产品、新业态的绿色化、时尚化发展，是挑战更是机遇。

聚焦数字化转型升级，提升内部治理能力。学校以"服务教学、服务教师、服务学生、服务管理"为宗旨，聚力办学治理模式变革，全面推进数字化治理。一体推进党建工作和事业发展，设置政治统领、思想引领、组织建设、纪检监察、民主管理、群团建设、安全塑造7条跑道和经济、业务、人力资源和监督控制4大控制集群，构建起覆盖全域、全要素、全过程的"数智化大内控体系"。

面向数字化人才培养新需求，全面升级专业群建设，加快数字化资源开发整合。作为全国纺织服装行指委服装数字化、数字化染整技术专委会主任单位，学校牵头成立全国职业教育纺织服装数字化产教联盟，举办全国首届服装3D数字化大赛；与中国纺织工程学会共建"服装数字化技术培训基地"；主持建立"国家职业教育纺织品设计专业教学资源库"，总访问量超750万人次；"现代纺织与时尚服装虚拟仿真实训基地"入选教育部示范实训基地；"宁波纺织服装云"入选工信部"双创"平台试点示范项目；大数据技术专业群入选工信部产教融合试点专业。学校服

装数字化"未来工厂"建设案例入选《中国智造：宁波智能制造发展样板》（蓝皮书2023卷）。

五、深度参与"一带一路"建设，探索职教"出海"合作新模式

纺织服装产业的国际竞争优势地位赋予学校"教随产出、产教同行"走向世界的信心和底气，宁波建设"国际开放枢纽之都"加快了学校高质量开放办学的节奏和步伐。

运用优质国际教育资源，打造国际时尚职教品牌。以宁波打造"东方滨海时尚之都"为优势着力点，学校与英日韩等国同类高水平院校合作，本土化与国际化融合打造时尚职业教育品牌。中英合作"3F人才培养模式""333课程教学质量控制体系"等成果先后两次获中国纺织工业联合会教学成果一等奖；快速设计项目（One Day Project）获英国"国家教学卓越奖"；中英师资项目获得国家外专局高端引智项目立项。中韩合作"'五美一专'人才培养模式"获全国美发行业协会教学成果特等奖。中日合作服装设计专业项目成为"浙江省示范性合作办学项目"。

融入"一带一路"建设，创建中东欧职业院校产教联盟。作为浙江省首批"国际化特色高校"，学校第一时间响应教育部"中国–中东欧国家教育政策对话"倡议，围绕宁波打造中国—中东欧国家双边贸易、双向投资和人文交流"三个首选之地"目标，牵头成立"中国—中东欧国家职业院校产教联盟"并发布"宁波倡议"。加快服务本土企业"走出去"步伐，"中罗丝路工匠学院"入选浙江省教育厅、商务厅首批"丝路学院"。中国–中东欧国家职业院校产教联盟被正式纳入中国–中东欧国家合作框架，成为全国首个纳入合作框架的职业教育领域机构，为中国推进高水平对外开放贡献职教力量。

第五节　宁波打造东方滨海时尚之都的推进路径和对策建议

基于上述分析结果，宁波打造东方滨海时尚之都既要抓产业和消费，更要做强"内功"，在创新策源和创新文化上快发力、发狠力，积极把握宋韵文化、赛事之城、海洋中心城市等风口，主动学习借鉴相关城市先进经验和有益做法，争取弯道超车。

一、推进路径

（一）抓优势产业和龙头企业

一方面，聚焦纺织服装、家电、文具等传统优势产业，按照"科技+""设计+""数字+""文化+"的思路做长做强做活产业链，不断提升品牌价值，强化品牌忠诚度。另一方面，更好激发龙头企业和创新型企业潜能，加快突破新技术、新产品、新消费，争取在时尚新质生产力培育上走到前列。如，广州支持区县围绕优势产业各布局培育1～2个时尚产业智能制造特色园区，打造"一区一园一特色集群"。以番禺区为例，成立"湾区时尚产业创新中心时尚产业创新联盟"，促成"链主企业"钻汇集团联合与数字化服务商尚捷科技、春晓科技等共同打造"钻、服、饰"供应链平台，构建数字化快时尚产业生态圈。深圳龙华区出台《加快推动人工智能创新发展行动方案（2024—2025年）》，旗帜鲜明地鼓励时尚产业发挥人工智能技术优势，引入AI模特，优化服装设计流程、推动定制化生产、完善在线试穿功能。

（二）抓现代商圈体系和新型业态

一方面，加快改造提升传统商业综合体，打造多层次各具特色的现代商圈体系，更好满足多样化时尚消费需求。另一方面，接轨时尚潮流，聚力建设国内一流商圈，壮大首店首发经济，留住并吸引更多高端时尚消费。如，杭州在湖滨步行街搭建了国内首个地标性5G直播间"湖上直播间"、在清河坊步行街搭建了"直播·清河坊"，创新推动传统商圈的现代化转型。北京出台首店首发经济促进政策3.0版，推出新增建立服装类新品第三方采信制度，提升时尚消费品牌新品通关速度；新增创新概念店支持，最高100万元；将零售品牌北京首店、旗舰店的最高支持额度从50万元提升至100万元；将国内外知名品牌在京举办时尚消费类新品发布活动的最高支持额度从100万元提升至200万元等一系列举措。

（三）抓时尚品牌和高端时尚活动

一方面，更大力度实施品牌战略，培育一线时尚品牌，壮大品牌矩阵，促进品牌价值与产品附加值的共赢。另一方面，更积极引进国际时装周、国际一线品牌新品发布、国际时尚峰会等高端时尚庆典和赛事，支持本土企业和产品更多走出去登上国际舞台，进一步提升时尚国际影响力。如，苏州盛泽镇2023年推出区域纺织品牌"盛泽织造"，优选百家面料企业，共同打造品牌建设第一梯队。深圳积极推动与米兰等国际时尚之都的战略合作，并连续组团参加米兰时装周、巴黎时装周国际一线时尚活动。"2024深圳·米兰双城时尚周"吸引了20余个意大利一线时尚品牌，共同举办了15场中意国际大秀、8场产业对接以及多场Showroom艺术展、FASHION Lab等精彩活动。

（四）抓时尚传媒与时尚评价

一方面，奋力补上头部传媒品牌和MCN机构短板，做大做专时尚传媒矩阵，增强城市和企业在时尚界的关键话语权。另一方面，积极争取上榜有影响力的时尚排行榜，不断提高城市排名，吸引越来越多的时尚机构和时尚自媒体关注宁波、宣传宁波，让宁波时尚之都得到更广泛的共识。如，武汉促成市广播电视台与中国日报社的合作，共建"长江国际传播中心"，打造立足武汉、辐射长江流域的中部地区"国传"基地。杭州以亚运会为契机，构建起"1+N"的国际传播全媒体矩阵，并通过举办国际短视频大赛、推出良渚文化国际宣传片等举措，促进其中国城市海外网络传播力排名从2022榜单的第8位，快速提升至2023榜单的第3位。

（五）抓时尚资源和时尚人才

一方面，政府引导、企业主导，更好发挥企业的活力与创造力，以企引企，以企引智，以企引资，不断壮大时尚共同体。另一方面，深化产学研合作，更好发挥高校和科研院所的作用，优化专业设置，大力引育高端时尚人才，培养时尚技能人才。例如，深圳通过建设水贝珠宝大街示范区、时尚设计总部经济集聚区，开展中国珠宝产业发展大会、珠宝节、珠宝展，推出"水贝·中国珠宝指数"、国际珠宝玉石综合贸易平台，出台"支持黄金珠宝产业高质量发展若干措施"等一系列务实举措，不断吸引企业集聚和产品创新。目前，深圳黄金珠宝首饰注册法人企业超1.5万家，从业人员25万人，黄金饰品产量占中国市场的65%，铂金、K金镶嵌饰品产量占70%，基本形成"中国珠宝看深圳，深圳珠宝看水贝"的广泛共识。浙江理工大学创设时尚创新现代产业学院，着力培养纺织工程、服装与服饰设计、服装设计与工程、时尚表演与传播等时尚专业人才，创新推出本硕博一体的时尚应用研究型人才培养体系，2021年入选省级重点支持现代产业学院。该学院专业毕业生到本行业（领域）就业比例已突破90%，杭州女装产业逾60%的品牌创始人和设计总监出自该校。

（六）抓时尚教育与街头时尚

一方面，力推时尚走进校园，引导建立符合社会主义核心价值观的时尚追求，更好发挥青年人的创造力和引领力。另一方面，让时尚走进市井，沉浸式开展时尚宣传与教育，提升公众对时尚生活的接受度和参与度，营造全民懂时尚、享时尚的浓郁氛围。如，上海已连续两年举办国潮年轻力大会，发起成立辐射全国的自由者家园"自由·向尚"年轻力社群，激发年轻一代发挥创新精神和文化自信。成都太古里的成功，源自现代艺术装置与巴蜀风格建筑的结合、无处不在的艺术和创意、浪漫而富有活力的夜生活、对不同文化和风格的包容、休闲的节奏、兴盛的街拍文化，以及国内外时尚推手给予的高度评价等多重因素，缺一不可。保护消费者肖像权和隐私权，而非禁止街拍——成都城市管理上的审慎包容，让太古里始终保持国内三大"红街"之一的高热度，为城市大量引流吸睛。

二、策略建议

结合六方面推进路径，宁波应围绕制度创新、龙头引领、消费驱动、项目突破和人才支撑，谋划实施一批既能快速见成效、又能支撑可持续高质量发展的策略建议。

（一）强化目标导向，深化体制机制改革

一是加强统筹协调，健全宣传部门牵头、多部门和非政府力量共同参与的推进机制。例如，整体性打造宁波东方滨海时尚之都的形象辨识系统；围绕宋韵文化、赛事之城等打造，更多嵌入时尚活动和时尚元素等。二是完善考核激励制度，让时尚之都建设真正成为常抓不懈的工作。创新建立东方滨海时尚之都评价指标体系，鼓励各部门、各区（县、市）因时制宜因地制宜谋划推动具体项目和工作创新，实施全周期闭环管理，探索引入第三方评价制度。三是推广包容审慎监管。旗帜鲜明地支持时尚经济新模式、新业态，积极探索无错不罚、小错轻罚，以更大力度保护企业知识产权。探索建立时尚类新品第三方采信制度，提升时尚消费品牌新品通关速度。

（二）强化龙头引领，壮大滨海品牌矩阵

一是大力培育"领航企业"。跨越式提升优势时尚产业链，支持有实力的时尚企业通过整合重组、资本运作等方式做大做强，支持建设时尚创新中心和发布平台，支持牵头开展"四链融合"创新。探索构建国际一线时尚企业和时尚品牌的"赛马型"引育政策，搭建本土"国潮"走出去服务平台，对企业在海外设立品牌专卖店、在一线商圈设立销售专柜、参加国际顶级时尚展会等，给予更大力度支

持。二是实施时尚市场主体倍增计划。聚焦优势产业和活力行业，搭建综合服务平台，创新服务举措，更好发挥民营经济活力，壮大优势产业集群，培育新型时尚集群。三是创新打造滨海特色时尚品牌矩阵。如，聚焦滨海文旅，加快培育游艇、房车、马拉松、海钓等特色品牌；聚焦临港大工业，加快发展工业设计，打造更有辨识度的宁波制造产业；聚焦"时尚+非遗"，加快推动红帮裁缝、越窑青瓷、金银彩绣等传统工艺向时尚概念转化，复兴一批"老字号"。

（三）强化消费驱动，改造提升城市商圈

一是精准规划城市现代商圈体系。高标准打造泛三江口和东部新城两大核心商圈，优化提升湾头、钱湖、杭州湾等各具魅力的活力商圈，因地制宜完善更加温馨的社区商圈，从根本上扭转商业综合体同质竞争格局。加快推动时尚产业园向"设计+生产+展示+销售"线上线下一体转型，多样化培育美食街、酒吧街、咖啡街、网红街区等特色消费街区。二是着力打造具有国际影响力的泛三江口和东部新城商圈。学习借鉴北京、深圳等经验，更大力度推动与国际一线商业城市和时尚之都的战略合作，积极引入顶流时尚资源。推进"商业+旅游+文化+科技"深度融合，对实体商业空间进行时尚场域化造景，更多引入艺术展、IP展、音乐会等时尚元素，丰富"云逛街""云旅游""云看展"等平台，推广"社交+消费""数字+消费"等消费新模式。三是充分发挥跨境电商、自贸等优势，开拓时尚产品保税展示空间，邀请国际品牌参加本土时尚活动，积极争取税费优惠政策，着力打造国际高端品牌集中展示交易中心和全球采购中心。

（四）强化活动吸睛，着力突破重大展会和龙头媒体

一是大力引进高端时尚展会。积极争取与国际时尚之都和时尚龙头企业的战略合作，聚焦工业设计、纺织服装、数字经济、动漫文创等城市重点发展领域，着力引进合办具有国际影响力的时尚综合展、专业展和消费庆典活动。如争取和法国合作，引进享有"动画奥斯卡"美誉的安纳西国际动画电影节。二是打造"滨海潮头"时尚活动品牌。深化会展改革，激发国有企业和社会资本活力，高质量办好宁波时尚节、宁波消费节等大型展会，创新推出国际男装设计大赛、百年匠心技艺创制大赛、滨海休闲生活展等彰显宁波特色的新型活动。探索推出"滨海潮头榜"，定期发布城市"潮品牌""潮购站""潮玩地""潮餐厅""夜地标"等主题榜单，持续激发时尚活力。三是着力引进和培育全球时尚传播机构。借鉴武汉经验，更好发挥宁波广电集团的龙头作用，争取与央媒和国际传媒机构的高水平合作。支持宁波

报业集团、时尚龙头企业等开设时尚专栏、时尚公众号、时尚网站，鼓励时尚新媒体、自媒体蓬勃健康发展，提升宁波官方账号在TikTok、Facebook等海外社交媒体平台上的形象和互动水平，更加全面、生动地展示宁波时尚形象，传播东方滨海时尚之都故事。

（五）强化人才支撑，时尚赋能青年友好城建设

一是嵌入式开展时尚教育。选取、编制一批优质时尚课程、教材和读物，推动时尚教育走进大学、走进图书馆、走进电视台。鼓励时尚企业、商圈、文化场馆、艺术机构等主体搭建沉浸式时尚文化体验场景，支持宁波高校开设时尚专业或时尚课程，包容发展街头涂鸦、音乐弹唱、艺术沙龙等群众性时尚行为。二是大力引育青年时尚团队和人才。建立健全创意设计、数字经济、品牌运营等领域高层次人才和紧缺人才认定标准，支持行业协会、用人单位自主开展能力水平评价活动，搭建优秀青年国际化培养平台。强化赛事引才，通过举办青年时尚创意大赛、行业峰会、学术沙龙等活动，吸引并发现优秀青年人才，加大精准引才力度。更多实施柔性引才，吸引更多高水平时尚团队和人才。三是打造青年时尚创意社区生态圈。对青年人集聚的社区实施针对性改造和贴心关怀，更好满足青年人对时尚生活的追求，为创业创新青年提供"短期驻留—孵化项目—成熟发展"全流程增值式服务，让宁波成为时尚青年的向往之地和圆梦之城。

第八章

促进高职教育与区域时尚产业协同发展的对策建议

在实现第二个百年奋斗目标、全面建设社会主义现代化国家的新征程中，教育的先导性、基础性、全局性地位和作用更加凸显，肩负的使命更为重大。功以才成，业由才广，产业要实现高质量发展、加快产业体系现代化进程，需要创新驱动、人才支撑。前述的现状研究和实证分析，使我们较清晰地掌握了时尚产业相关高职教育与区域时尚产业的协同发展状况，同时，也梳理了国外时尚产业先发区域的经验启示与宁波的实践探索，可以看到职业教育通过人力资本积累、促进技术创新作用于区域产业发展，职业教育与区域产业的协同已成为经济高质量发展的重要推动力量，这更需要进一步健全职业教育与产业协同发展的政策机制，优化高等职业教育推动区域时尚产业发展的有效路径和可行对策。

第一节　总体思路

总体而言，促进职业教育与区域时尚产业协同发展，需要在科学评估高职教育与时尚产业协同度的同时，兼顾高等职业教育和时尚产业两大系统的高质量发展，实现高等职业教育与产业发展的互促共融。

一、建构科学指标体系，因地制宜加强评估监测

本书构建了高职教育与区域时尚产业协同发展的指标体系和实证分析框架，为科学测度职业教育与产业发展的耦合协调度做了新的探索，有助于整体把握高等职业教育与产业高质量发展的互动关系。一方面，从宏观上，可利用本书建构的指标体系对高职教育与区域时尚产业发展的耦合协调度进行科学测度，同时在此基础上不断探索优化从而形成反映区域发展特征的指标体系，整体评估区域的发展状况。构建的指标体系可为高等职业教育与区域产业发展提供监测预警等参考，政府决策者既能系统了解当地高等职业教育与区域产业的发展情况，也能对两者的耦合协调发展状况进行整体的把握。另一方面，从微观上，建设高等职业院校内部的评估监测体系，通过定性与定量相结合，自我评估与第三方评估互补的评估模式，不断提升院校自身与经济产业发展的契合度，不断推进教育链、人才链与产业链的深度

对接。可通过加强高等职业院校质量评估与改进工作、定期准确反馈用人单位满意度信息、充分利用高职院校就业服务信息化平台等途径，缩短技术技能更新迭代周期，实现计划、执行、评估的良性循环。

二、有效发挥高职教育对区域产业发展的推动作用

本书研究发现，高职教育对区域经济和产业发展有较大推动作用，若高等职业教育滞后发展将不利于其与产业高质量发展的共进共赢，应重视提升其发展水平，缩小与区域产业发展的差距，这需要我们更好地发挥高职教育系统的产业推动作用。面对时尚产业发展的多样化和复杂化要求，高等职业教育须具备极强的前瞻性，树立适度超前于经济发展的理念，为服务经济高质量发展做好人才与技术技能准备。同时，加强高等职业教育的经费投入，优化健全体制机制，充分调动"政校行企社"多个主体参与"产教融合"与"科教融汇"的积极性，立足高等职业院校服务区域发展的全局进行制度设计与运行保障，夯实高职院校发展的人力、物力与财力基础，不断完善高职办学的基础设施、师资队伍、实习实训条件，推动高等职业教育的高质量发展。

三、充分发挥产业高质量发展对高职教育的反作用

本书研究发现高等职业教育与经济发展是相互影响、相互促进并相互制约的，我们需要不断深化共享发展理念，扭转一直以来的职业教育被动适应经济发展的思维定式，充分发挥经济和产业发展对高等职业教育发展的支撑价值，将高等职业教育与区域产业发展的耦合协调关系纳入政策视野，同步规划时尚产业发展与高等职业教育发展，为增强两者耦合协调提供有针对性的对策指导。在实现产业结构协调、城乡结构协调与精神文明协调的进程中发挥高等职业教育的价值，实现高等职业教育与产业发展的互促共融，不断深化经济成果共享与公共服务共享，在扎实推进共同富裕的进程中推进高等职业教育的发展。

第二节　具体举措

一、树立服务新质生产力的技术技能人才培养理念，统筹区域发展全局

面向产业高质量发展的现实需要与未来目标，时尚类相关教育发展依然任重道远。我国工业化起步较晚，传统产业、底层技术与发达国家的差距依旧明显，以纺织服装为核心的时尚产业基础创新依然存在短板与弱项，新问题与新挑战接踵而至。把握新科技革命的机遇、保持优势、抢占前沿制高点、赢得未来主动权，自主创新依然是绕不过去的重大课题。实现高水平的科技自立自强、打造高素质的产业工人队伍、提升产业可持续发展能力，一切的答案都在教育。我们要结合时代特征与产业实际，持续推进系统性、整体性、协同性的教育变革。在新发展阶段，高职院校应以"双高计划"建设为契机，着眼于"中国制造2025""中国现代化2035""乡村振兴""新质生产力"等国家重大战略与政策，在人才培养能力和水平上下足功夫，加快调整优化学科专业结构，深化人才培养模式改革，构建具有区域发展特色的职业教育教学模式，发挥高职院校与产业发展的互促功能。

值得注意的是，新质生产力促使生产组织模式产生重大变革和深刻调整，相应地，技术技能人才在组织内部扮演的角色也发生了显著变化。技术技能人才不仅是技术技能执行者，更是技术技能实施的决策者和创新者。这要求技术技能人才不仅要掌握专业的操作技术，更要具备技术管理的综合素养以应对生产流程的复杂性和动态性。因此，加快推动职业教育人才培养理念更新尤为迫切。职业教育必须充分认识和理解支撑新质生产力发展的战略性新兴产业和未来产业行业发展趋势，尤其是深化对新质生产力条件下行业产业新业态、新模式的认识和预判，树立服务新质生产力的技术技能人才培养理念，将以往单纯重视技能训练的就业导向性人才培养定位转向注重人才的全面可持续发展能力的培养定位，强化技术技能人才对复杂工作情景的适应能力、自主学习与创新应用能力，着重将创新能力培养融入提升劳动者终身学习能力和职业素养的全过程，探索通过开展技术交流、进修深造等方式，不断提升技术技能人才的专业水平，服务提升全链条全周期产业技术技能人才的整体素质。

对于时尚产业相关院校而言，一方面对标区域产业发展，以区域时尚产业发展为核心，从特色建设出发，充分了解地区时尚产业发展和产业转型升级需求，深入挖掘企业的用人需求和潜在市场，不断提高服务区域经济发展的能力。另一方面，服务区域的民生与特色文化，发挥社会传承的作用，可以通过创建技能大师工作室，传承高职院校服务区域的非遗文化与创新民族传统工艺，如浙江纺织服装职业技术学院校地合作创建"喜曼蓝富"非遗共富工坊，传承非遗技艺，赋能乡村振兴。也可以通过创设培训学院、社会服务中心等，向企业、社区和农村人民群众开展职业技能培训，既提供终身学习服务的机会，又满足人民群众对学校传承文化主战场与美好生活需要，自觉履行育人的使命担当，实现高职院校的高质量发展。

二、明确办学定位，加强职业教育服务于产业技术转型升级的能力

2024年政府工作报告指出，要"加快建设国家战略人才力量，努力培养造就更多一流科技领军人才和创新团队，完善拔尖创新人才发现和培养机制，建设基础研究人才培养平台，打造卓越工程师和高技能人才队伍"。2024年5月教育部职业教育发展中心主任林宇在高职院校治理现代化交流研讨会上指出，职业院校未来改革发展的四个着力点之一是以办学定位为指引，强调职业院校要紧密对接产业，融入地方。职业教育作为培养技术技能人才的主阵地，与产业发展应具有高度同构性，要充分发挥职业教育在培养新质生产力所需的高素质技术技能人才中的主体作用，牢固树立专业对接岗位的发展理念，大力提升人才培养质量。要以对接市场人才需求、服务社会经济发展为依托，在更广范围、更深程度、更高水平上融合创新，通过专业课程的升级和数字化改造，让学生掌握新知识、新技术、新技能，为高端产业链、价值链、供应链培养高素质技术技能人才。通过明确对接区域产业的办学定位，加强职业教育服务于产业技术转型升级的能力，充分发挥院校多学科、多功能的优势，有效整合创新资源，构建协同创新的新模式与新机制。

随着产业结构的改变，职业教育的结构也应随之改变。职业教育必须以产业发展和市场需求为导向，及时更新内容体系，优化人才培养的结构和质量。一是持续动态优化职业教育的专业设置，增强职业院校专业结构与现代化产业体系结构的匹配度。当前，跨领域技术深度交叉融合、技术应用创新迭代加速不断催生具有重大影响力的新兴产业、主导产业和未来产业，产业发展对专业结构、专业规模和专业水平更新频率和质量要求越来越高，职业院校要根据产业变革发展现状和趋势，及

时优化专业设置。各地可结合区域实际，每年系统地指导职业院校淘汰过时专业、更新落后专业、增加新兴专业，或者为职业院校优化专业设置提供区域产业人才需求等基础性支持。二是推动职业教育知识体系和能力体系紧跟产业发展的步伐，更加注重培养学生的数字化实践能力和可持续发展能力。伴随新技术的不断引入，诸多岗位将面临产业分工再整合的过程，这使得技术技能人才无法仅通过一次在校学习掌握可以应对未来变化的全部知识。职业院校不仅应建设与战略性新兴产业和未来产业相匹配的知识体系和能力体系，更要注重教学理念的创新，以服务经济社会全面发展和个人全面发展为导向，变革教学模式、课程体系和评价方式，培养学生的可持续发展能力和创新能力，使其能够在不断变化的工作环境中实现自我学习、自我适应和自我发展。三是充分利用数字技术提升数字化复合型技术技能人才的培养效率。教育数字化是塑造教育优势的重要突破口，以大数据、云计算、人工智能等数字技术为手段，用智能技术手段赋能职业教育教学和管理的每一个环节，对传统的人才培养体系进行转型升级。通过建立数字校园、开发数字化教学资源、强化数字素养实践平台建设，可以创新教育教学场景、增强教学互动性和个性化，提升技术技能人才的数字实践能力、职业素养和双创素质。通过赋能教学决策、管理过程、教学评估等环节简化管理流程，提升教学效率，探索针对学生实际情况做个性化教学设置和动态调整，提升职业院校教育教学的精准性。

三、持续创新人才培养模式，培育契合产业需求的创新型人才

高等教育促进区域经济高质量发展离不开人才支撑，创新人才培养机制、提高人才培养质量是当前高校面临的重要问题。当前，我国职业教育正面临着从重数量到重质量的转变，增强职业教育对这一变化的适应性和前瞻性，必须深化产教融合培养模式创新，更好地满足市场对技术技能人才的新需求。高等职业教育应以服务区域经济高质量发展为基础，并在育人进程中进行科学技术研发，引领区域产业的前沿创新发展与技术变革，既充当区域经济的服务者，也是区域经济发展的引领者。因此，高等职业教育的人才培养应定位于区域化发展，以经济市场为导向，创新人才培养模式。

对于时尚产业相关院校而言，需要针对时尚产业的特征和人才需求，以培养多元化人才为中心，深化教育改革，要以人为本，树立正确的价值导向，强化上下贯通、横向连接，培养更多时尚产业卓越工程师、创新设计和经营管理人才、技术技能人才，更好服务技能型社会、学习型社会建设。深化职普融通，推动行业特色大

学和高职协调发展，强化学生解决实际问题的能力。深化产教融合，推动与时尚龙头企业的校企联合共建产教融合培训基地，依据时尚产业链分工要求，开展委托培养、订单培养、学徒制培养和岗位培训。深化科教融汇，教学研并举，将高水平研究成果融入核心课程、教材、实践等人才培养内容和环节。优化学科专业结构，创新教学内容，推动教学方法转变，促进学生理论与实践的结合，保持对技术前沿和产业发展趋势的深度研究，将"学、做、研、创"一体联动，增强人才培养与时尚产业运营发展的耦合度，培养创新型人才，促进技术技能型人才高质量成长。

四、优化专业群建设和课程体系，丰富教学内容和教学资源平台

专业是教育体系的核心、人才培养的支柱，其结构和质量直接影响立德树人的成效，决定着服务行业高质量发展的能力，在服务地方经济和产业发展的过程中，专业建设是连接地方院校教学科研和人才培养的纽带。当前，科技革命与产业变革浪潮下创新周期缩短，产业发展范式的变化、学科知识的更新，要求有新的专业和课程体系。因此，专业建设应从地方需求出发，加强服务地方产业的应用主导型专业设置的支持，带动其他相关专业和技术领域的发展，加快知识、技术的生产、传播和应用的速度，加强培养地方经济需要的具有创新精神和实践能力的人才。时尚产业相关高职院校需与产业耦合、市场互动，做好专业优化、调整、升级和新建工作，重塑特色优势，打造交叉贯通的专业群，聚焦产业发展的重点领域、产业链关键环节开展专业建设，加强产业用纺织品、服装设计、面辅料研发、时尚管理等领域综合专业人才培养。关注人工智能在教育方面的应用发展，推动专业技术知识库等教育数据资源的共建共享，更新学科专业的课程和教材，将新技术、新工艺、新规范及时纳入教学内容。

同时，我们也注意到，时尚产业是一个实践性很强的行业，相关高职院校需打造能适应时尚产业发展特点的职业教育课程体系，包括建立以纺织材料学、纺织工程、服装设计、服装制作工艺等为主的基础课程体系，以时尚买手、时尚生产管理、时尚品牌营销等课程为主的技术技能课程体系，以市场调查与分析、产品设计与开发等课程为主的创新创业课程体系，以纺织服装信息化、电子商务等课程为主的信息技术课程体系，以职业道德、团队协作、沟通表达等课程为主的素质教育课程体系，以国际交流与合作、国际市场分析等课程为主的国际化课程体系，以实习实训、校企合作、产学研结合等方式为主的实践教学体系。同时，利用对接区域产业办学的优势，与区域时尚产业龙头企业校企共建教学资源平台，优化实践教学体

系。如对标时尚产业发展前沿，集中建立一批集教学、社会培训、真实生产、技术服务功能于一体的开放型区域产教融合实践中心，服务学生实习实训，同时为企业员工培训、企业工艺改造、技术研发提供场景。通过以上课程体系建设，可以为纺织服装产业转型升级培养具备专业知识、技能和素质的高素质人才，推动产业的持续发展。

五、持续深化产教融合，打造与区域产业协同发展的教育合作生态

产教融合是职业教育的本质特征，也是基本路径。增强高等职业教育与经济高质量发展的耦合协调度，根本上还是要提升区域内的产教融合水平，为此需要让高等职业教育内生于经济社会，基于产业链来布局高等职业教育，形成教育链、人才链与产业链、创新链共生共荣的生态系统。区域经济发展的内生价值显现在深化产教融合、校企合作，其内涵是专业群建设与产业结构的融合与对接。专业群对接产业链是现代化产业发展的未来形势，可以打破单个的、封闭的各专业自行发展的模式，可实现各专业更为深层次、动态的和开放的与区域产业结构对接与融合。对于时尚产业相关职业院校而言，围绕区域时尚产业发展，优化专业设置，打造核心课程、核心教材、核心实践项目、核心师资团队，及时把新方法、新技术、新工艺引入到教育教学领域，还要发挥数字化赋能作用，不断提高人才培养能力和质量。

现代职业教育体系中的"两翼"也给出了提升职业院校的关键办学能力，持续深化产教融合的关键点。"一体两翼"产教融合新路径的初衷在于进一步激活产业教学资源要素，推动构建校企人才培养方案共商、标准共研、课程共建、责任共担、发展共享的人才培养模式。产业界应更加积极地参与职业教育的教学和管理，提供更多实习、就业机会和资源支持，实现人才培养供给与产业发展需求的高度匹配。学校应结合产业需求实际，根据学生基础、专业爱好等在教学时间、教学要求、实践安排等要素和环节上体现差异性，缩短劳动力市场向教育系统的反馈时间，提升反馈效率，持续促进技术技能人才培养与技术创新、工艺改造、产业优化升级要求相适应。对于时尚产业相关高职院校而言，一是聚焦区域，以时尚产业园区为基础，整合优质资源要素，推动各类主体深度参与职业学校办学，打造兼具人才培养、科技创新和创新创业、促进产业经济发展高质量的时尚产业相关市域产教联合体；二是聚焦时尚产业，由龙头企业牵头，整合上下游资源，联合学校、科研机构共同建设一批优势互补、资源共享的时尚产业产教融合共同体。党的二十大擘

画了教育、科技、人才"三位一体"统筹发展的宏阔视野，中共中央办公厅、国务院办公厅《关于深化现代职业教育体系建设改革的意见》把探索省域现代职业教育体系建设新模式、打造市域产教联合体、打造行业产教融合共同体作为战略任务。实践证明，立足特色、瞄准需求、主动服务、有所作为，构建起服务区域与服务产业"天然统一"格局，是我们落实现代职业教育体系改革、优化职业教育类型定位，走出高质量内涵式发展道路的关键所在。

同时，在打造与区域时尚产业协同发展的教育合作生态时，提升国际影响，打造全球教育品牌，培育具有国际化视野的全球化人才也是时代所需。这要求我们探索国际化发展模式，鼓励师生跨国交流学习，培养全球视野，提升综合素质，搭建跨学科、跨行业、跨领域的学术交流合作平台。服务产业全球合作，深化与国际优秀时尚类高校的交流合作，与"一带一路"沿线高校、龙头企业等合作开发优质国际教育资源，设立海外学院，吸收融合先进教育理念和资源，提升教学水平。

六、完善教育服务体系，为职业教育与区域产业协同发展提供有力支撑

从育人方式、办学模式、管理体制、保障机制着手，全面深化教育综合改革，夯实基础支撑。政府职能部门作为教育主管单位，应积极促进职业教育、技术创新与社会资源各发展要素间的融合共生，如由地方政府与职业院校共同出资成立专业发展基金，促进职业院校的发展，提升职业教育资源与经济社会资源的整合效能。以地方产业发展的现实需求为导向，实施院校—专业—课程的联动开发，助力推进职业院校专业链的补链、延链、强链的过程，如对发展完善的职业院校加大扶持力度，促进其全方位发展，对发展相对薄弱的职业院校，由政府牵头组织职业院校之间、院校与企业之间联合经营、共同发展。推进职业院校办学方向适应区域经济高质量发展需求，推进技能人才培养服务于区域经济高质量发展市场体系建设。从宏观层面上对教育资源进行科学的分类和规划，对具备发展潜能的职业院校以及相关专业给予重点扶持，投入更多优质资源，不断提升高等职业教育发展水平，培养服务产业结构转型升级的高素质技术技能人才，助力经济高质量发展。

同时，强化新型教师队伍建设，健全教师培养培训体系。教师是人才培养的决定力量，在职业教育服务区域时尚产业发展过程中教师在时尚类企业中的实践和培训更是重要的保证。院校需加强教师队伍建设，建立一支"双师型"教师队伍，不断健全教师培养培训体系，打通校企人员双向流动的渠道，建设"双师型"符合职

业教育发展的教师队伍。同时，学校应根据地区经济产业链与行业发展趋势进一步调整优化院校布局，创新完善师资培养培训基地，及早谋划学校与行业对接的战略思路，为区域经济发展提供强有力的师资保障。

参考文献

［1］李薪茹，韩永强. 职业教育与产业协同发展及其策略［J］. 中国职业技术教育，2017（6）：47-51.

［2］王磊，张震宇，顾广涛. 高质量发展背景下的高职院校建设研究［J］. 湖南工业职业技术学院学报，2022，22（5）：128-131.

［3］牛犇. 高等教育与区域经济的互动：理论框架与经验启示［J］. 行政管理改革，2022（5）：74-82.

［4］赵辉. 现代职业教育与区域社会发展联动共生机制探究［J］. 高教论坛，2016（3）：54-56，60.

［5］雷楠南，赵丽娟. 高等职业教育服务区域经济发展的新视角［J］. 三门峡职业技术学院学报，2011，10（4）：1-3.

［6］杜峰. 职业教育与区域经济发展的互动机理研究［J］. 当代经济，2010（16）：99-102.

［7］余霞，石贵舟. 产教融合视域下高职教育与区域经济协同发展研究［J］. 职业技术教育，2020，41（19）：35-40.

［8］张佳. 高等职业教育对区域经济发展贡献的实证分析［J］. 职业技术教育，2014，35（10）：45-50.

［9］唐智彬，石伟平. 论高等职业教育与产业发展协同创新的逻辑与机制［J］. 教育与经济，2015（4）：3-7，29.

［10］刘晓. 产业转型升级与职业教育变革：互动关系与协同策略［J］. 职教通讯，2014（28）：1-4，17.

［11］袁晓玲. 产教融合是推进职业教育发展的必由之路［J］. 宿州学院学报，2019，34（3）：9-11，16.

［12］施运华. 职业教育与产业转型升级协同发展的路径研究［J］. 佳木斯教育学院学报，2014（1）：198-199.

［13］王忠昌. 现代职业教育与区域经济协同发展的"专业—产业"论［J］. 教育理论与实践，2017，37（3）：29-31.

［14］刘晓，钱鉴楠. 职业教育专业建设与产业发展：匹配逻辑与理论框架［J］. 高等工程教育研究，2020（2）：142-147.

［15］徐晓静，王丹，张敬文. 职业教育与战略性新兴产业协同创新发展研究［J］. 职教论坛，2019（6）：124-128.

［16］翟志华. 我国职业教育产教融合的路径优化［J］. 辽宁高职学报，2019，21（10）：30-34.

［17］苏丽锋. 职业教育发展对产业结构升级的支撑作用分析［J］. 高等工程教育研究，2017（3）：192-196.

［18］孟源北. 适应产业升级的中高职"二接三续"人才培养模式研究与实践［J］. 中国职业技术教育，2017（35）：68-71.

［19］张海峰. 基于区域产业布局的高职院校专业设置［J］. 教育与职业，2014（32）：18-20.

［20］葛道凯. 职业教育在服务经济社会发展中提质增效［J］. 中国职业技术教育，2021（12）：21-26.

［21］徐莉亚. 职业教育专业设置与产业结构适应性分析［J］. 教育与职业，2016（3）：5-8.

［22］赵磊. 时尚产业的兴起和发展［J］. 上海企业，2007（2）：50-52.

［23］郭志立. 多元视域下现代职业教育与区域经济协同发展的联动逻辑和立体路径［J］. 教育与职业，2017（7）：18-24.

［24］刘旭平. 高等职业教育专业设置与区域经济协调发展研究［J］. 教育与职业，2014（21）：12-14.

［25］石丽，陈万明. 高等教育层次结构与就业结构关系的实证研究——基于1998—2007年的数据分析［J］. 中国高教研究，2011（11）：26-28.

［26］刘六生，姚辉. 我国高等教育层次结构与人口从业结构的适应性评价［J］. 云南师范大学学报（哲学社会科学版），2015，47（6）：134-139.

［27］周绍森，张阳，罗序斌. 高等教育规模结构与经济发展协调度研究——以江西为例［J］. 江西社会科学，2018，38（1）：74-83.

［28］成刚，卢嘉琪. 省域高等教育层次结构与就业人员受教育程度的适应性研究［J］. 黑龙江高教研究，2020，38（11）：100-107.

［29］岳昌君，白一平. 2017年全国高校毕业生就业状况实证研究［J］. 华东师范大学学报（教育科学版），2018，36（5）：20-32，165-166.

［30］杜瑛. 产业、人力资源就业结构演变背景下的高等教育科类结构调整——基于

不同收入国家群组的比较［J］. 教育发展研究，2015，35（Z1）：29-35.

［31］罗明誉. 高职教育与区域经济互促发展现状分析与对策研究［J］. 教育与职业，2012（24）：8-11.

［32］周鸣阳. 产业调整视阈下高职教育专业结构优化的路径研究——以浙江省为例［J］. 中国高教研究，2012（4）：97-100.

［33］王泽. 地方性高职院校专业结构调整及发展战略分析——以武汉商业服务学院为例［J］. 武汉商业服务学院学报，2013，27（4）：52-55.

［34］易善安，屈大磊. 高职专业结构和产业结构适应性的实证研究——以常州市为例［J］. 当代经济，2012（23）：122-123.

［35］徐兰，王志明，何景师，等. 一核一带一区背景下广东高职专业建设与产业发展的适应性研究［J］. 黑龙江高教研究，2021，39（12）：104-110.

［36］尤明珍，沈璐，李莹. "双高"背景下高职院校专业设置与产业结构适应性分析——以江苏涉农高职院校为例［J］. 中国职业技术教育，2021（20）：47-51.

［37］王慧玲，周彬，赵菊梅，等. 基于产业发展新业态和教育发展新形态的现代纺织技术专业群建设［J］. 纺织服装教育，2021，36（6）：517-520.

［38］苏维，杨红荃. 区域经济协调发展视域下职业教育高质量发展的动力机制及路径选择［J］. 教育与职业，2024（5）：5-11.

［39］孙瑞哲. 以教育高质量发展推动纺织行业新型工业化建设［J］. 纺织服装教育，2024，39（1）：1-6.

［40］白静，倪阳生. 升级改造专业目录服务纺织服装产业发展——《职业教育专业目录（2021年）》纺织服装相关专业解析［J］. 纺织服装教育，2021，36（4）：305-309.

［41］徐高峰，徐剑，章瓯雁. 校企共同体视角下纺织服装专业人才培养模式研究——以"杭职达利女装学院方案"为例［J］. 东华大学学报（社会科学版），2018，18（2）：99-102.

［42］彭正海. 高职院校服务地方经济发展路径探究——以石狮市为例［J］. 中国管理信息化，2023，26（16）：214-216.

［43］王国雄，胡刚. 基于行业特色的高职院校育人机制探索与实践——以广东职业技术学院为例［J］. 当代职业教育，2016（8）：75-79.

［44］李国锋，王新萍，王莉. 基于区域产业集群的现代纺织技术专业群建设路径研究［J］. 职业教育，2023，22（11）：39-42，50.

［45］惠晶. 基于新疆纺织产业集群优势的高职现代纺织技术专业产教融合实践［J］.

化纤与纺织技术，2021，50（7）：153-154.

[46] 杨磊. 浅谈东北地区纺织行业的发展措施 [J]. 黑龙江纺织，2019（2）：11-12，15.

[47] 刘雨晴，唐耀宗. 西部地区高职教育发展水平测度 [J]. 职教通讯，2024（3）：52-62.

[48] 洪春华，李哲骏，刘昭，等. 新疆高职教育与区域经济发展协调性研究 [J]. 新疆职业教育研究，2024，15（1）：1-9.

[49] 马萍，白涵，刘斌. 新疆高职专业结构与区域产业结构契合度研究 [J]. 新疆职业教育研究，2024，15（1）：10-14.

[50] 郭轶锋，高珂. 新质生产力条件下技术技能人才能力培养的挑战与对策分析 [J]. 中国职业技术教育，2024（10）：34-40.

[51] 伍宁杰，官翠铃，邱映贵. 长江中游城市群物流产业与经济发展耦合协调性研究 [J]. 中南财经政法大学学报，2019（4）：89-99.

[52] 徐秋艳，房胜飞. 高等教育供给结构与产业结构升级的耦合协调性分析 [J]. 统计与决策，2019，35（8）：56-59.

[53] 王茜茜，李明玉，张平宇. 珲春市城市经济与边境口岸经济的耦合协调性分析 [J]. 延边大学农学学报，2019，41（1）：87-93.

[54] 罗会武. 职业教育服务区域经济供给侧改革探讨——以福建省高职教育为例 [J]. 产业与科技论坛，2019，18（11）：116-120.

[55] 段霏. 高职教育与区域产业结构的适切性研究——以大连市为例 [J]. 辽宁高职学报，2019，21（5）：19-24.

[56] 古光甫. 中国职业教育产教融合政策的历史脉络、问题与展望 [J]. 高等职业教育探索，2020，19（4）：13-20.

[57] 冯幽楠，孙虹. 日本三大时尚产业发展经验借鉴 [J]. 丝绸，2020，57（4）：68-75.

[58] Tabbron G, Yang J. The interaction between technical and vocational education and training（TVET）and economic development in advanced countries [J]. International Journal of Educational Development, 1997, 17（3）：323-334.

[59] Zhanguzhinova M Y, Magauova A S, Nauryzbaeva A S. Competence Approach in Vocational Education of Kazakhstan in Conditions of Innovational and Industrial Development of the Society [J]. Rural Environment, Education, Personality, 2016（5）：13-14.

［60］Shegelman I, Shchukin P, Vasilev A. Integration of Universities and Industrial Enterprises as a Factor of Higher Vocational Education Development［J］. Procedia-Social and Behavioral Sciences, 2015（214）: 112-118.

［61］Tšiame C M. The investigation of the impact of technical and vocational education on the socio-economic development of Lesotho with special reference to Maseru district［M］. Doctor Candiditate Dissertation of The Central University of Technology, South Africa: Free State, 2006: 111.

［62］Garlick S, Taylor M, Plummer P. An Enterprising Approach to Regional Growth: Implications for Policy and the Role of VET: Support document［R/OL］.（2007-52）［2024-08-05］. National Centre for Vocational Education Research.

［63］Lin F L. Research on Technology Variation Mechanism of Coordinated Development between Higher Vocational Education and Regional Economy［J］. International Journal of Nonlinear Science, 2017, 23（1）: 58-64.

［64］Peretomode VF. The Role of the Maritime Industry and Vocational and Technical Education and Training in the Economic Development of Nigeria［J］. IOSR Journal Of Humanities And Social Science, 2014, 19（5）: 45-50.

［65］Ilyas I P, Semiawan T. Production-based Education（PBE）: The Future Perspective of Education on Manufacturing Excellent［J］. Procedia-Social and Behavioral Sciences, 2012, 52（4）: 5-14.

［66］Mariana T H, Rizali H. A Strategy to Develop Vocational Education Based on Palm Oil Industry［J］. Man In India, 96（12）: 4871-4883.

［67］Wu Z W, Zhu L R, Ren H L. Construction Talent Cultivation Schemes in Food Product Services and Marketing Specialty Based on Modern Vocational Education System［J］. Advance Journal of Food Science and Technology. 2016, 10（7）: 504-507.

［68］Triki N, Gupta N K, Rafik T, et al. A Critical Evaluation of Vocational Education and Training Requirements for the Libyan Manufacturing Industry［J］. ICEE_iCEER-2009, 2009.

［69］Wodi S W, Dokubo A. Innovation & Change in Technical and Vocational Education in Nigeria: Challenges for Sustainable Industrial Development［J］. British Journal of Arts & Social Sciences, 2012: 53-61.

［70］谭宇. 高职院校专业建设的区域适应性研究［D］. 成都: 四川师范大学,

2023.

[71] 黄庆. 产业结构调整背景下的高职院校专业设置研究 [D]. 武汉：武汉工程大学，2020.

[72] 程宇. 中国职业教育与经济发展互动效应研究 [D]. 长春：吉林大学，2020.

[73] 韩龙迪. 江西省职业教育与区域产业发展的匹配性研究 [D]. 南昌：江西科技师范大学，2020.

[74] 梁丹. 辽宁省职业教育专业结构与产业结构的协调性研究 [D]. 沈阳：沈阳师范大学，2016.

[75] 王明坤. 时尚文化驱动的西方时尚产业与品牌发展路径研究 [D]. 杭州：浙江理工大学，2021.

[76] 王娅妮. 英国设计政策影响下的时尚产业发展路径 [D]. 杭州：浙江理工大学，2023.

[77] 杨倩. 产教融合背景下高职院校高水平专业群建设研究 [D]. 南充：西华师范大学，2022.

[78] 刘静. "双高计划"背景下成都市高职院校专业动态调整策略研究 [D]. 成都：西南民族大学，2021.

[79] 李少楠. 河南省承接和发展纺织服装产业的路径及政策措施研究 [D]. 开封：河南大学，2016.

[80] 任聪敏. 高等职业教育专业结构与产业结构适应性研究 [D]. 上海：华东师范大学，2019.

[81] 王婷. 高等职业教育、产业结构与区域经济增长联动机制研究 [D]. 成都：西南民族大学，2018.

[82] 毛才盛. 宁波时尚经济的发展理论与实证研究 [M]. 杭州：浙江大学出版社，2016.

[83] 魏明，裘晓雯，张芝萍. 2022—2023年宁波纺织服装产业发展报告 [M]. 北京：中国纺织出版社有限公司，2023.

[84] 魏巍，鲁长明，于明璐. 区域经济视阈下现代职业教育发展研究 [M]. 北京：地质出版社. 2017.

[85] 张佳. 高等职业教育与区域经济互动问题的实证研究 [M]. 西安：西安交通大学出版社，2018.

[86] 李慧凤. 北京区域经济发展与职业教育 [M]. 北京：中国财富出版社，2016.

[87] 韩永强. 职业教育与区域产业协同发展理论与实践 [M]. 太原：山西经济出

版社，2019．

［88］章瓯雁．小工坊大秀场——聚焦杭州职业技术学院服装设计与工艺高水平专业群个性化人才培养［N］．中国教育报．2022-03-07．

［89］山东科技职业技术学院．建设高水平专业群，助推纺织服装产业生态重塑［EB/OL］．（2022-07-21）［2024-09-14］．

［90］前瞻产业研究院．2024年江苏省高端装备制造产业链全景图谱［EB/OL］．（2024-07-23）［2024-09-14］．

［91］新华社新媒体．新时代中国调研行之看区域·东北篇 | 制造变"智造"：数智赋能黑龙江传统制造业转型升级［EB/OL］．（2024-08-08）［2024-09-14］．

［92］前瞻产业研究院．20大产业迁移路径全景系列之——中国纺织产业迁移路径及纺织产业发展趋势全景图［EB/OL］．（2019-03-08）［2024-09-14］．

［93］WWD国际时尚特讯．"十四五"规划 | 出圈的"中三角"有哪些时尚产业新机会？［EB/OL］．（2021-03-29）［2024-09-14］．

［94］高等职业技术教育网．广东职业技术学院：倾力打造纺织服装复合型人才培养高地［EB/OL］．（2022-09-05）［2024-09-14］．

［95］前瞻产业研究院．2024年中国纺织行业区域特征分析 浙江地区竞争优势明显［EB/OL］．（2024-07-03）［2024-09-14］．

［96］每日经济新闻．绿色消费理念推动纺织服装业转型的现状与建议［EB/OL］．（2024-04-04）［2024-09-14］．

［97］浙江日报．浙江发布实施意见加快构建现代职业教育体系 用顶呱呱的学校培养香喷喷的人才［EB/OL］．（2024-04-02）［2024-09-14］．

［98］罗强．职业教育支撑经济社会高质量发展的时代担当［J］．中国职业技术教育，2023（2）：5-9．